W0304628

HERBERT RENZ-POLSTER
GERALD HÜTHER

WIE KINDER HEUTE WACHSEN

WIE HEUTE

HERBERT RENZ-POLSTER
GERALD HÜTHER

KINDER WACHSEN

Natur als Entwicklungsraum

Ein neuer Blick auf das kindliche Lernen, Denken und Fühlen

BELTZ

Dieses Buch ist auch als E-Book erhältlich:
ISBN 978-3-407-22353-1

Die im Buch veröffentlichten Ratschläge wurden mit größter Sorgfalt und nach bestem Wissen von den Autoren erarbeitet und geprüft. Eine Garantie kann jedoch weder vom Verlag noch von den Verfassern übernommen werden. Die Haftung der Autoren bzw. des Verlages und seiner Beauftragten für Personen-, Sach- oder Vermögensschäden ist ausgeschlossen. Das Werk und seine Teile sind urheberrechtlich geschützt. Jede Nutzung in anderen als den gesetzlich zugelassenen Fällen bedarf der vorherigen schriftlichen Einwilligung des Verlages. Hinweis zu § 52 a UrhG: Weder das Werk noch seine Teile dürfen ohne eine solche Einwilligung eingescannt und in ein Netzwerk eingestellt werden. Dies gilt auch für Intranets von Schulen und sonstigen Bildungseinrichtungen.

www.beltz.de

© 2013 Beltz Verlag, Weinheim und Basel
Umschlaggestaltung: www.anjagrimmgestaltung.de (Gestaltung), www.stephanengelke.de (Beratung)
Umschlagabbildung: ©Allstair Berg/Getty Images
Lektorat: Claus Koch
Layout, Satz und Herstellung: Nancy Püschel
Druck und Bindung: Beltz Bad Langensalza GmbH, Bad Langensalza
Printed in Germany

ISBN 978-3-407-85953-2
2 3 4 5 16 15 14 13

»Indem ihm die Welt geheimnisvoll wurde, öffnete sie sich und konnte zurückerobert werden.« PETER HANDKE

INHALT

NATUR – UND DANN? **9**

EINS ENTWICKLUNG, VON OBEN BETRACHTET **11**
Verbundenheit **27**

ZWEI DER SCHATZ DORT DRAUSSEN **35**
Hingabe **71**

DREI NATUR UND GESUNDHEIT **77**
Langsamkeit **90**

VIER WARUM SCHLAGEN WIR DAS ANGEBOT AUS? **95**
Mitgefühl **107**

FÜNF DAS GROSSE DRINNEN.
VON COMPUTERN UND KINDERSPIELEN **113**
Geduld **166**

SECHS IST DIE NATUR DENN GEFÄHRLICH? **171**
Vertrauen **189**

SIEBEN WEGE IN DIE NATUR **195**
Achtsamkeit **223**

ACHT NATURERFAHRUNGEN IN EINER BEDROHTEN WELT **229**
Beharrlichkeit **238**

Danksagung **242**
Literaturnach- und -hinweise **243**
Anmerkungen **255**
Bild- und Quellennachweis **263**
Die Autoren **264**

NATUR – UND DANN?

Da setzen sich also zwei Männer hin und schreiben ein Buch über die Natur[1]. Und wie toll sie für die Kinder ist.

Aber dass Natur wunderbar ist, wem muss man das sagen? Wir alle wissen das. Kaum einer, der es nicht genießen würde, an einem Bach entlangzuwandern. Kaum einer, der es darauf anlegt, seinen Urlaub drinnen zu verbringen. Nein, da zieht es uns ans Meer, ins Grüne, auf die Berge. Natur bringt Erholung und sie macht Spaß!

Und so hätte dieses Buch dann auch aussehen können: schöne Bilder, nette und inspirierende Geschichten. Was Kinder dort draußen alles erleben. Wie sie aufblühen dabei.

Wir haben ein anderes Buch geschrieben. Es geht los mit einem Kapitel »Entwicklung, von oben betrachtet«. Die kindliche Entwicklung – was Kinder dabei antreibt, was sie dabei leitet – bleibt dann auch in den weiteren Kapiteln der rote Faden. Eindeutig, in diesem Buch denken wir Natur und Entwicklung zusammen.

Weil Natur für Kinder *eben nicht* einfach eine nette Ergänzung zum Alltag ist. Weil sie mehr ist als ein Erholungsraum, mehr als ein Ort, um seine Batterien aufzuladen oder sich auszutoben.

Natur ist für Kinder so essenziell wie gute Ernährung. Sie ist ihr angestammter *Entwicklungsraum.* Hier stoßen die Kinder auf vier für ihre Entwicklung unverhandelbare Quellen: Freiheit, Unmittelbarkeit, Widerständigkeit, Bezogenheit. Aus diesen Erfahrungen bauen sie das Fundament, das ihr Leben trägt.

In diesem Buch beschreiben wir Wege zu diesen Quellen – für hier und heute, für die modernste aller Welten.

1 … und die haben das so gemacht: Der eine (HRP) hat sozusagen den roten Faden ausgelegt, also den Haupttext geschrieben. Der andere (GH) hat dann jeweils an den Kapitelenden ein Fenster geöffnet, durch das der Leser weiter in die Tiefe – auch unseres Gehirns – blicken kann.

EINS ENTWICKLUNG, VON OBEN BETRACHTET

Von den Engeln aus gesehen, sind die Wipfel der Bäume Wurzeln vielleicht, die den Himmel trinken. RAINER MARIA RILKE

Was wäre passender, als unsere Kinder einmal aus der rilkeschen Perspektive zu betrachten. Aus einer Art Vogelperspektive, die gleichzeitig der Blick von ganz unten ist, von den Wurzeln her?

Kindheit im Zeitraffer

Menschenkinder gehen einen seltsamen Weg. Sie werden unreif und schwach geboren – echte Pflegefälle, könnte man sagen! Nehmen wir nur ein Fohlen zum Vergleich. Schon kurz nach der Geburt läuft es seiner Mutter hinterher, staksig zwar, aber auf eigenen Beinen. Ein Menschenbaby dagegen kann noch nicht einmal den Kopf halten (und den Mund auch nicht). Ein ganzes Jahr lang muss es getragen, geschoben und gebettet werden – mindestens! Eine Enttäuschung, könnte man sagen. Auf jeden Fall aber eine echte Aufgabe für die Eltern. Und was für eine Aufgabe! Denn bis ein Kind einmal für sich selbst sorgen kann, verbraucht es 13 Milliarden Kalorien – die müssen tagtäglich vorgestreckt werden. Und verlässlich.

Dann aber, wenn sie erst einmal ausgewachsen sind, heben Menschenkinder regelrecht ab und stemmen ein Pensum, das gewaltig und märchenhaft zugleich ist. Während das groß gewordene Fohlen seine immer gleichen Runden auf der Weide dreht, erfindet das groß gewordene Menschenkind neue, schärfere Faustkeile. Das Rad. Neue Tänze, neue Lieder. Neue Aktienderivate. Züchtet Rosen. Oder schreibt Gedichte über »Rosen und Lider«. Da ist ein ständiges Gewusel an neuen Ideen.

Erfindungen. Guten Kopien und schlechten Kopien. Ambition und Spekulation. Betrug. Da werden in einem fort die Kulissen verschoben, und das, während auf der Bühne das Theaterstück noch läuft.

Kurz: Ein Mensch wird nicht einfach Mensch – er wird zu einem kulturellen Wesen mit einer jeweils ganz eigenen Lebenskunst. Zusammen mit den anderen Menschen treibt es ihn weiter, ins Ungewisse. Wir wissen beim Pferd, wohin die Reise geht. Beim Menschen wissen wir nicht einmal, wie er in 50 Jahren leben wird, geschweige denn, wie die Bühne aussieht, die er sich bis dahin gestaltet hat.

> Rose, oh reiner Widerspruch, Lust,
> Niemandes Schlaf zu sein unter so viel Lidern.
> RAINER MARIA RILKE

Wie schaffen die Menschenkinder das bloß? So abgeschlagen geboren, in der immer gleichen Notlage – und dann machen sie sich auf und gehen noch nie gegangene Wege. Jedes auf seine Art. Wo nehmen Kinder die Kraft her, woher die Ausrüstung? Und woher, insbesondere, den Kompass?

Wie bereiten sich Kinder auf das Leben vor?

Es hat erstaunlich viele Anläufe gebraucht, um diese Frage überhaupt zu stellen. Denn immer lag da ein riesengroßes Hindernis im Weg. Die Annahme nämlich, dass die Entwicklung der Kinder wie am Schnürchen abläuft.

Freud etwa, der Erfinder der Psychoanalyse, nahm an, dass Kinder eine Art stadienhafte Reifung durchlaufen, bei der sie vor allem ihren sexuellen Trieben folgen – die bekannten freudschen »psychosexuellen« Entwicklungsphasen.

In der Mitte des letzten Jahrhunderts glaubte man dann an die formende Kraft der Dressur. Entwicklung sei das Produkt von Belohnung und Bestrafung. »Gebt mir ein Dutzend gesunder Säuglinge … und ich garantiere, dass ich jeden von ihnen zu jeder Art von Spezialisten ausbilden kann – Arzt, Rechtsanwalt, Künstler … ja, sogar Bettler und

Dieb …«, meinte der wohl prominenteste Vertreter der »behavioristischen« Schule, John B. Watson. Gegen Ende des letzten Jahrhunderts schlug schließlich die Stunde der pädagogischen Rundumversorgung. Was aus Kindern einmal werde, entscheide sich am guten Beispiel und am Einsatz der Erwachsenen. Eltern setzten jetzt ihre ganze Energie daran, eine möglichst gute Leitfigur abzugeben. Ja, sie bauten sich zu Lehrern, Trainern und Anspornern auf – und bekamen es postwendend mit der Angst zu tun: Was, wenn ich nicht genug Einsatz bringe? Was, wenn ich einmal selbst einen Durchhänger habe? Was, wenn ich nach der falschen Methode vorgehe?

Das Rätsel der Kreativität

So gut gemeint und ausgefeilt diese Theorien auch waren – sie gingen am schlagenden Herzen der kindlichen Entwicklung glatt vorbei. Keine der Theorien nämlich konnte diesen eigenartigen Lebensweg der Kinder erklären – dass sie aus sich heraus, jedes Kind auf seine Art, Neuland betreten. Dass ihre Entwicklung sie dorthin führt, wo noch nie jemand war – keine Eltern, keine Förderer, keine Vorbilder.

Nehmen wir nur einmal die letzten 50 Jahre und schalten den Zeitraffer an. Gleich zu Beginn kommt uns da ein Sound ins Ohr, den noch kein Mensch zuvor gehört hat – die schmachtenden und gleichzeitig jubelnden Akkorde der Beatles. Wenige Jahre später treten die Blumenkinder auf die Bühne. Und mit ihnen ganz neue Ideen über das Leben, die Welt und was wir Menschen darin tun und lassen sollten. Neue Werte, neue Lebensmuster. 1967: Flower Power. – 1969: Woodstock. Was als jugendliche, fast kindliche Exzentriker-Revolte begann, wird später allmählich in die breitere Gesellschaft eingeflochten – Alternativbewegung, Ökobewegung, Friedensbewegung. Auch im Bereich der Technik geht es in unserer Zeitraffer-Reise drunter und drüber. 1950: die ersten Satelliten, 1970: die ersten PCs. Wenig später das Internet, schließlich Facebook und das iPhone.

All diese Innovationen führen uns nicht etwa zu Menschen mit grauen Haaren, Experten oder irgendwelchen Würdenträgern. Sondern, ja, – zu den *Kindern*. Zumindest im juristischen Sinne waren die meisten dieser Erfinder, Beweger und Erneuerer tatsächlich noch Kinder! Als sich die Beatles zusammentaten, musste sich noch keiner von ihnen wirklich rasieren. Auch bei den Blumenkindern war noch viel Flaum auf der Haut – sie hießen ja nicht umsonst Blumen*kinder*. Und die technologischen Neuerer? Bill Gates betrieb seine bahnbrechenden Programmierereien schon neben der Schule her – in Kinderarbeit sozusagen. Und Mark Zuckerberg, der Erfinder und Gründer von Facebook, hatte zwar schon seine eigene Firma, durfte aber nach Feierabend noch nicht einmal ein Bier trinken!

Und da ist es wieder, dieses Rätsel: Wo kommen sie bloß her, die neuen Ideen?

Vorbild, neu betrachtet

Da fällt einem prompt das Naheliegende ein – zumal wenn wir Eltern sind: Das Vorbild der Großen! Die gute Erziehung! Die pädagogischen Maßstäbe, die wir an Kinder anlegen!

Aber kann das denn stimmen? Von den Eltern der Beatles etwa ist bekannt, dass die meisten von ihnen ganz gut Radio spielen konnten. Aber das war es dann auch. Und die »Erfinder« der neuen Lebensstile? Auch die haben ihre Ideen gewiss nicht von ihren Eltern abgekupfert, im Gegenteil – diese standen ja fassungslos kopfschüttelnd daneben.

Und auch die technologischen Neuerer mussten ihren Weg letzten Endes alleine gehen. Ja, sie hatten Vorbilder und bestimmt auch Rückenwind von den Eltern. Aber die waren nun einmal Rechtsanwälte, Lehrerinnen oder Mediziner. Die Endstrecke dieser digitalen Alchimie blieb Kindersache.

Auch die Pädagogik ist beim Thema Vorbild heute vorsichtig geworden. Denn zahllose Beobachtungen und auch Experimente mit neuartigen Verfahren, wie etwa der automatischen Auswertung von Blickkontakten, zeigen, dass beim Vorbild immer auch die Kinder *selbst* mitwirken. Sie akzeptieren ein Vorbild nämlich nur dann, wenn es unter *ganz spezifischen Bedingungen* angeboten wird. Dann nämlich, wenn dahinter a) eine funktionierende Beziehung steht, und b) wenn das Beispiel »emotional positiv konnotiert« ist. Will heißen – wenn die Vorbildgeber von dem, was sie da machen, auch wirklich überzeugt und *begeistert* sind. Nur dann bleibt das Verhalten bei Kindern haften.

Nur dann wird aus dem Bild ein Vor-Bild. Überhaupt: Warum sollten Kinder auch mürrischen Großen folgen, die ganz offensichtlich unter dem Lebensweg, den sie eingeschlagen haben, leiden?

Aus Experimenten mit leckerem Gemüse auf dem Tisch ist beispielsweise bekannt, dass die Kleinen nicht einfach zugreifen, wenn die Mama das Grünzeug anpreist, dabei aber selbst sorgenvoll die Stirn runzelt. »Wenn die so dreinschauen muss«, sagen sich die Kleinen da vermutlich, »ist an dem Zeug auf dem Teller bestimmt was nicht in Ordnung …« Da folgen sie eher schon einem älteren Geschwisterkind – wenn das mit Begeisterung zugreift, probieren sie auch. Kinder machen einem beim Essen nichts vor.

Sagen wir es kurz und schmerzlos: Wir Eltern sind nicht Vorbild qua Amt, sondern nur wenn wir authentisch das tun, was wir *gerne* tun.

Keine blinde Imitation

Kinder treten also keineswegs blind in die Fußstapfen der Großen. Sie beobachten und machen sich ihren eigenen Reim. Dann ziehen sie los –

gerne auch ihrer eigenen Nase nach. Die mag in die gleiche Richtung weisen wie die der Großen, muss es aber nicht.

Und das führt uns in das vielleicht spannendste Kapitel der Entwicklungspsychologie überhaupt: Woher kommt die Freiheit, eigene Wege zu gehen?

Einer, der intensiv über die Rolle des Beispiels in der Erziehung nachgedacht hat, war Heinrich von Kleist: »Wie misslich würde es mit der Sittlichkeit aussehen«, schreibt er in seinen Aufsätzen und kleinen Schriften, »wenn sie kein tieferes Fundament hätte als das sogenannte gute Beispiel eines Vaters oder einer Mutter und die platten Ermahnungen eines Hofmeisters oder einer französischen Mamsell. – Aber das Kind ist kein Wachs, das sich in eines Menschen Händen zu einer beliebigen Gestalt kneten lässt: es lebt, es ist frei; es trägt ein unabhängiges und eigentümliches Vermögen der Entwickelung und das Muster aller innerlichen Gestaltung in sich.«

Das erste Segel: Selbstwirksamkeit

Wir wissen heute, dass Kinder für ihre Fahrt ins Neuland zwei Segel brauchen. Das erste Segel, nennen wir es das Vordersegel, wird schon in den ersten Tagen gesetzt. Bindet man einem Säugling wenige Tage nach der Geburt eine Schnur ans Füßchen und verbindet diese mit einem Mobile über seinem Bettchen, so bekommt er schnell heraus, wie er das Mobile in Bewegung setzen kann. Und die Messungen seiner körperlichen Reaktionen zeigen, dass ihn das so richtig *begeistert*. Es gefällt ihm, wirksam zu sein, sich in die Abläufe der Welt um ihn herum einzubringen. Diese Erkenntnis ist erstaunlicherweise ziemlich neu: Noch vor wenigen Jahrzehnten wurden Säuglinge eher als eine Art lebendes Gemüse verstanden, das angeblich dann zufrieden ist, wenn es nur ausreichend versorgt wird. Heute dagegen sehen wir Säuglinge mehr als aktive Gestalter. Sie wollen in die Welt eingreifen. Und das von Anfang an.

Und das gilt auch für ihre Beziehungen. Auch hier wollen die Kleinen *selbst wirksam* sein und dieses wichtigste Gut ihrer Entwicklung mitgestalten. Nehmen wir einmal einen so simplen Prozess wie das Hochnehmen eines Babys. Der kleine Mensch landet dabei nicht etwa wahllos in den Armen des Hochnehmenden, sondern in der Regel auf der linken Seite, seine Augen etwa 25 cm von denen des Haltenden entfernt. (Dass die linke Seite bevorzugt wird, hat übrigens nicht etwa mit der Händigkeit oder dem Herzschlag des Tragenden zu tun, sondern mit dessen Gehirn.)[1]

Wer sitzt bei diesem simplen Hochnehmen am Ruder? Wir wissen heute, dass es sich eigentlich um einen gemeinsam gesteuerten Prozess handelt – ja, im Grunde könnte man von einem Tanz an unsichtbaren Schnüren sprechen. Das Baby bringt sich auf dem Weg in die Arme nämlich deutlich ein – durch seine Körperspannung, durch die Bewegung seiner Beinchen und auch durch Lautäußerungen (die bis zum Weinen gehen können, sollte sich das Baby in einer misslichen Lage fühlen).

Babys suchen diese aktive Rolle nicht zum Zeitvertreib. Ihr Trieb, aus sich heraus *wirksam* zu sein, ist schlichtweg die Grundlage ihrer Entwicklung. Sie müssen ja effektiv kommunizieren können, damit sie mit ihren Bedürfnissen auch »ankommen«! Und sie müssen ihre Umwelt erforschen, in sie eindringen, jedes Steinchen umdrehen! Über diese Erfahrungen bauen sie ihre Kompetenzen auf, üben ihre Sinne, bespielen die ganze Klaviatur ihres Körpers. Über diesen Drang zur Selbsttätigkeit *lernen* sie.

Nicht jedes Baby aber kann diesen Drang ausleben. Der Erforschungstrieb ist nämlich nur dann aktiv, wenn sich Kinder sicher und geborgen fühlen. Das heißt – wenn sie in verlässlichen, authentischen, feinfühligen Beziehungen leben können. Gestresste, in ihren Beziehungen ungewisse oder verunsicherte Babys gehen eben nicht auf Entdeckungsreise – das vielleicht ist der interessanteste Befund der Bindungsforschung aus den letzten Jahrzehnten.[2]

Kinder jedoch, die der Welt vertrauen können, machen sich auf, und wie! Anders, als von manchen Eltern befürchtet, nutzen sie ihren sicheren Hafen also nicht, um dort ihr Schiffchen festzutäuen und sich nur bei Mama oder Papa in Sicherheit zu wiegen. Immer wieder nutzen sie den Hafen, um hinauszufahren. Und dabei der Welt zu begegnen.

Das zweite Segel: Selbstorganisation

Das zweite Segel wird spätestens dann aufgezogen, wenn sich die Kinder unter ihresgleichen mischen. Jetzt geht es darum, soziale Zusammenhänge zu begreifen. Darum, dass Kinder die Welt gemeinsam auseinandernehmen und neu zusammensetzen!

Kinder unter sich? Kann das gut gehen? Natürlich. Betrachten wir einmal die Kindheit in historischer oder kulturvergleichender Perspektive. Da fällt eines auf: Die mittlere Kindheit – also etwa die Zeit ab dem dritten Lebensjahr – war bis in die allerjüngste Zeit eine Entwicklungsstrecke, die Kinder unter Kindern verbrachten. Natürlich sorgten die Erwachsenen auch hier für einen schützenden und nährenden Rahmen. Aber darin organisierten sich Kinder zu einem großen Teil selbst. Beim Spielen, beim Erkunden der Umwelt – bei allem, was ihnen *wichtig* war. Und was sie da alles erleben konnten! Es ist interessant, dass die Entwicklungspsychologie gerade heute, wo es die von Kindern selbst gestalteten Kindergruppen fast nicht mehr gibt, immer mehr wissenschaftliche Hinweise liefert, wie dringend Kinder eigentlich andere Kinder für ihre Entwicklung brauchen.

Etwa, dass Kinder im Umgang mit älteren Kindern sehr effektiv lernen, sich körperlich, geistig, sprachlich und emotional zu »strecken«. Dass es ihnen aber auch guttut, wenn sie sich zu jüngeren Kindern »beugen« können – dass sie dadurch mehr Einfühlungsvermögen entwickeln, mehr soziale Kompetenz und Selbstbewusstsein.

Dass das Prinzip der Selbstorganisation unter Kindern als Grundlage für effektives Lernen auch in modernen, von komplexer Technologie geprägten Zusammenhängen noch gilt, hat niemand besser zeigen können als der bekannte Kommunikationsforscher Sugata Mitra – in seinem klassischen Experiment »Das Loch in der Wand«.

Der indische Wissenschaftler riss in der Tat ein Loch in eine Wand. Und zwar in die Begrenzungswand eines Slums in Kalkaji, Delhi, im Jahr 1999. In das Loch baute er eine Art Kiosk mit einem leistungsfähigen Computer – Tastatur, Maus und Breitbandinternet inklusive. Darüber installierte er eine Kamera, um zu dokumentieren, was an seinem Slum-Kiosk so alles passierte – wohl wissend, dass die potenziellen Besucher weder die eingestellte Betriebssprache des Computers (Englisch) wirklich verstanden noch überhaupt jemals mit einem Computer zu tun gehabt hatten.

Dass sich vor der neuen Maschine nicht die Erwachsenen, sondern die Kinder sammelten, war ja noch ganz gut zu verstehen. Dass die Kinder aber schon nach 4 Monaten bar jeder Vorkenntnis die Anwendungen auf dem Rechner verstehen und benutzen konnten (von Text- über Mal- bis hin zu E-Mail-Programmen) war dann doch eine gewaltige Überraschung. Die Experimente wurden seither an vielen Orten der Welt wiederholt und auch mit neuen Applikationen versehen (etwa Spracherkennungsprogrammen, die nur auf »gutes« Englisch reagierten – wodurch die Kinder deutlich schnellere Fortschritte in dieser Sprache machten als etwa im Schulunterricht!).

Die Spur, auf die Sugata Mitra mit seinen Experimenten zur »minimalinvasiven Bildung« (wie er es nannte) gestoßen ist, führt weit über die Annahmen der klassischen Pädagogik hinaus. Sie führt zu dem neuen Bild eines koevolutiven Lernens – eines von Kindern gemeinsam gestalteten Lernens.

Tatsächlich war die wohl interessanteste Beobachtung, dass sich die Kinder beim Lernen gegenseitig unterstützen, ja, geradezu aufstacheln. Da stellt sich also nicht etwa ein »Lehrer« oder der »Klassenbeste« vorn hin und gibt sein Wissen weiter. Nein, vorn stehen immer mehrere Kinder. Sie probieren aus, und sie reden über das, was sie tun und wie sie sich das alles erklären. Dahinter steht eine Traube weiterer Kinder – diese beobachten, kommentieren, machen Vorschläge (meist die falschen, wie Sugata Mitra feststellte). Spannend dabei ist: Die Besetzung der Kinder an der vorderen Front wechselt. Da sind je nach zu bewältigender Aufgabe einmal kleinere und einmal größere Kinder aktiv – bei jeder Herausforderung mit diesem wundersamen Ding hat eine andere Altersgruppe die Nase vorn. Manche Anwendungen verstehen Siebenjährige sogar rascher als Zehnjährige! Insgesamt aber kommen die Teilnehmer an dem Projekt »Computer verstehen« vor allem durch die altersübergreifende Kooperation weiter. Auf diese Art scheinen die

Kinder sich gegenseitig am effektivsten Lernbrücken aufzubauen, die jeweils genau den Graben überspannen, der gerade im Weg steht.

Das passt zu dem, was über das gemischtaltrige Lernen aus anderen Experimenten bekannt ist: Indem sich Kinder auf verschiedenen Entwicklungsniveaus austauschen, entstehen vielfältige Lernanreize, von denen sowohl die jüngeren als auch die älteren profitieren. So ist beispielsweise gut untersucht, dass ein Ballspiel unter 4-Jährigen nicht sehr erfreulich abläuft – das eine Kind kann den Ball nicht richtig werfen, das andere ihn nicht richtig fangen. Spielen zwei 4- und 8-Jährige zusammen, läuft das schon besser: Der Ältere bekommt durch die krummen Bälle eine Herausforderung (er ist dann der Torwart) und kann seinerseits dem Kleineren die Bälle passgerecht zuwerfen ... Auch in der Sprachentwicklung scheinen die beim gemischtaltrigen Spielen angelegten Gerüste höher zu reichen. Die Kleinen sind ja oft die Ideengeber (»Wir reisen jetzt auf den Mond«) – die Größeren dagegen setzen die Ideen um und nehmen mit ihren Kommentaren die Kleinen mit auf Sprachreisen, auf denen sie dann die vielen neuen Begriffe (Mondkapsel, Astronaut etc. ...) aus dem Kontext heraus verstehen lernen. Ähnliches gilt für das soziale Lernen – Kinder wechseln in altersgemischten Gruppen allein aufgrund ihres Entwicklungsfortschritts ja beständig die Rollen in der Gruppe und machen damit sehr vielfältige soziale Erfahrungen – sie gehören nun einmal die Hälfte der Zeit zu den Älteren und die andere Hälfte zu den Jüngeren. Von diesem gemischten Angebot an Vorbildern, Lernpartnern und Spielerfahrungen profitieren auch diejenigen, die in ihrer Entwicklung eher hinterherhinken oder voranstürmen – sie finden dann bei den Größeren oder Kleineren zusätzliche Anlaufstationen (manche Pädagogen nehmen sogar an, dass sowohl die Begabtenförderung als auch die Inklusion – also das gemeinsame Lernen von behinderten und nicht behinderten Kindern – nur in gemischtaltrigen Gruppen wirklich funktionieren kann). Aber zurück zu Sugata Mitras Experiment. Da war noch etwas Zweites interessant: Das Lernen war für die Kinder ein *Spiel.* Ja, sie tauchten in die Tiefenstruktur des Computers ein, als handle es sich um einen Abenteuerparcours, der ihnen jeden Tag eine neue Entdeckung bescherte.

Sugata Mitras Loch in der Wand legt jedenfalls eines nahe: Bei dem

Blick auf die Wipfel der Bäume, nein, die Köpfe der Kinder, haben wir zu lange gefragt, was die Großen denn für die Kleinen tun können. Jetzt aber ist es an der Zeit, dass wir eine weitere Frage stellen: Was tragen die Kinder denn selbst zu ihrer Entwicklung bei?

::: Das Prinzip der Selbstorganisation scheint in allen natürlichen Entwicklungsprozessen eine entscheidende Rolle zu spielen. Kein Wunder, dass einem dieses Prinzip nicht nur bei der menschlichen Entwicklung begegnet. Nehmen wir einen Ast, wie er aus einem Stamm wächst – ein Prozess, der neuerdings in dem Forschungszweig der Bionik untersucht wird. Die Bionik will verstehen, nach welchen Konstruktionsprinzipien die Natur vorgeht, um die unvergleichliche Stabilität und Belastbarkeit zu erreichen, wie sie etwa in Baumkronen, Wurzelwerken, Pflanzenstängeln oder auch in Spinnennetzen, Tierknochen oder Vogelfedern gemessen werden kann. Tatsächlich ist in einer Baumkrone jeder Ast an die im Laufe der Lebenszeit zu erwartenden Belastungen angepasst. Das geht nur, indem während des Wachstums des dünnen Zweiges hin zu einem starken

Ast beständig Informationen aus der Umwelt aufgegriffen werden und in die laufende Konstruktion mit einfließen – indem das Wachstum des Astes sich also innerhalb der vorgefundenen Randbedingungen selbst organisiert. Im Falle des Astes etwa werden die Holzfasern je nach Sonneneinstrahlung und Krafteinwirkung durch Schwerkraft, Wind oder Schneelast unterschiedlich angelegt und verdichtet, auch unterschiedlich verankert und verstärkt. Deshalb wächst jeder Ast in einem unterschiedlichen Winkel, hat eine andere Dicke, einen anderen Querschnitt und einen anderen Verlauf – eine zu Struktur gewordene Dynamik, auf die Ingenieure neidvoll blicken. Bei diesem Blick auf die Selbstorganisation lebender Systeme zeigt sich eines: Nur sich selbst organisierende Systeme sind stabile, nachhaltige Systeme, denn nur durch die Selbstorganisation ist das Wachstum auf die Umweltbedingungen abgestimmt.

Manövrierfähig

Fassen wir zusammen. Wenn es für Kinder gut läuft – wenn sie sich sicher fühlen und wenn sie sich auf Augenhöhe austauschen dürfen –, setzen sie auf ihrem Entwicklungsweg zwei entscheidende Segel:

... das erste Segel lässt sie aus sich heraus *wirksam* werden. Es weckt ihre Neugier, die ja nichts anderes ist als eine »Neu-Lust«, eine beständige Lust auf Neues. Und die ist noch immer die wichtigste Eintrittskarte zum *Lernen*.

... das zweite Segel erlaubt ihnen, ihre Entwicklung selbst mit zu organisieren. Dieses Segel richten sie mit anderen Kindern auf und nutzen dabei die von der Gruppe ausgehenden Entwicklungsreize.

Die Fahrt, die die Kinder mit diesen beiden Segeln aufnehmen, macht ihr Schiff manövrierfähig und wendig. Mit diesem Schiff können sie Neuland erreichen.

Das Fundament der Entwicklung

Aber Kinder nutzen diesen Rückenwind nicht nur, um Neues zu finden und zu entwickeln. Sie nutzen ihn, um überhaupt im Leben zu bestehen. Sie nutzen ihn, um sich ihr *Lebensfundament* zu bauen. Die menschliche Entwicklung ist ja in gewisser Weise durchaus mit dem

Bau eines Hauses zu vergleichen. Die Erkerchen, die Fassade, die gemütliche Dachstube, alles nett und schön. Aber wenn das Fundament nicht stimmt, entsteht dennoch keine rechte Freude.

So auch in der menschlichen Entwicklung. Da stehen alle Menschen zunächst einmal vor den gleichen Herausforderungen – egal, ob sie als Piraten leben oder als Pastorinnen, egal ob in Hamburg oder in Honolulu. Sie müssen Neues entwickeln können, zum einen. Aber sie müssen auch mit sich und ihren Emotionen klarkommen. Sie müssen sich Ziele setzen und diese mit Kraft verfolgen können. Sie müssen selbstständig werden. Und nicht nur das. Sie müssen auch mit anderen klarkommen, deren Gefühle und Absichten verstehen und sich in Gruppen einbringen können. Und sie müssen mit Widrigkeiten umgehen lernen, ohne dabei gleich aus dem Gleis zu geraten – im Leben scheint nun einmal nicht immer die Sonne.

Dieses Bündel fundamentaler Lebenskompetenzen – in der Fachsprache auch mit Begriffen wie »Kreativität«, »exekutive Kontrolle«, »soziale Kompetenz« und »Resilienz« belegt – bildete schon immer das Fundament der menschlichen Entwicklung. Das gilt auch heute. Nett, wenn die Kinder gut beim PISA-Test abschneiden – aber wenn sie die genannten Grundkompetenzen nicht ausbilden können, hilft ihnen das nicht wirklich weiter.

Nicht vermittelbar

Von diesen fundamentalen Grundkompetenzen wissen wir heute vor allem: Sie können nicht *vermittelt* werden, auch nicht durch eine noch so gute Pädagogik. Man kann Kindern soziale Kompetenz nicht *beibringen*. Man kann ihnen innere Stärke nicht anerziehen. Man kann ihnen Mitgefühl nicht vermitteln, auch wenn man noch so liebevoll mit ihnen redet. Oder ihnen lehrreiche Bücher vorliest, in denen der Bär dem Pinguin hilft und der Pinguin dem Igel (obwohl der doch Stacheln hat!). Nein, solche Kompetenzen müssen *erfahren* werden. Dieser fundamentale Schatz ist nur von den Kindern selbst zu heben, im alltäglichen Miteinander mit anderen Menschen – und sowohl jüngere als auch ältere Kinder, spielen dabei eine ganz besonders wichtige Rolle. Da lernen Kinder Stück für Stück ein Rückgrat auszubilden, da lernen sie, wie man mit sich und anderen klarkommt. Erwachsene spielen da auch eine Rolle, natürlich. Aber sie sind nicht die Leiter, nicht die Antreiber, nicht die Ideengeber.

Kurz: Kinder treibt es förmlich dazu, ihre fundamentalen Lebenskompetenzen aufzubauen. Sie wollen ihre »Entwicklungssegel« setzen. Das gelingt ihnen dann, wenn sie sich in funktionierenden Beziehungen in der Familie geborgen fühlen. Und wenn sie sich auf Augenhöhe mit anderen Kindern bewähren dürfen, in spielerischem Ernst.

> »Die Welt, die ganze Masse von Objekten, die auf die Sinne wirken, hält und regiert, an tausend und wieder tausend Fäden, das junge, die Erde begrüßende, Kind. Von diesen Fäden, ihm um die Seele gelegt, ist allerdings die Erziehung einer, und sogar der wichtigste und stärkste; verglichen aber mit der ganzen Totalität, mit der ganzen Zusammenfassung der übrigen, verhält er sich wie ein Zwirnsfaden zu einem Ankertau.« HEINRICH VON KLEIST

Das neue Bild vom Lernen

Damit wären wir bei einer anderen Sicht auf die kindliche Entwicklung angelangt. Kinder entwickeln sich weder einfach so aus sich heraus, durch eine Art mirakulöse Reifung oder durch das Werk irgendwelcher Triebe. Sie sind keine Pflanzen, die sich einfach entfalten. Noch brauchen sie jemanden, der sie nach oben zieht, der sie huckepack nimmt oder ihre Potenziale aus ihnen herauskitzelt. Entwicklung braucht überhaupt kein Gefälle, weder von unten nach oben noch von oben nach unten. Entwicklung verläuft in einer dritten Dimension – in einem sich selbst organisierenden System. Da spielen die Großen eine Rolle und da spielen die Kleinen eine Rolle, aber da gibt es keinen, der den Teig rührt und knetet. Da gibt es nur eines: Beziehungen von Mensch zu Mensch. Wo diese funktionieren, funktioniert auch die Entwicklung.

Das heißt nicht, dass es da keine Lehrer gibt, keine Klügeren oder Erfahreneren. Keine Schützenden und Behütenden. Keine Stärkeren und Wissenderen. Die gibt es, und das ist gut so. Aber diese Impulsgeber sind nicht immer die Erwachsenen. Kinder lernen vieles von Erwachsenen. Aber manches können sie eben nur von anderen Kindern lernen.

Das heißt auch nicht, dass es da keine Grenzen gibt, kein Nein und keine Widerworte. Die gibt es, und auch das geht in Ordnung. Aber die Grenzen entstehen in gemeinsam gestalteten Beziehungen, nicht durch ein Machtgefälle oder weil irgendwelche Erziehungsexperten sie ständig im Mund führen. Neben den Grenzen besteht immer auch Freiheit.

::: Liebe Abiturienten und Abiturientinnen,
Ihr seid jetzt in einer ganz wunderbaren Situation: Eure Eltern haben so langsam kapiert, dass ihr es seid, die später einmal das Altersheim für sie aussuchen werden. Und ihr habt ein Diplom, das euch Türen öffnen kann und neue Wege gehen lässt, ob an der Uni oder sonst wo. Ihr lebt jetzt sozusagen das, was die Evolutionsbiologen immer als Theorie behauptet haben: Bei einer so intelligenten, erfinderischen Art wie Homo sapiens muss der Nachwuchs über seine Eltern hinauswachsen können. Anders als ein Katzenkind können wir erfinderische, kluge Menschen unsere Lebensstrategie nicht bei Mama und Papa abkupfern. Dafür schaffen wir viel zu oft neue Tatsachen.

Das ist lästig, aber birgt auch eine große Hoffnung. Denn realistisch gesehen sind wir Erwachsenen derzeit nicht sonderlich erfolgreich. Wenn nicht alle Zeichen trügen, haben wir den Planeten in eine üble Schieflage gebracht und bisher keinen Weg gefunden, mit den begrenzten Bordmitteln zu leben, die uns auf der Erde zur Verfügung stehen. Und gerade die, die wir manchmal als unsere »Elite« bezeichnen, kann man in weiten Teilen mit Fug und Recht als sozial verwahrlost bezeichnen: Sie sind raffgierig, ichbesessen und ohne Weitblick. Damit läge also der Schluss nahe, dass ihr euch neue Vorbilder sucht. Dass ihr also das macht, was der Nachwuchs von Homo sapiens schon immer machen musste: neue Wege gehen. Also eben nicht in die Fußstapfen der Alten treten. Wir Menschen hätten anders nicht einmal das Feuer gezähmt.

Für euren Weg ins Neuland – auf dem übrigens auch unsere Hoffnung beruht – viel Glück!

VERBUNDENHEIT

Bäume brauchen Wurzeln, das weiß jedes Kind. Und ein kleiner Baum kann umso besser wachsen und gedeihen, je kräftiger seine Wurzeln sind, mit denen er sich im Erdreich verankert und seine Nährstoffe aufnimmt. Nur wenn es einem kleinen Baum gelingt, tief reichende und weitverzweigte Wurzeln auszubilden, wird er später auch Wind und Wetter, ja sogar Stürme aushalten können.

Auch Kinder brauchen feste Wurzeln. Offenbar wissen das nicht alle Eltern, auch nicht alle Erzieher oder gar alle Bildungspolitiker. Sie halten das, was man an jedem Baum sehen, messen und zählen kann, also die Äste oder die Blätter oder auch nur die Früchte, für wichtiger als die verborgenen Wurzeln. Deshalb richten sie ihre ganze Aufmerksamkeit darauf, ihre oder die ihnen anvertrauten Kinder so zu erziehen, dass sie möglichst große und zahlreiche Äste, bunte Blätter und nützliche Früchte entwickeln. Und dabei vergessen sie, dass Kinder Wurzeln brauchen. Die Wurzeln, mit denen sich Kinder fest im Erdreich verankern und ihre Nährstoffe aufnehmen, sind sichere emotionale Beziehungen zu den Menschen, bei denen sie aufwachsen. Wenn sie diese sicheren Bindungen nicht entwickeln können, bleiben auch ihre Äste, Blätter und Früchte nur eine Kümmerversion dessen, was daraus hätte werden können. Und wenn der erste Sturm kommt, wenn diese Kinder also erwachsen werden und sich in der Welt zurechtfinden müssen, fallen sie um.

Ist erst einmal ein ganzer Wald aus lauter derartig wurzelkranken Bäumen entstanden, was geschieht dann? Solange kein Sturm kommt, gar nichts. Doch irgendwann beginnen die ersten Bäume an den schlechteren Standorten ihre Blätter zu verlieren und zu verdorren. Bemerkt wird das nur von Menschen, denen der Wald am Herzen liegt und die ihn sehr genau kennen. Aber ihre Alarmrufe verhallen so lange ungehört, bis das Ausmaß der Schäden auch von denen bemerkt wird, die nur selten in den Wald kommen. Dann wird gemessen und gezählt und ein Waldschadensbericht erstellt. Es wird nach Abhilfe gesucht, Dünger gestreut, gekalkt und der Eindruck erweckt, als hätte man alles fest im Griff. Und immer wieder melden sich Experten zu Wort, um ihrer Verwunderung über all die Aufregung wegen ein paar dahinsiechender Bäume Ausdruck zu verleihen: »Wer Baumarten dort angepflanzt hat, wo sie nicht hingehören, und dann auch noch in Monokulturen, der braucht sich nicht zu wundern, wenn sie irgendwann verkümmern. Wir brauchen ohnehin einen anderen Wald!«, sagen die die einen. »Es ist wissenschaftlich erwiesen, dass Menschen auch ohne Wald überleben können. Wir brauchen also gar keinen Wald!«, behaupten die anderen.

Aber Kinder brauchen wir schon. Und wenn die keine tiefen und weitreichenden Wurzeln mehr ausbilden können, verlieren nicht nur sie, sondern verlieren wir alle den Halt. Dann läuft unsere ganze Gesellschaft Gefahr, irgendwann umzukippen. Die wachsende Aggressivität und der sich ausbreitende Rechtsradikalismus sind ebenso alarmierende Zeichen früher Bindungsstörungen wie die in Schulen zu beobachtende Zunahme von Lern- und Verhaltensstörungen oder der weit verbreitete Drogenkonsum. Längst sind davon nicht mehr nur Kinder und Jugendliche betroffen, die unter besonders ungünstigen Bedingungen aufwachsen müssen.

Das soziale Beziehungsgefüge, in das Kinder heutzutage hineinwachsen, ist immer brüchiger geworden. Kinder finden in dieser Welt nur noch wenig Verständnis für ihre elementaren Bedürfnisse. Oft mangelt es an den für die Ausbildung sicherer Bindungen erforderlichen Rahmenbedingungen, an emotionaler Zuwendung und Feinfühligkeit, an vielfältigen Anregungen und einer angemessenen Grenzziehung. So sind immer mehr Kinder gezwungen, den daraus resultierenden Mangel an emotionaler Sicherheit durch verstärkte Selbstbezogenheit zu kompensieren.

Sie schaffen sich eine eigene, von ihnen selbst bestimmte Lebenswelt und schirmen sich gegenüber fremden Einflüssen und Anregungen ab, die nicht mit ihren Vorstellungen übereinstimmen. Verstärkt wird diese Haltung dadurch, dass in allen Schichten der Gesellschaft sich die Lebensbedingungen in den letzten Jahren deutlich in Richtung einer zunehmenden Individualisierung verschoben haben.

In dieser Welt gibt es keine wirklichen Herausforderungen mehr. Es können keine vielfältigen neuen Erfahrungen gemacht und im sich entwickelnden Gehirn verankert werden. Wichtige Entwicklungsprozesse im kindlichen Gehirn finden nicht mehr oder nur eingeschränkt statt. Für das Lernverhalten der Kinder bedeutet dies einen Rückgang an Motivation, Verstehen, Behalten, Erinnern, Erkennen von Zusammenhängen und eine eingeschränkte Fähigkeit beim Erkennen und Lösen von Konflikten. Ihr Sozialverhalten wird bestimmt von einem zunehmenden Rückzug in selbst geschaffene Welten, Ablehnung fremder Vorstellungen, aggressiver Verteidigung einmal eingeschlagener Bewältigungsstrategien, mangelndem Einfühlungsvermögen, Rigidität und Problemen bei der Aneignung psychosozialer Kompetenzen.

Um die genetisch angelegten Möglichkeiten zur Ausbildung hochkomplexer und zeitlebens veränderbarer Verschaltungen in vollem Umfang nutzen zu können, braucht ein menschliches Gehirn optimale Entwicklungsbedingungen.

Gegen Ende der Schwangerschaft sind verschiedene Sinnesorgane und die dazugehörigen Verschaltungen im Gehirn des Fötus bereits so weit ausgereift, dass er damit seine ersten sinnlichen Wahrnehmungen macht. Er spürt das Schaukeln, schmeckt das Fruchtwasser, hört die Herztöne der Mutter und andere Geräusche, auch Stimmen und Musik von außen. Alles, was in seine Welt vordringt und was es wahrzunehmen imstande ist, verbindet das ungeborene Kind mit der Sicherheit und Geborgenheit, die in dieser seiner Welt normalerweise herrschen. Plötzlich und während der Schwangerschaft möglicherweise wiederholt auftretende Störungen, etwa laute Geräusche, aber auch Angst und Stress der Mutter, die der Fötus als Veränderungen ihres Herzschlages wahrnimmt und die mit Veränderungen der mütterlichen Blutversorgung und der Ausschüttung verschiedener Hormone einhergehen, können dazu führen, dass dieses Geborgenheitsgefühl bei manchen Kindern bereits zum Zeitpunkt der Geburt nur schwach ausgeprägt ist. Sie kommen dann bereits unsicherer und ängstlicher zur Welt und sind weitaus schwerer durch mütterliche Zuwendung zu beruhigen als andere Kinder, denen solche intrauterinen Erfahrungen erspart geblieben sind.

Die erste tief greifende Angst und Stressreaktion erlebt jeder Mensch bei seiner Geburt. Verzweifelt muss er nach dieser dramatischen Veränderung seiner bisherigen Lebenswelt nach einem Weg suchen, um sein verloren gegangenes inneres Gleichgewicht wiederzufinden. Die wichtigste Erfahrung, die jedes Neugeborene während der ersten Tage und Wochen in dieser neuen Welt machen kann und machen muss und die seinen weiteren Entwicklungsweg entscheidend prägt, wird als Gefühl in seinem Gehirn verankert. Es ist das Gefühl, dass es in der Lage ist, seine Angst zu bewältigen. Damit dieses Gefühl entstehen kann, muss das Neugeborene seine Angst zum Ausdruck bringen können, und es ist darauf angewiesen, dass sein Schreien gehört wird, dass sich jemand (normalerweise die Mutter) ihm zuwendet, es wiegt, es an die Brust nimmt, zu ihm spricht, es wärmt und es beruhigt. Nur wenn das Baby jemanden findet, der es ihm ermöglicht, wieder möglichst viel von dem zu spüren und wahrzunehmen, was es bereits aus seinem bisherigen Leben im Mutterleib kennt und was es mit der dort vorgefundenen Sicherheit und Geborgenheit verbindet, kann es seine Angst überwinden und sein inneres emotionales Gleichgewicht wiederfinden.

Je häufiger ihm das gelingt, desto tiefer wird die Erfahrung in seinem Gehirn verankert, dass es durch eine eigene Leistung in der Lage ist, seine Angst mithilfe eines anderen Menschen (der Mutter) zu bewältigen. Sein Selbstvertrauen wächst dabei ebenso wie sein Vertrauen in die Fähigkeiten der Mutter, ihm Sicherheit und Geborgenheit bieten zu können. Das Kind entwickelt eine enge emotionale Bindung an die Mutter (oder an eine andere primäre Bezugsperson) und übernimmt im weiteren Verlauf seiner Entwicklung nicht nur alle Fähigkeiten und Fertigkeiten, Vorstellungen und Haltungen von ihr, die ihm zur eigenen Lebensbewältigung wichtig erscheinen. Es weitet auch seine emotionale Bindung auf sämtliche Personen aus, die dieser Mutter wichtig sind, mit denen sie emotional verbunden ist und in deren Gegenwart es sich ebenfalls sicher und geborgen fühlt. Das ist normalerweise zunächst der Vater, später kommen Großeltern, Verwandte und andere den Eltern nahestehende Personen hinzu. Auch deren Fähigkeiten,

Haltungen und Vorstellungen eignet sich das Kind umso leichter und besser an, je enger es sich mit diesen Menschen verbunden fühlt.

Während dieser Phase geht es ihm nicht viel anders als einem auskeimenden Samenkorn, das zunächst mit einer sich immer stärker verzweigenden Wurzel in das Erdreich vordringt, sich dort fest verankert und die für die Ausbildung von Spross und Blättern erforderlichen Nährstoffe sammelt. Kindern gelingt es nur dann, solche Wurzeln auszubilden, wenn ihnen während ihrer ersten Lebensjahre Gelegenheit gegeben wird, enge, sichere und feste Bindungen zu möglichst vielen anderen Menschen mit sehr unterschiedlichen Fähigkeiten, Vorstellungen und Begabungen zu entwickeln. Bei einem Samenkorn entscheiden die genetischen Anlagen darüber, ob der Keim entweder eine Pfahlwurzel oder eine Flachwurzel ausbildet. Bei Kindern entstehen sehr tief reichende, aber wenig verzweigte Wurzeln immer dann, wenn der Boden, auf dem sie aufwachsen, nur von einem oder sehr wenigen und sehr gleichartigen Menschen gestaltet wird. Flache Wurzeln bilden sie immer dann aus, wenn sie zwar mit sehr vielen und sehr unterschiedlichen Menschen Beziehungen eingehen, diese Menschen ihnen aber nur wenig Sicherheit und Geborgenheit bieten.

Damit die Bäume nicht beim kleinsten Sturm umfallen, brauchen sie auf sumpfigem Grund möglichst tief reichende, auf felsigem Grund möglichst flach ausgebreitete Wurzeln. Kinder brauchen also Wurzeln, mit denen sie sich überall und bei jedem Wetter festhalten können. Aus der Wiege der Menschheit, aus Afrika, stammt eine uralte Weisheit, die in einem Satz zusammenfasst, welche Entwicklungsbedingungen Kinder vorfinden müssen, um die genetischen Anlagen zur Ausbildung eines zeitlebens lernfähigen, komplex verschalteten Gehirns in vollem Umfang nutzen zu können. »Um ein Kind richtig aufzuziehen«, sagt ein afrikanisches Sprichwort, »braucht man ein ganzes Dorf.« In einer solchen dörflichen Gemeinschaft finden Kinder hinreichend viele und hinreichend unterschiedliche Anregungen und Herausforderungen, um sich ein möglichst breites Spektrum verschiedenster Kompetenzen anzueignen und die dabei in ihrem Gehirn aktivierten Verschaltungen zu bahnen und zu festigen. Und in einem Dorf können sie einen wachsenden Kreis fester, sicherer Bindungen zu sehr unterschiedlichen

Menschen entwickeln und die Erfahrung machen, dass sie innerhalb dieser Gemeinschaft Schutz und Geborgenheit finden.

Dörfer, in denen das funktioniert, sind selten geworden, auch in Afrika. Und wenn es solche Dörfer noch irgendwo gibt, reicht das, was sie bieten, heutzutage kaum noch aus, um ihren Kindern Gelegenheit zu geben, auch das so gut zu entwickeln, was sie ebenso dringend brauchen wie Wurzeln: Flügel, mit denen sie über die Grenzen und Beschränktheiten der Gemeinschaft, in der sie nun einmal zufälligerweise aufgewachsen sind, hinwegfliegen können. Auch diese Flügel wachsen nicht von allein. Kinder, die sich in der Welt, in der sie aufgewachsen sind, nicht sicher fühlen, haben Angst vorm Fliegen. Die Pfahlwurzler sind so fest in ihren wenigen Bindungen verhaftet, dass sie sich nicht in die Luft erheben können, und die Flachwurzler laufen allzu leicht Gefahr, schon abzuheben und davonzuschweben, bevor ihre Flügel so weit entwickelt sind, dass sie damit auch die Richtung ihres Fluges bestimmen können.

Glücklicherweise gibt es aber immer wieder einzelne Kinder, denen es gelingt, sowohl breite als auch tiefe Wurzeln auszubilden, und die deshalb das Gefühl haben, fest und sicher in ihrer jeweiligen Lebenswelt verankert zu sein. Sie hängen nicht wie Klammeraffen an den Rockzipfeln ihrer jeweiligen Bezugspersonen, und sie versuchen auch nicht zwanghaft, ständig unter Beweis zu stellen, was sie alles schon können und dass sie niemanden mehr brauchen, der ihnen zeigt, wie etwas geht.

Solche Kinder zeichnen sich dadurch aus, dass sie in sich ruhen, sie sind mit sich selbst, mit ihren Eltern und allem, was sie umgibt, fest verbunden. Sie bleiben sehr lange offen für alles, was es in ihrer jeweiligen Lebenswelt zu entdecken und zu gestalten gibt. Sie brauchen nicht ständig irgendwelche neuen Anregungen von außen und können sich noch für so ziemlich alles begeistern, was sie selbst finden und herausfinden.

Pippi Langstrumpf, wie Astrid Lindgren sie beschrieben hat, war so ein Kind, ebenso wie Mark Twains Tom Sawyer und Huckleberry Finn und viele andere, die man auch heute noch in Kindergärten und Schulen finden und schon von Weitem an ihrer unbändigen Lust am Leben erkennen kann. Sie wirken nicht nur kompetenter als andere Kinder, sie sind auch umsichtiger und verantwortungsbewusster. Weil sie besser verwurzelt sind, können sie die in ihnen angelegten Begabungen und Talente besser entfalten.

Nun kommt aber kein Kind entweder schon als Flachwurzler oder als Tiefwurzler zur Welt. Deshalb lohnt es sich, genauer hinzuschauen und herauszufinden, was für Erfahrungen es sind, die ein Kind braucht, um sich hinreichend fest in der Welt zu verwurzeln, um dieses tiefe Gefühl von Verbundenheit entwickeln und in seinem Gehirn fest verankern zu können. Auch hier ist die Antwort sehr einfach: Um sich mit dem, was das Leben bietet, verbunden fühlen zu können, muss ein Kind die Gelegenheit bekommen, diese Verbundenheit selbst, also am eigenen Leib und mit allen Sinnen, zu erfahren. Am Anfang des Lebens, schon vor der Geburt, hat ja fast jedes Kind diese Grunderfahrung bereits gemacht.

Sie bildet die Grundlage des unerschütterlichen Vertrauens, mit dem sich das Kind auf den Weg macht. Den meisten Kindern gehen allerdings, manchmal schon im Elternhaus, oft auch im Kindergarten, in der Beziehung zu anderen Kindern und vielen Erwachsenen und besonders auch in der Schule dieses ursprünglich mitgebrachte Gefühl von Verbundenheit und das daraus erwachsende Vertrauen verloren. Mit technischen Spielgeräten und anderen Ersatzmitteln lässt sich dieser Verlust nicht kompensieren. Verbunden kann man sich nur mit etwas fühlen, was lebendig ist. Und manche Kinder haben das Glück, etwas zu finden, was lebt und nichts von ihnen will und nichts von ihnen erwartet: nicht zu Hause, nicht im Kindergarten und nicht in der Schule, aber draußen in der lebendigen Natur.

ZWEI DER SCHATZ DORT DRAUSSEN

Nach diesen zehn Tagen war es, als hätte ein himmlischer Klavierstimmer ihre Seelen neu gestimmt. MALTE ROEPER

Fundament der Entwicklung? Kindheit als ein sich selbst organisierender Systemprozess? Die Sicht der Engel gar? Was hat das alles mit der Natur zu tun und ihrer Bedeutung für die Kinder?

Um es in einem Satz zu sagen: Natur stellt für Kinder einen maßgeschneiderten Entwicklungsraum dar. Eine Erfahrungswelt, die genau auf die Bedürfnisse von Weltentdeckern zugeschnitten ist. Hier können sie ihre Segel setzen. Hier bläst der Wind, den sie für ihr Gedeihen brauchen. In der Natur können sie *wirksam* sein. Hier können sie sich auf Augenhöhe *selbst organisieren*. Hier können sie an ihrem Fundament bauen. Zeit in der Natur ist Entwicklungszeit.

Das klingt fantastisch. Und auch ein bisschen revolutionär – schließlich geht der Trend heute nicht gerade raus ins große Freie. Machen wir uns also auf einen Rundgang. Was ist da los in der Natur, und wie profitieren die Kinder davon?

In der Natur?

Einige Leser werden sich vielleicht zunächst fragen, von welcher Natur hier eigentlich die Rede ist? Ist sie alles, wo ein Himmel drüber ist? Oder gar echte Wildnis, mit umgefallenen Baumstämmen und so? Und wenn ja, wo leben die Autoren denn? Die meisten Kinder wachsen heute doch in der Stadt auf. Wenn da Bäume sind, stehen sie in einem Park. Bäche zum Aufstauen: Fehlanzeige. Dafür gibt es immerhin einen Öko-Spielzeugladen – ist nicht auch Holzspielzeug so etwas wie Natur?

Angestammter Entwicklungsraum

Lassen wir alle diese Fragen aber erst einmal beiseite und beginnen einfach unseren Rundgang. Der aber müsste eigentlich weit zurück in der Vergangenheit starten, vor mehr als 100.000 Jahren. Denn wie sich Kinder entwickeln, kommt nicht von ungefähr. Vielmehr hat sich ihr Entwicklungsplan in der Menschheitsgeschichte eingeschliffen, von Generation zu Generation. Das Gerüst, auf dem sie von einem Entwicklungsabschnitt zum nächsten gelangen, hat sich als Antwort auf die Herausforderungen gebildet, denen die Kinder in der Geschichte immer wieder begegnet sind. Das ist das Prinzip der Evolution.

Tatsächlich mussten die Kinder auf ihrem Weg durch die Menschheitsgeschichte all das perfektionieren, was einem kleinen, unreifen Menschen hilft, ein großer, erfolgreicher Erwachsener zu werden. Sie mussten lernen, wie man die vielen Kurven ins Erwachsenenleben am besten nimmt, eine Kehre nach der nächsten. Die kindliche Entwicklung stellt damit eine Auswahl dessen dar, was *funktioniert* hat. Und diese Wurzeln bilden auch heute noch das Fundament des Großwerdens. Kinder brauchen heute das gleiche Maß an Bewegung, um gesund zu bleiben, wie vor Tausenden von Jahren. Sie brauchen dieselben Zutaten, um ihr Urvertrauen auszubilden. Sie bilden ihr soziales Rückgrat nicht anders als Kinder früherer Generationen. Ja, selbst ihre berüchtigten Verhaltensweisen – vom Nicht-alleine-schlafen-Wollen als Säuglinge über die Gemüseverweigerung der Kleinkinder bis hin zur Trotzphase, ja, bis zu den Wirren der Pubertät – lassen sich nur verstehen, wenn man die Bedingungen in Rechnung stellt, unter denen Kinder in ihrer evolutionären Vergangenheit groß geworden sind.[3]

Eine dieser Bedingungen war immer das Leben *draußen* gewesen. Denn zu 99 % der menschlichen Geschichte lebten wir Menschen ja in der Natur im klassischen Sinn, also in einer nicht vom Menschen gestalteten Umwelt. Bis die Menschen sesshaft wurden (das passierte in Mittel- und Nordeuropa erst vor etwa 4.000 bis 5.000 Jahren), lebten die Menschen den Lebensstil der Jäger und Sammler. Da war die Natur Teil des alltäglichen Programms – für Erwachsene wie für Kinder. Sie war *die* Kulisse des Alltags. Das heißt nicht, dass es da nicht auch andere Erfahrungsräume gegeben hätte – die Welt des Lagerfeuers etwa (sie wird uns noch beschäftigen), die Welt des Camps, der geschützten Wohn- und Schlafräume also, und auch sakrale Welten – wer einmal Wandmalereien in Höhlen gesehen hat, weiß, was gemeint ist. Aber sicher ist eines: Ein großer Teil der Kindheit spielte sich draußen ab.

Was würden unsere jagenden und sammelnden Vorfahren über das Leben in der Natur, nein, als *Teil* der Natur, erzählen? Sie haben darüber keine Berichte hinterlassen. Und doch können wir durch ein Fenster schauen. Dies verdanken wir einer amerikanischen Forscherin, Marjorie Shostak. Sie lebte in den 1970er-Jahren zusammen mit ihrem Mann bei den damals noch weitgehend als halbnomadische Jäger und Sammler lebenden Kung in der Kalahari, um deren Lebensgewohnheiten zu erforschen. Frau Shostak erhob aber nicht nur wissenschaftliche Daten. Sie schrieb in dieser Zeit auch die Geschichte einer damals etwa 50-jährigen Kung-Frau mit dem Namen Nisa auf, die ihr in langen abendlichen Tonbandinterviews ihr Leben im Busch schilderte. Dieses Dokument (als Buch unter dem Titel »Nisa erzählt« erschienen) erlaubt eine spannende Zeitreise zurück in die Steinzeit. Denn so sehr sich Nisas Leben auch von unserem heutigen Leben unterscheidet, so gut können wir an ihre Beschreibungen, Gefühle und Einsichten anknüpfen – denn in der Geschichte eines ganz anderen, fremden Lebens begegnen wir uns selbst – in allen uns wohlbekannten Farben.

Das Leben draußen – wen wird es wundern – nimmt in Nisas Erzählungen einen weiten Raum ein, gerade in ihren Kindheitserinnerungen. Sie beschreibt, wie sie durstig aus einer Quelle trinkt, nachdem sie sich an wildem Honig übergessen hatte. Wie lecker die Mongongo-Nüsse schmecken. Wie sie sich im Schatten eines Baumes ausruht. Wie sie ihre Mutter beim Sammeln begleitet, überhaupt die vielen Pfade dort draußen. Das Wasserholen auch, das sie mit den anderen Kindern hartnäckig als Spiel umdeutet. Interessant auch das Wissen, auf das sie sich bezieht, die vielen Zusammenhänge, in denen sie denkt. Natürlich – Nisa kann nicht einmal schreiben, und sie weiß vieles nicht, was wir moderne Menschen für selbstverständlich halten. Aber sie erscheint trotzdem nicht als unwissend. Wir glauben heute ja gerne, unser immer größer werdendes Wissen würde uns allmählich den Schlüssel zur Welt liefern. Wenn nur die Forschung endlich diesen großen Wissensschatz vollends gehoben haben würde, seien wir bald alle unsere Nöte los, die Ängste, den menschlichen Irr-Sinn. Wissen sei das Gegengift gegen Unwissen.

Bei dem Blick zurück aber wird klar, dass das so einfach nicht ist. Was *wusste* Nisa nicht alles über sich und die Menschen und die Welt! Wir sind viele weiße Flecken in unserem Wissen losgeworden (und das war jedes Mal ein Grund zum Feiern, in der Tat!), aber viele weiße Flecken sind auch neu entstanden. Vielleicht ist das der Grund, weshalb unser ganzes Wissen die Sorgen so wenig mildern kann, die wir uns um die Welt machen.

Aber zurück zu Nisa. Für sie gab es dort draußen auch ein Abenteuer der ganz besonderen Art. Da waren die anderen Kinder. Und damit sind wir bei einem Thema, das im ersten Kapitel schon angeklungen ist und das jetzt vielleicht auch so einen neu entstandenen weißen Fleck darstellt. Denn tatsächlich verbrachten Kinder bis vor ein, zwei Generationen eine Menge Zeit unter ihresgleichen. Und zwar in von Kindern *selbst organisierten* Gruppen.

Aus evolutionärer Sicht nämlich kann die Kindheit mit Fug und Recht als zweiteilig angesehen werden. Der erste Teil – etwa die ersten drei Jahre – spielte sich sehr nahe bei den schützenden und nährenden Erwachsenen ab. Die Kleinen wurden lange gestillt, getragen und in Nähe umsorgt, und das gehörte unter den nomadischen Lebensbedingungen nicht zur Kür, sondern zur Pflicht (wer sich dafür näher interessiert, sei auf mein Buch verwiesen: »Kinder verstehen. Born to be wild – wie die Evolution unsere Kinder prägt«). Mit der nächsten Schwangerschaft der Mutter aber stand ein deutlicher Wandel an – schließlich würde dieser Neuankömmling ja auch dieselben Privilegien beanspruchen wie sein älteres Geschwisterkind! Für dieses ging es jetzt hinaus in neue Bindungsnetze. In seinem Leben würden jetzt die anderen vertrauten Menschen eine größere Rolle spielen, darunter vor allem auch – andere Kinder. Mit denen verbrachte es nun einen immer größeren Teil des Tages.

Was die Kinder dort machten? Sie wendeten gemeinsam eine ihrer wichtigsten angeborenen Lernstrategien an – und »erspielten« sich ihre grundlegenden Lebenskompetenzen.

Dieses Spiel war aber keineswegs ein Spiel auf immer gleicher Augenhöhe. Zu diesen Kindergruppen gehörten vielmehr immer auch ältere und jüngere Kinder – das natürliche Habitat der Kinder war die *gemischtaltrige Gruppe*. Und weil dort jedes Kind im Laufe seiner Entwicklung genauso lange ein jüngeres wie ein älteres Kind ist, lernten sich die Kinder in sehr unterschiedlichen Rollen kennen. Sie gehörten einmal zu denen, die zuhörten, und einmal zu jenen, denen zugehört wird. Sie lernten, sich – in sozialer Hinsicht – nach oben zu strecken, aber auch, sich nach unten zu beugen. Sie waren einmal die, die Hilfe bekamen, und einmal diejenigen, die den anderen helfen konnten. Sie waren Lernende und Lehrende, Geführte und Führende.

Ein reichhaltiger Lehrplan. Evolutionsbiologen nehmen sogar an, dass die nomadischen Gruppen ohne ein solches flexibles Sozialisationsmuster gar nicht hätten funktionieren können – Grundlage der Leistungsstärke dieser Gruppen war eindeutig die Balance zwischen dem »Ich« und dem »Wir«. Dass Kinder in ihrer Sozialisation hartnäckig in Gewinner und Verlierer aufgeteilt werden, hätten sich diese Gruppen gar nicht leisten können.

Aber heute?

Hier können wir unseren Rundgang durch die Natur vorerst beenden. Denn die Welt von damals ist längst untergegangen. Vorbei und vergessen. Wir haben die Wirklichkeit komplett umgebaut und mit ihr die Natur dort draußen. Und auch die Kindheit folgt heute einem anderen, flurbereinigten Modell. Wenn manche Kinder sagen, drinnen sei es schöner, »weil dort Steckdosen sind«, dann haben sie recht.

Und doch wieder nicht. Denn das Leben draußen steckt den Kindern immer noch irgendwo im Blut. Schauen wir nur ihr Spiel an. Wenn sie frei spielen, dann geht es meist um uralte Motive. Die Jagd etwa – nichts fasziniert Kinder mehr als Stöcke, in allen Formen und Versionen, gerne auch bespannt zu Bögen, zu Speeren geschnitzt oder eben einfach als wirkmächtiges Allroundinstrument. Auch für Schutz und Behausung sorgen Kinder liebend gern, sie graben Höhlen, bauen Hütten, Baumhäuser, Zelte – das Lager eben.

Und es geht um die vier Elemente. Vor allem um Feuer – Scheite

reinwerfen, die Glut anblasen, Stöcke reinhalten, Dinge darin braten, von Blättern bis zu Kartoffeln. Und das Wasser: Steine springen lassen, den Bach aufstauen, »Fische« angeln, Dinge darauf treiben lassen. Kinder können Stunden an dem langweiligsten Bach verbringen. Auch Erde ist ihr Element – sie zwischen den Fingern zerrieseln lassen, im Matsch wühlen oder einfach graben, graben, graben.

Kurze Zwischenfrage: Machen die das einfach zum Spaß? Da sind wir mitten in der Spielforschung. Und die stellt fest, dass Kinder beim Spielen in Wirklichkeit *richtig arbeiten*. Sie wenden haufenweise Energie auf, gehen echte Risiken ein, ja, oft vergessen sie sogar Hunger und Durst – ihr *Spielhunger* ist oft größer als ihr Hunger nach Nahrung. Eine Tätigkeit, bei der so viel investiert wird, ist kein Zeitvertreib – auch das Lebewesen Mensch steht schließlich unter dem evolutionären Diktat der Sparsamkeit. Nein, hier wird gelernt, geübt, trainiert. Hier wird Neuland für die Entwicklung gewonnen – in körperlicher Hinsicht, in emotionaler Hinsicht und in sozialer Hinsicht.

Schauen wir uns allein das simple Wühlen im Matsch aus der Perspektive der Spielforscher an. Da zeigt sich, dass da nicht nur grobe Kraft, Feinmotorik und die Einbindung der Sinne geübt und trainiert werden, sondern auch ein intuitives naturwissenschaftliches Verständnis. Der Spielforscher Herbert Ginsburg fand bei einer systematischen Beobachtung von Vorschulkindern heraus, dass diese fast die Hälfte ihrer freien Spielzeit mit Zählen, mit der Erforschung von Formen und Mustern und mit Sortieren von Objekten nach Kategorien verbrachten – in anderen Worten: sich mit Grundkonzepten der Mathematik und der Physik vertraut machten. Die Tatsache, dass 11- bis 12-jährige Kinder in Großbritannien heute ihren Altersgenossen aus den 1970er-Jahren beim Verständnis von Konzepten wie Volumen und Dichte um 2 bis 3 Jahre hinterherhinken, erklärt ein andere Forscher aus der Tatsache, dass heutige Kinder weniger draußen spielen, wo sie im Umgang mit Sand, Matsch und Wasser ein intuitives physikalisches Verständnis entwickeln könnten.

Wie aber kann man intuitiv verstehen lernen? Lassen wir Gabriele Pohl zu Wort kommen, die darüber in ihrem wunderbaren Buch »Kindheit – aufs Spiel gesetzt. Vom Wert des Spielens für die kindliche Entwicklung« schreibt:

»Ich beobachte ein dreijähriges Kind, wie es mit Wasser spielt. Es wirft ein Blatt ins Waschbecken, belädt es mit einem Stein, das Blatt geht unter, eine Plastikschüssel kommt dazu, eine Murmel kommt hinein, die Schüssel schwimmt, die Murmel wird direkt ins Wasser geworfen und beim Sinken beobachtet. Die Plastikschüssel wird umgedreht und unters Wasser gedrückt, flutscht hinaus, wird wieder umgedreht und mit Wasser gefüllt, sie sinkt auch nach unten, die Murmel wird in die Schüssel gelegt: ›Der Kabeteen‹, erklärt das Kind; die Schüssel wird mit der Murmel durchs Wasser gezogen, immer schneller und schneller, der Kapitän fällt ins Wasser, bleibt eine Weile am Grund liegen, wird wieder herausgezogen und liebevoll abgetrocknet. ›Sons kriegda Snupfn!‹ Was macht das Kind da? Es spielt versunken und ernst, es scheint sich einer schwierigen Aufgabe zu widmen, das kann ich sehen, aber was bezweckt es? Natürlich wird es mir nicht antworten: Ich stelle Versuche an zu den Themen: Masse, Wasserverdrängung,

Volumen und Schwerkraft, außerdem ist mein soziales Thema Macht und Ohnmacht, ich habe meine Sozialfähigkeit geübt und den Zusammenhang zwischen Unterkühlung und Erkältung hergestellt. Ich habe meinen Tastsinn benutzt und meinen Wärmesinn geschult. Aber das ist es.«

Kein Wunder, dass es die Kinder draußen wie magisch dorthin lockt, wo sie solche elementaren Erfahrungen machen können. Beobachtungen auf Kindergarten- und Schulgeländen zeigen, dass Kinder vor allem die wilden Teile des Geländes regelmäßig nutzen – kleine Lichtungen im Gebüsch, Erdhügel, gerne auch Schutthalden und all das andere, was bei den Planungen oft nur aus Versehen übrig bleibt. Tatsächlich tragen die Lieblingsorte der Kinder oft archaische Merkmale. Sie bieten Schutz und Unterschlupf – durch Überdachungen, Aushöhlungen oder Überwuchs –, Möglichkeiten, sich zurückzuziehen und zu verstecken, aber auch Gelegenheiten für Entdeckungen und Streifzüge. Wen sollte es also überraschen, dass gerade die älteren, in ihrer Spielgestaltung flexibleren Kinder, Brachflächen in der Regel gegenüber »ordentlichen« Parks oder Spielplätzen bevorzugen? Hier spielen sie länger, lieber und auch weniger allein.

Und schauen wir gleich auch einmal in die Bücherregale der Kinderzimmer. Was da aneinandergereiht steht, sieht vordergründig ganz ordentlich aus. Aber die Welt, von der diese Bücher handeln, ist alles andere als das. Sie ist widerständig. Aufmüpfig. Wild. Die begehrtesten Kinderbücher erzählen die Geschichten von Kindern, die sich untereinander organisieren, um groß zu werden. Geschichten, in denen Kinder selbst am Ruder sitzen – und das oft draußen in der Natur. Die rote Zora, Ronja Räubertochter, Momo, die kleine Hexe, Pippi Langstrumpf – diese Heldinnen passen wirklich nicht in unsere Zeit. Und doch erleben diese Geschichten Auflage um Auflage. Weil die Kinder spüren, dass sich da die Segel blähen.

Also. Klar sind heute drinnen die Steckdosen, und aus diesen Dosen – das werden wir noch sehen – kann auch eine Menge Spaß kommen. Aber der Umgang mit der Natur steckt noch immer in unseren Kindern. In ihren Herzen, aber auch in ihren Fingerchen, Füßchen und Näschen.

Die vier Quellen kindlicher Entwicklung oder Das Vieleck der Möglichkeiten

Also genauer hinschauen. Warum ist das so – warum ist die Natur so attraktiv? Warum halten zumindest die inneren Bilder der Kinder der Moderne so gut stand? Was *bietet* die Natur den Kindern? Was zieht die Kleinen in diese vom Aussterben bedrohte Welt?

Der Reichtum. Anders kann man es nicht sagen. Der Reichtum, den die Natur den Kindern für ihre Entwicklung bietet. Die Natur steckt voller Anreize. Und diese passen zu den Herausforderungen des Großwerdens wie der Schlüssel zum Schloss.

Wer den Reichtum dort draußen erlebt hat, der weiß, dass er eigentlich aus allen Ritzen rieselt und herausbricht. Wie soll man da die einzelnen Quellen orten! Aber versuchen wir es einmal.

Die erste Quelle: Unmittelbarkeit

Wir Menschen leben in einem paradoxen Zustand – unser mit den Sinnen unmittelbar erfassbares Leben spielt sich in einem sehr kleinen Umfeld ab – unsere »Fühlweite«, Riechweite, Hör- und Sichtweite sind auf ein paar Zentimeter bis wenige Hundert Meter begrenzt. Aus dieser sinnlichen Heimat heraus betreiben wir eine gigantische Selbsterweiterung – mit unseren Gedanken und unserem Empfinden sind wir weiß Gott wo. Und mit den neuen technischen Hilfsmitteln sogar überall: Telefon, Radio, Fernsehen und Internet sind unsere fast ins Unendliche verlängerten Ohren und Augen.

Schon immer war es für Menschen also gar nicht so einfach, sich in dieser Zwitterwelt wirklich bei sich zu fühlen – dem unmittelbaren Hier und Jetzt zugehörig, in das Sein des Lebens eingebunden. Tatsächlich kann die kindliche Entwicklung auch als eine Geschichte der Besiedelung dieses unmittelbaren Lebenskreises verstanden werden, als eine Geschichte der »Beheimatung«. Da spielen sinnliche Erfahrungen eine wichtige Rolle – Berührungen, Blickkontakte, das Hören immer wiederkehrender Muster und Melodien, das Schmecken, das Riechen bald schon vertrauter Gerüche. Überhaupt bewegt sich der Mensch zunächst entlang sinnlicher Spuren – da wird alles gerochen, geschmeckt, in den Mund gesteckt, beäugt und befühlt, ja, der ganze Körper kommt zum Einsatz, und wie! Es wird gerobbt, geklettert, gesprungen, gehopst, gepurzelt und auf Zehenspitzen gestanden, jeder Muskel wird gestreckt, gewalkt, geübt und dabei dieser wunderbare Körpersinn aufgebaut, der unsere Hände, Arme und Beine regelrecht Wurzeln schlagen lässt in der Umwelt. Mit dem Stock in der Hand lässt sich irgendwann ein Herz in den Sand malen, als sei er eine Verlängerung der Finger, als gehörte der immer noch zu uns. Ja, vieles spricht dafür, dass dieses nach und nach entstehende sinnliche Bewusstsein der erste Schritt zu unserem *Selbstbewusstsein* ist. Der Besitz unserer Sinne macht uns unser selbst bewusst.

Der Anker im Hier und Jetzt

Heute, wo wir die virtuelle Selbsterweiterung in immer extremerer Form betreiben, ist dieser feste Boden möglicherweise noch wichtiger. Denn wenn wir per Handy, Internet und Fernsehen immer irgendwo durch die Ferne streifen – wie schaffen wir es dann noch, uns hier und jetzt zu Hause zu fühlen? Wie schaffen wir es, Halt zu finden in dieser immer weniger *konkreten* Erfahrungswelt? Malte Roeper hat es in seinem wunderschönen Buch »Kinder raus!« auf den Punkt gebracht: »Wollen wir erreichen, dass sich unsere Kinder in einer immer technisierteren Welt zurechtfinden, müssen wir dafür sorgen, dass sie sich zuerst einmal dort zu Hause fühlen, wo sie die allermeiste Zeit ihr Habitat hatten: unter freiem Himmel.«

Und damit sind wir bei den Schätzen dort draußen. Kinder leben von Erfahrungen, die unter die Haut gehen. Kein Wunder, dass sie bei ihrem Spielen zunächst die ursprünglichsten aller Erfahrungen suchen – den Umgang mit den Elementen Feuer, Wasser, Luft und Erde. Diese unmittelbaren Erfahrungen saugen sie auf, mit allen ihren Sinnen. Daraus bilden sie ihre Körperlichkeit, das verbindet ihre Sinne mit der Seele, das lässt sie die Welt *erfahren*. Natürlich brauchen sie auch Erzählungen, Geschichten, Märchen und Futter für ihre Fantasie, und auch ein bisschen Fernsehen verwandelt sie nicht gleich in Pixelmonster – aber auch diese Anregungen keimen nur auf einem sinnlich erlebten, durch unmittelbare Erfahrungen bestellten Boden.

Bleiben wir deshalb einen Moment bei den Elementen. Rücken wir etwa an ein Lagerfeuer. Was das Kind da alles erfährt! Da sind *alle* seine Sinne aktiv, es hört die Geräusche des Waldes, auch das Knistern der Glut, es sieht den Schein der Flammen, spürt den Wind, die Kälte im Rücken, es riecht den Rauch und das Gras, es empfindet den Körper seines Vaters an seiner Seite … – die Welt dort draußen wirkt über die ganze Bandbreite seiner Sinneskanäle auf das Kind ein.

⁝⁝⁝ Feuer – warum zieht es die Kinder so magisch an? Vielleicht weil es aufgeladen ist mit Menschheitserinnerungen. Da wurde die Jagdbeute geteilt. Da lagen die gesammelten Knollen in der Glut und wurden geröstet. Schwach vor Hunger sind wir ins Lager zurückgekehrt – am Feuer wurden wir satt. Am Feuer wurde getanzt. Am Feuer wurde erzählt. Am Feuer war Gemeinschaft, Feier des Lebens. Am Feuer wurden wir als Babys gestillt. Am Feuer wurden wir trocken. Ohne Feuer hätte uns der Winter überwältigt. Das Feuer war unsere einzige Hoffnung.

Wer dieses elementare Angebot immer wieder nutzen kann, kann sich vielleicht wirklich in einer Welt besser spüren, die sich immer mehr auf zwei Kanäle verengt – auf das Sehen und das Hören. In einer Welt, die immer mehr in den nicht erfahrbaren Raum des Virtuellen zerfließt. Kinder mit ihrer sich bildenden Persönlichkeit brauchen dieses konkrete Rüstzeug umso dringender. Ohne Unmittelbarkeit keine Sinnlichkeit. Ohne Sinnlichkeit keine lebenden Geschichten. Ohne Geschichten kein Anker in der Welt.

Kindgerechte Reize

Aber auch etwas Zweites ist an den sinnlichen Erfahrungen in der Natur interessant – nämlich, *wie* die Sinne dort draußen angesprochen werden. Wir kennen ja die Reize unseres modernen Lebens ganz gut. Sie sind oft intensiv – man denke an den Straßenlärm – und gleichförmig (das Licht ist entweder an oder aus). Die Natur dagegen bietet Vielfalt. Da ist ein beständiger Wechsel von Licht und Schatten, die Farben ändern sich, da spüren wir in dem einen Moment die Wärme der Sonne im Gesicht und ziehen im anderen den Kragen hoch gegen den kalten Wind … Auch das Reizniveau ist einmal schwächer und einmal stärker, der Wind heult nicht ununterbrochen, und ein Vogel schreit nicht nonstop, er variiert sein Rufen unvorhersehbar. Die Natur ist damit weder reizarm noch »überreizt« – im natürlichen Raum dominieren gemischte, vielfältige, der kindlichen Reaktions- und Aufmerksamkeitsspanne entsprechende Reize.

Und noch etwas Weiteres zeichnet dieses reichhaltige Reizumfeld aus: Manche der Eindrücke sind vertraut, aber immer wieder tauchen neue, ungewohnte Reize auf. In diesem Umfeld finden Kinder nicht nur Kontinuität und Sicherheit, sondern eben auch Spannung. Futter für ihre Neugier. Da sind Neuland und Heimat eng beieinander.

Die zweite Quelle: Freiheit

Fragt man Kinder, was ihnen am Spielen in der Natur gefällt, dann hört man regelmäßig: dass man dort sein eigenes Ding machen kann. »Der

Wert von Naturerfahrungen liegt wesentlich darin, dass Kinder hier ein relativ großes Maß an Freizügigkeit haben«, sagt der Erziehungswissenschaftler und Autor des Standardwerkes »Kind und Natur«, Ulrich Gebhard. Das erklärt vielleicht auch, warum Kinder sich mit »richtigen« Spielplätzen oft schwertun. Anstatt eine vorgegebene Spielkulisse zu nutzen, machen sie sich lieber einen vergessenen Hinterhof oder irgendwelche Ruinen mit eigenen Konstruktionen und Gerätschaften zurecht, wenn sie denn können!

Warum zieht es Kinder so magisch in den freien Spielraum? Das hat mit ihrer grundsätzlichen Polung zu tun, die wir im letzten Kapitel kennengelernt haben: Kinder wollen *wirksam* sein. Sie wollen mit der Welt zusammenstoßen und dabei lernen. Und deshalb sind sie eigentlich immer auf Streifzug – nach Ecken und Kanten und Hügeln und Höhlen, ob in der greifbaren Welt oder in der Fantasie.

Diese Streifzüge laufen meist nach einem archaischen Motto: Je mehr Aufwand, desto mehr Ertrag – ein Motto, dem viele Erwachsene bei ihren eigenen Streifzügen, sei es im Urlaub oder sonst in der Freizeit, meistens eher aus dem Weg gehen (oft zu ihrem Nachteil, aber das ist eine andere Geschichte). Die Kinder aber bringen sich *voll* ein, Spielen ist für sie keine Selbstbespaßung. Es ist ihnen *ernst,* und oft genug ist das Spielen mit Grenzerfahrungen verbunden – Eltern wissen ja, wie abgekämpft die Kleinen nach einem Nachmittag draußen oft nach Hause kommen. Sie waren schließlich in einer Welt, die wir nicht umsonst als »frei« bezeichnen – im Freien eben.

Aufwand treiben heißt aber nicht, dass Kinder immer nur auf vollen Touren laufen, das zeigen Beobachtungen und sogar Messungen. Ja, sie suchen häufig das Neue und wollen sich in bisher unbekannten Dingen bewähren. Aber dann suchen sie auch wieder Kontinuität, vertraute Abläufe und Orte. Und da können sie sehr wohl auch mal eine Weile »nichts« tun.

Genau hier kommt noch einmal die Freizügigkeit ins Spiel. Denn diese vielfältigen Möglichkeiten des äußeren und inneren Erlebens kann nur nutzen, wer sich in der Natur auch frei organisieren darf. Dort draußen gibt es immer eine Gelegenheit, Gas zu geben oder abzubremsen – oder sich einfach nur dem Dahinplätschern der Momente hinzugeben. Mit den Worten Ulrich Gebhards: »Die Spannweite von Naturerfahrungen zwischen Kontinuität und ständiger Neuigkeit kann nicht unter Aufsicht erfahren, sondern muss wohl in kleinen, aber selbstständigen Schritten erschlossen werden.« Wer die Gelegenheiten beim Schopfe packen will, muss dies nach seinem Tempo, nach seinem Kompass tun können.

Deshalb ist es Kindern beim freien Spiel in der Natur auch nicht langweilig. (Langeweile wird in letzter Zeit nach meinem Dafürhalten grundlos glorifiziert und leichtfertig mit dem Zertifikat »pädagogisch wertvoll« versehen. Ich glaube nicht an den charakterbildenden Wert der Langeweile. Dafür spielen Kinder viel zu gekonnt auf der Klaviatur des menschlichen Geistes, der nun einmal dem Prinzip der relativen Geschwindigkeit huldigt: Er reagiert, wenn wir mit unserem äußeren oder inneren Erleben auf Schub schalten. Oder wenn wir abbremsen. Zustände ohne innere oder äußere Bewegung blendet er aus – sie sind langweilig, weil nicht mit Erleben gefüllt. Das ist wie beim Fliegen: Die Beschleunigung drückt uns in die Sitze, das Fliegen selbst merken wir nicht. Kinder wollen sich aber spüren – innerlich wie äußerlich. Deshalb suchen sie das Neue, die Beschleunigung, jauchzen regelrecht auf vor Neu-Lust … Deshalb entschleunigen sie aber auch immer wieder, geben sich dem Moment hin, ihren inneren Empfindungen und Bildern. Aber den Zustand dazwischen, das empfindungslose Fliegen, mögen sie gar nicht.)

Die Früchte der Freiheit

Theoretisch müsste das Spielen dort draußen den Kindern einiges an Frust bereiten. So vieles in dieser widerständigen Welt können sie mit ihren kleinen Füßen und Händen einfach noch nicht schaffen! Und doch kommen sie von einem Nachmittag im Wald in aller Regel mit Erfolgsgeschichten zurück: Ich bin sooo weit gesprungen, soooo hoch geklettert! Wie geht das?

Schauen wir ihnen einfach zu. Es zieht sie wie magisch zu den Herausforderungen, die sie *gerade noch* schaffen können. Sie springen von einem umgefallenen Baumstamm ins Laub. Uff, gut gelandet, und natürlich war das »pipieinfach« … Der nächste Sprung wird dann schon von etwas höher unternommen. Oder die Böschung – man kann da bedächtig auf allen vieren absteigen – oder auch mal einen Satz wagen. In einem natürlichen Spielgelände mit seinen feinsten Abstufungen können Kinder sich stets ihr für sie passendes Handicap wählen. So bestärken sie sich selbst (und können auf die sonst übliche Lobhudelei von außen, der sie so häufig ausgesetzt sind, ganz gut verzichten).

Dabei stellen sich die Kinder dort draußen ja nicht nur äußeren Herausforderungen. Sie bringen ihr ganzes Innenleben ein. Tatsächlich zeigen Studien, dass Kinder in einem unstrukturierten, natürlichen Umfeld kreativer spielen als drinnen. Sie erfinden draußen oft regelrechte Spiel-Sagen, deren Motive sie an den folgenden Tagen gerne wieder aufgreifen – von wegen bloß Rumtoben! Die Anreize der Natur kitzeln sozusagen den kreativen Instinkt, der in allen unseren Kindern schlummert. Es dürfte also kein Zufall sein, dass sich die sogenannten »kreativen Denker« sehr häufig durch eine besondere Naturnähe in der mittleren Kindheit auszeichnen – wie die Wissenschaftlerin Edith Cobb durch eine Analyse von 300 Autobiografien herausfand.

Die Möglichkeiten des Erfahrungsraumes, in dem die Kinder spielen, scheinen sich aber auch auf ihr Miteinander auszuwirken. So lässt sich zeigen, dass Kinder in »künstlichen«, strukturierten Spielgeländen ihre Gruppenhierarchie oft über körperliche Kompetenzen aufbauen. In einem für unterschiedliche Spielideen offenen Gelände mit Wiesen und Büschen dagegen läuft die Anerkennung in der Gruppe deutlich stärker über Sprachkompetenz, Kreativität und Erfindungsreichtum. Je komplexer die Anforderungen der Umwelt, desto eher werden vielfältige Kompetenzen gefördert – und belohnt.

Möglicherweise trägt zum kreativen Potenzial der Natur auch bei, dass Kinder dort draußen weniger mit »fertigen« Spielsachen spielen, sondern sich ihre Spielsachen oft selbst machen oder besorgen – ob mit den Händen oder mit der Fantasie. Man isst mit dem Stöckchen, man jagt mit dem Tannenzapfen – *alles* dort draußen ist irgendwie Spielzeug.

Kommen wir aber noch einmal auf das Wichtigste zurück. Die Früchte des Spiels fallen nicht einfach vom Himmel, wenn die Kinder draußen sind. Die Früchte, auf die es den Kindern ankommt – die Erfahrung von Selbstwirksamkeit, Gestaltungskraft und Zugehörigkeit – können nur von den Kindern *selbst* erzeugt und geerntet werden.

Insofern muss auch vor der Neigung mancher Eltern und mancher Pädagogen gewarnt werden, Naturorte immer gleich zu Lernorten zu machen. Kinder wollen die Natur in freiem Spiel erleben, *Das* macht für sie die Magie des Draußenseins aus. Weder lassen sich Kinder von Übungen mit dem Zweck eines besseren Naturverständnisses wirklich begeistern, noch ist es überhaupt sinnvoll, den Kindern die Natur als Synapsenfutter anzudienen. Das erste Naturverständnis ist nämlich immer ein intuitives, und wo dieses nicht keimen kann, kommt ein kognitiver Zugang schon gar nicht zustande.

Die dritte Quelle: Widerständigkeit

Aber kann man die Karte der Freiheit, die Kinder in der Natur ausspielen können, denn wirklich so positiv sehen? Schließlich heißt es doch allerorten, Kinder bräuchten mehr Grenzen!

So paradox es klingt: Freiheit und Grenzen gehören dort draußen einfach zusammen! Sie sind wie zwei Seiten ein und derselben Medaille. Denn die Natur ist nicht nur eine lebende Einladung zur Freizügigkeit – sie hat auch ein anderes elementares Kennzeichen: Sie ist widerständig.

Natur richtet sich nicht nach unseren Wünschen. Wenn uns kalt ist, dreht dort niemand die Heizung auf. Wenn wir müde sind, wird deshalb der Weg nicht weniger lang. Die Beklemmung, die uns an trüben Herbstabenden befällt, hat sich noch nie per Flutlicht auflösen lassen. Nein, dort draußen sind *wir* es, die sich anpassen müssen. Wir müssen etwas tun. Wir sammeln uns. Wir rücken zusammen. Wir bauen ein Feuer. Wir singen. Wir leisten inneren Widerstand sozusagen. Wir nehmen unsere Emotionen an die Zügel. Wir bilden eine sichernde Gegenwelt.

Alles Eigenleistungen, die uns letzten Endes stärken. Und das gilt für Kinder umso mehr. Denn sie sind ja mitten drin im Aufbau dessen, was Psychologen ihre »exekutiven Funktionen« nennen – ihres Vermögens also, sich und ihre Emotionen selbst zu steuern. Sie lernen in der mittleren Kindheit Schritt für Schritt, wie man seinen seelischen Haushalt selber führt und damit aus sich heraus stehen kann – wie man *selbst-ständig* wird. Wie man Sicherheit, Trost und Rückenwind nicht immer nur über die Großen bekommt, sondern manche Sicherheit auch aus sich selbst schöpfen kann, aus erfahrenem Vertrauen, Ritualen, auch aus der Kraft der Gruppe.

Für diesen schrittweisen Aufbau der Selbstkontrolle, für diese vielen kleinen Schritte des Großwerdens, suchen Kinder eine ganz seltsame Erfahrung: das *Abenteuer*.

Was geben Kinder nicht für ein Abenteuer! Wie sehr dominiert es ihre Geschichten und Mythen und inneren Bilder! Die abenteuerlichen Ereignisse – das ist die Urmasse, aus der Kinder den »exekutiven« Teil ihrer Persönlichkeit formen.

Und am Abenteuer sehen wir, dass Freiheit und Grenzen tatsächlich eine Einheit bilden. Denn ein Abenteuer, dieses Spiel mit den eigenen Grenzen, kann nicht verordnet werden. Dieses seelische Herzklopfen kann nicht organisiert werden. Nein, das Sprungbrett zum Abenteuer ist *Freiheit*.

Apropos Herzklopfen. Bei den Abenteuern der Kindheit geht es nicht nur um Spannung. Nicht nur um die Intensivierung und Beschleunigung des Erlebens. Abenteuer sind Lockvögel, die die Kinder zu Grenzerfahrungen ziehen. Zu Bewährungen angesichts echter oder imaginierter Gefahren. Im Abenteuer blickt das Kind seinen Ängsten ins Auge und fasst Mut. Was da von den Kindern mit so viel Begeisterung inszeniert wird, spielt damit in einer ganz anderen Liga als die Krimis, die uns jeden Abend per Fernsehkanal ein bisschen Salz in die Suppe streuen sollen. Bei den Abenteuern der Kindheit sind die Kinder *selbst* die Regisseure. Sie sind Teil der Handlung. Sie müssen sich *wirklich* bewähren. Und eben deshalb verlassen sie die Schauplätze *gestärkt*.

> »Wie man Schwimmen nur im Wasser lernen kann, so kann man Lebensmut nur lernen, wenn man die Angst berührt.«
> HEINRICH DICKERHOFF

::: »Man hat sich Hütten, Häuser, Höhlen gebaut. Man hat allein oder mit anderen Kindern Sachen zustande gebracht, die die Erwachsenen einem nicht zutrauen würden. Man hat den Alltag selbst und anders organisiert und hatte Pläne so auch mit der Nacht zu verfahren.« SYBILLE KALAS

Echte Stärkung kommt von innen

Bei diesem Prinzip – Stärkung als ein von den Kindern selbst organisierter Prozess – sollten wir kurz verweilen. Denn gerade, wenn es um die exekutiven Funktionen geht, herrscht ja in der Erziehungsdebatte ein offener Streit. Immer wieder wird behauptet, Disziplin, Selbstständigkeit und Selbstkontrolle seien das Resultat einer »disziplinierenden«, kontrollierenden Erziehung in der frühen Kindheit. Die Kinder würden innerlich stark und selbstständig, indem wir ihnen schon als Babys ein hohes Maß an Selbstregulation abverlangen. Entsprechend wird dann von ihnen verlangt, dass sie selbst in den Schlaf finden, dass sie sich selbst trösten, wenn sie weinen müssen, oder dass Eltern generell nicht gleich reagieren, wenn ein Baby sich meldet. Die Hoffnung dahinter ist die, dass sich durch die dosierte Frustration langsam die Frustrationsschwelle der Kleinen anhebe. Dass sie schneller »groß« würden, wenn wir sie nur schon wie größere Kinder behandeln.

Das passt überhaupt nicht zu dem, was wir über den Aufbau innerer Sicherheiten heute wissen. Stärke und Widerstandskraft müssen aktiv wachsen. So, wie ein Fernsehzuschauer nicht mutiger wird, indem er immer härtere Krimis konsumiert, wird auch ein Kind nicht mutiger, wenn es Herausforderungen einfach ausgesetzt wird. Es muss Teil der Geschichten sein, es muss sich den Herausforderungen selbst stellen dürfen. Und dieser Mut, diese Entdeckungsfreude fallen nicht einfach vom Himmel – wir haben es im letzten Kapitel gesehen. Vielmehr wachsen sie auf der Basis gelungener Beziehungen in der frühen Kindheit. Das Kind muss für seine Abenteuer sozusagen eine Rüstung tragen – eine aus den vielen Erfahrungen der Verlässlichkeit gestrickte Rüstung. So gekleidet aber will das Kind – nein, muss das Kind – sich bewähren. Es will abenteuerlich leben.

»In einer unter Regulativen von Eltern und Betreuern stehenden Welt (…) bleiben Eigenschaften auf der Strecke, wie wir sie gemeinhin mit gelungenen Menschen verbinden. Zu diesen Eigenschaften, die als Ausdruck von Reife am Ende der elterlichen Erziehung stehen sollen, gehören Autonomie, Selbstbestimmung, Eigenverantwortung, das Meistern von Risiko, Phantasie und Kreativität, schöpferisches Denken und spontane Bezogenheit zu Menschen und anderen Wesen in der Welt. Es ist bemerkenswert, dass Kinder genau diese Eigenschaften und Fähigkeiten suchen. Sie haben einen Instinkt für das Richtige, eine Intuition für die passende (…) Nahrung. Es sollte uns zu denken geben, dass wir die genannten Qualitäten zwar fordern, dass wir aber die Felder, auf denen Kinder von allein zu ihnen finden, zunehmend blockieren: die von selbst auflebende Natur, das freiheitliche Spiel in der Wildnis, die ungeplante, ungesteuerte Zeit.« ANDREAS WEBER

Die vierte Quelle: Verbundenheit

Wenn von Beziehungen die Rede ist, denken wir meist an die Menschen, die im Leben eines Kindes eine wichtige Rolle spielen – die Eltern etwa. Zu Recht. Kinder erfahren sich und ihre wichtigsten Entwicklungsimpulse nun einmal in und über ihre mitmenschlichen *Beziehungen*. Wo diese funktionieren – also verlässlich, feinfühlig und authentisch sind – funktioniert die Entwicklung.

Wo kommt dann die Natur ins Spiel? Wozu braucht es die Erfahrungen in der Natur?

Zunächst einmal: Die Natur ist für Kinder oft auch ein mitmenschlicher Begegnungsraum – draußen sind ja meist auch die Spielgefährten. Und ihre Begegnungen in dem unstrukturierten Umfeld sind hochprozentig. Kinder zieht es ja regelrecht in einen »Stamm« hinein! Sie wollen sich untereinander zugehörig fühlen und gründen nicht umsonst ihre Banden. Es sind diese kindlichen Bande, die ihnen das Gefühl von Verbundenheit vermitteln.

Aber da draußen ist viel mehr. Da sind auch Beziehungen zu Bäumen. Zu Pflanzen. Zu Tieren. Dingen. Orten. Zu immer wiederkehrenden Abläufen auch. Zu Stimmungen. Gerüchen. Einer ganz eigenen Klangwelt – Stille inklusive. Zu Symbolen – ein Hügel mit besonders guter Sicht ist nun einmal nicht weniger als eine Kultstätte.

Ja, auch die nicht menschliche Welt hält für ein Kind *Bindungen* bereit. Erinnern wir uns nur einmal, was uns selbst einmal die dort draußen aufgelesenen Schätze bedeutet haben – die glänzenden Kastanien etwa, die »Feuersteine«. Die in den Händen warm gewordenen Blumenstängel. Die Lieblingsbäume. Das Akazienwäldchen, das irgendwie »unseres« war, – ja, wirklich eine Art Heimat, ein *zu uns* gehörendes Stück Welt. Unser Wäldchen!

Spielen in der Natur heißt eben auch, solche privilegierten Beziehungen zu knüpfen. Sich in einen Reichtum einzuklinken, der niemandem gehört und den Kinder doch für sich in Anspruch nehmen können, über ein uraltes Gewohnheitsrecht. Können die großen Sagen, die Kinder mit ihren Spielen entwickeln, nicht so gelesen werden: Die Kinder schaffen aus den vier Elementen ihre ganz eigene *Heimat*?

Von den Tieren

Für viele Kinder (und Erwachsene) wird diese uralte Beziehungswelt überall dort erfahrbar, wo Lebewesen auf vier Beinen stehen – bei Hunden, bei Katzen, bei Pferden und anderen Fellträgern. Kinder sind von Anfang an von Tieren fasziniert, ja, sie scheinen viele Jahre lang die Grenzen zwischen Menschen- und Tierwelt noch gar nicht zu verstehen. Wenn man sie beobachtet, erscheint es uns geradezu rührend, wie sie sich an der Universalsprache der Lebenden versuchen!

Evolutionsforscher nehmen an, dass Menschen schon lange vor der Erfindung der Nutztierhaltung eng mit domestizierten Tieren zusammengelebt haben – die zahmen Tiere im Lager waren sozusagen eine beziehungsfähige Version der bejagten Tierwelt dort draußen. In deren Augen traf sich über Hunderte von Generationen die wilde Welt mit der Menschenwelt.

Und diese magische Brücke dürfte auch heute noch bestehen. Jedenfalls scheinen Kinder eine Art uralter Begegnungsfreude zu spüren, wenn sie Tiere sehen. Tiere sind für sie Mitbewohner derselben Heimat. Andreas Weber drückt es in seinem wunderbar poetischen Buch »Mehr Matsch! Kinder brauchen Natur« so aus: »Wer Kinder beobachtet, sieht, dass zwischen ihnen und anderen Lebewesen ein intuitives Band gespannt ist. Kinder sind süchtig nach Tieren, so sehr, dass sie regelmäßig zu Tieren werden. In Kindergärten kann es morgens vorkommen, dass ganze Rudel von wilden Wesen die Flure bevölkern. Wölfe, Löwen, Bären wimmeln einem um die Beine, als hätte eine Fee die ganze Schar noch vor dem Frühstück verwandelt. Schon die Kleinsten werden magnetisch von anderen Kreaturen angezogen. (…) »Wauwau« ist vielfach eines der ersten Worte, das wir in unserer Muttersprache artikulieren konnten. Am Beginn unserer Sprachfähigkeit und damit unseres Eintritts in die menschliche Kultur steht folglich der Name eines nicht menschlichen Lebewesens.«

Vom Urvertrauen

Könnte es also sein, dass Naturerfahrungen zu unserem Urvertrauen beitragen? Dass sie unser primäres, in den Augen von Menschen erfahrenes Urvertrauen erweitern? Dass sie eine Art natürlicher Bezogenheit schaffen? Kinder scheinen es gerade darauf anzulegen. Sie legen Spuren aus, Bedeutungsspuren. Sie weisen den Dingen und Lebewesen dort draußen hartnäckig Identitäten zu – da leben böse und gute Tiere, da sind Bäume stark oder Schmetterlinge lustig. Ja, sie legen damit auch immer Pfade zu einer Ethik des Lebenden an: Darf man einen Baum einfach fällen? Was passiert mit dem kranken Eichhörnchen? Warum fressen sich Tiere gegenseitig?

Man mag diese Beseelung der Welt als kindlich abtun – aber es ist einen Gedanken wert, ob diese Verbindung zwischen Seele und Natur nicht irgendwo und irgendwie schon in uns angelegt ist. Ob die Gefühle der Andacht und der Erhabenheit, die wir manchmal spüren können, nicht auch eine Erweiterung von Erfahrungen sind, die wir in der Natur gemacht haben. Jedenfalls fällt auf, was für einen privilegierten Zugang zur Natur gerade diejenigen Dichter schon als Jugendliche hatten, die uns am meisten berühren.

Vielleicht haben also unsere frühen Erfahrungen in der Natur tatsächlich etwas damit zu tun, welche Färbung die Welt einmal für uns annimmt – ein Zusammenhang, der auch erklären würde, warum gerade die jagenden und sammelnden Stammesgesellschaften in ihren Mythen ein solches Weltbild des Vertrauens zelebrieren – trotz der Härten, denen sie ausgesetzt sind: Mutter Natur! Vielleicht verfestigt das Leben im Netz der Natur ja wirklich unseren Glauben an die Welt als einen gebenden Ort. Als Wohnort unserer »besseren Engel«.

Dem Naturbedürfnis auf der Spur

Der Reichtum der Natur ist uns mit vielen Gesichtern begegnet. Als Freiraum, Spielraum, Beziehungsraum, Entdeckungsraum, Gestaltungsraum, Selbsterfahrungsraum, Rückzugsraum. Ein vieldimensionaler Resonanzraum für dieses sich selbst organisierende System der kindlichen Entwicklung, das wir im vorigen Kapitel kennengelernt haben. Da kommt alles vor, was Kinder suchen und brauchen, in einer für jedes Kind auf jeder Entwicklungsstufe zugänglichen Mischung.

::: Welchen Bezug Kinder zur Natur haben, ist an Kinderbildern abzulesen – auch wenn ein Gegenstand oder Menschen dargestellt werden, irgendwo liegt der Blick immer auf der Ganzheit: kein Kinderbild ohne Sonne, kein Kinderbild ohne Baum und Himmel.

Und damit sind wir wieder bei den Segeln. Naturerfahrungen sind für Kinder eine *Stärkung*. Sie helfen ihnen, das Fundament für ihr Leben zu legen – körperlich, seelisch und mitmenschlich. Kurz: Die Natur macht den Kindern ein Angebot. Es ist größer und reicher als das, was wir heute in unserer künstlichen Betulichkeit als »Förderung« abgespeichert haben. Und es reicht tiefer.

Ich wage deshalb zu behaupten, dass das selbstbestimmte Draußensein in einer unstrukturierten Umwelt ein Grundbedürfnis für Kinder ist. Sie haben ein *Naturbedürfnis*. Wie anders wäre dieser immer wieder bestätigte Befund der Spielforschung zu erklären, dass Kindern in natürlichen Umwelten ein reicheres Spiel gelingt – ein bewegteres, kreativeres und stärker gemeinsam gestaltetes Spiel?

Dieses Bedürfnis ist möglicherweise tatsächlich ein *kindliches* Bedürfnis. Jedenfalls lässt sich beobachten, dass Erwachsene – selbst solche, die sozusagen auf Bäumen aufgewachsen sind – diese bei Kindern zu beobachtende Natur-Lust in weitaus geringerem Maß verspüren. Der Drang nach draußen folgt damit womöglich dem Muster des Bewegungs- und des Spieldranges, die ja auch mit der Pubertät deutlich nachlassen (wir werden darauf in Kapitel 3 noch einmal zurückkommen).

Vielleicht ist es das, was es für uns Erwachsene so schwierig macht, das kindliche Naturbedürfnis wirklich wahrzunehmen – es gelingt uns ja auch ganz gut, das kindliche Bewegungsbedürfnis einfach zu übergehen, etwa in der Schule. Aber das heißt noch lange nicht, dass das, was uns Großen vielleicht als Luxus erscheint, für Kinder nicht *elementar* ist.

Hin zu einer »natürlicheren« Psychologie?

Und damit wäre zu wünschen, dass die Natur und unsere Erfahrungen in ihr auch in den Lehrbüchern der Psychologie mehr Raum finden. Die Psychologie hat in ihren Erklärungen der Persönlichkeitsentwicklung ja immer die Erfahrungen mit anderen *Menschen* in den Mittelpunkt gerückt. Die übrige Natur, die Orte, Räume, Situationen, Tiere, Pflanzen und das »große Draußen« generell waren da kein Thema. Auch in ihren Erklärungen der seelischen Störungen setzt sie fast ausschließlich bei zerbrochenen oder belasteten Beziehungen zu anderen Menschen an – zu Familienmitgliedern, Partnern, Arbeitskollegen.

Aber Kinder binden sich mit vielen Fasern an das Leben, und auch die nicht menschlichen Beziehungen bestimmen mit, wie sie später zum Leben stehen. Ja, ihre ursprünglichen menschlichen Beziehungserfahrungen sind vielleicht wirklich die Basis für ihr Urvertrauen. Aber vieles spricht dafür, dass sie in diese Grundlage auch die vielen Beziehungsfäden mit einweben, die ihnen aus der Welt, in der sie leben, entgegenkommen. Und dass ihre primäre Basis an Bezogenheit dadurch gestärkt und verbreitert wird. Wie sonst könnten Menschen tief greifende Naturerfahrungen als eine Art seelische Verbundenheit empfinden, als eine Art »kosmische Umarmung«? Das Wort von der

Mutter Natur dürfte dann nicht von ungefähr kommen. Es erscheint deshalb an der Zeit, dass auch die Psychologie den Menschen auf das *ganze* Netz des Lebens bezieht.

Der Psychoanalytiker Alexander Mitscherlich hat in der Nachkriegszeit diese Erweiterung angedacht, als er die »unwirtlichen Städte« beschrieb – der junge Mensch brauche alles, was er als seinesgleichen empfinde, »nämlich Tiere, überhaupt Elementares, Wasser, Dreck, Gebüsche, Spielraum. Man kann ihn auch ohne das alles aufwachsen lassen, mit Teppichen, Stofftieren oder auf asphaltierten Straßen und Höfen. Er überlebt es – doch man soll sich dann nicht wundern, wenn er später bestimmte soziale Grundleistungen nie mehr erlernt, z. B. ein Zugehörigkeitsgefühl zu einem Ort und Initiative.« Heute, wo wir immer besser verstehen, dass es ein menschliches Gedeihen ohne Achtung für die Natur nicht geben kann, wäre es an der Zeit, dem weiter nachzugehen: Ob denn unsere Seele in Wirklichkeit nicht auch von Impulsen aus der Natur geprägt wird? Ob nicht seelische Störungen auch durch zerbrochene oder belastete Beziehungen zur natürlichen Umwelt entstehen? Ob nicht die äußere Natur und unsere innere Natur irgendwie zusammenhängen?

»Das Kind, das du geboren hast, wiegt zehn Pfund. Davon sind acht Pfund Wasser und je eine Handvoll Kohlenstoff, Kalk, Stickstoff, Schwefel, Phosphor, Kalium und Eisen. Du hast acht Pfund Wasser und zwei Pfund Asche zur Welt gebracht. Und jeder Tropfen dieses deines Kindes war einmal Dunst einer Wolke, ein Schneekristall, Nebel, Tau, ein Bach und das Abwasser eines städtischen Kanals. Jedes Atom Kohlenstoff oder Stickstoff war einmal Bestandteil von Millionen verschiedener Verbindungen.
Du hast nur das alles zusammengefügt, was schon vorhanden war. Die Erde, schwebend im unendlichen Raum.
Ihr naher Gefährte, die Sonne, fünfzig Millionen Meilen entfernt.
Der Durchmesser unserer kleinen Erde, das sind nur dreitausend Meilen feurig glühender Masse mit einer dünnen, in einer Mächtigkeit von zehn Meilen erstarrten Schale. Auf dieser dünnen, mit Feuer erfüllten Schale, inmitten von Ozeanen, eine Handvoll festes Land.

Auf dem Land, zwischen Bäumen und Sträuchern, Insekten, Vögeln, Tieren, wimmelt es von Menschen.
Und unter den Millionen Menschen hast du noch ein – ja was denn? – Hälmchen, ein Stäubchen zur Welt gebracht, ein Nichts. …
Aber dieses Nichts ist ein leibhaftiger Bruder der Woge im Meer, des Sturmwindes, des Blitzes, der Sonne und der Milchstraße. Dieses Stäubchen ist ein Bruder der Getreideähre, des Grases, der Eiche, der Palme – des Gelbschnabels im Vogelnest, des Löwenjungen, des Füllen und des kleinen Hundes.
In ihm ist etwas, das empfindet, untersucht – duldet, begehrt, sich freut, liebt, vertraut, hasst – glaubt, zweifelt, an sich zieht und abstößt. Dieses Stäubchen umfasst mit seinen Gedanken alles: Sterne und Ozeane, Berge und Abgründe. Und was ist der Inhalt der Seele anderes als das All, nur ohne Dimensionen.« JANUSZ KORCZAK

Aber was ist das eigentlich: Natur?

Jetzt aber müssen wir endlich zu dieser Frage kommen, die schon so lange im Raum steht: Was meinen wir eigentlich damit, wenn wir Kindern mehr »Natur« wünschen? Natur ist schließlich überall: in uns, um uns, und selbst die Kultur (die wir manchmal als den »natürlichen« Gegensatz zur Natur sehen) entsteht im Grunde aus unserer menschlichen Natur heraus – es liegt ja durchaus in der Natur des Menschen, dass er sehr »unnatürliche« Dinge tut und erschafft …

Und tatsächlich haben wir bis hierher das Wort »Natur« in sehr vielen Zusammenhängen verwendet: Da war die Rede vom »Freien«, vom »Draußen«, vom Umgang mit den Elementen, von selbstbestimmten Erfahrungen in einer unstrukturierten Umwelt, aber auch von den anderen Kindern, vom Abenteuer, von Freizügigkeit und vielem mehr, was Kinder sehr wohl auch drinnen erleben können. Oder sogar bei einem Computerspiel.

Anstatt uns an einer akademischen Antwort zu versuchen, schauen wir uns die Frage lieber aus Sicht der Kinder an. Es interessiert sie ja überraschend wenig, ob sie auf einem »künstlichen« Hinterhof spielen, auf einem abgeernteten Feld oder in unberührter Natur. Auch wenn sie ein Baumhaus bauen, fragen sie sich nicht, ob sie da wohl eher ein Stück Kultur zusammennageln oder dabei »Natur« erfahren. Und selbst beim Stöbern auf einem unaufgeräumten Dachboden machen sie reiche Beute. Was Kinder suchen, ist eine Umwelt, in der sie ihre körperlichen, seelischen und sozialen Entwicklungsbedürfnisse befriedigen können. *Das* ist ihr Grundmotiv beim Spielen, bei der Erforschung der Umwelt und bei der Gestaltung ihrer Beziehungen. Auf *diese* Umwelt zielt ihr Entwicklungskompass. Und diesen Erfahrungsraum sollten wir ihnen bieten – »künstliche« Ausgestaltung hin oder her.

Wo wir durch die Augen der Kinder schauen, landen wir also nicht per se bei einer Welt, die zu 100% naturrein ist, sondern zunächst einmal bei einer Welt, die *offen ist* für ihre Ideen, in der sie ihren Raum haben und in der sie »ihr Ding« machen können – in der sie also spielerisch entdecken, gestalten und wirken können. Kinder fragen nach guten Spielen. Sie fragen nach Freiheitsgraden. Sie fragen nach Echtheit, Abenteuer und sinnlicher Dichte. Sie fragen nach Erfahrungen, die unter die Haut gehen. Sie fragen nach Spielgefährten. Diese Fragen ziehen sie in vielfältige Umwelten – mal ist da ein freier Himmel drüber, mal nicht. Und doch sind diese Erfahrungsräume nicht beliebig – der Entwicklungsmotor des Kindes surrt dort am muntersten, wo es sich in vielfältigen Rollen und Geschichten die innere und äußere Welt aneignen kann. Und dazu brauchen Kinder Umwelten …

… in denen sie *wirksam* sein können – die also zu einem gewissen Grad frei gestaltbar (also nicht komplett durchstrukturiert) sind und sich damit für viele unterschiedliche Spielmotive nutzen lassen;

… in denen sie sich *selbst organisieren* können – die ihnen also Raum bieten, sei es für Bewegung, Erforschung oder Begegnung, aber auch den Freiraum, ihre Aktivität und Aufmerksamkeit selbst zu regulieren (also hier zu bremsen und dort Gas zu geben …);

… die ihrem sinnlichen Beuteschema entsprechen – die ihre Sinne und ihre Aufmerksamkeit also auf vielfältige, unterschiedliche Weise ansprechen und die mit ihrer Unmittelbarkeit unter die Haut gehen;

… die ihnen gerade wegen dieser vielen Möglichkeiten zur »Selbstaneignung« auch Bindungen ermöglichen, also zu einer Art Heimat werden können.

Und damit sind wir – wir haben die Gründe in diesem Kapitel ja genannt – natürlich auch wieder bei der Natur im landläufigen Sinn: draußen, unter freiem Himmel. Auf Wiesen, auf Feldern, in Wäldern, an Bächen, Flüssen und Seen. Dort ist die Welt nun einmal meist deutlich unstrukturierter, freier und reizvielfältiger als die Welt drinnen. Aber wir sind eben auch bei Gärten. Spielstraßen. Pfützen. Plätzen. Pausenhöfen. Auf Spielplätzen. In Parks. Hinterhöfen. Baugruben. Verlassenen Fabrikgeländen. Auf alten Dachböden. Kinder machen mit ihrer Fantasie, ihrem Spiel- und Bewegungstrieb noch aus jedem Fleckchen so etwas wie »Natur«.

Und wir sind im Übrigen auch bei den Medien, dem Fernsehen und den Computerspielen. Denn sie bieten den Kindern tatsächlich vieles von dem oben Genannten (manches sogar in optimierter Mischung) – die Freiheitsgrade, die Wirksamkeit, eben das, was wir oben so beschrieben haben: »Eine Welt, die offen ist für ihre Ideen, in der sie ihren Raum haben und in der sie ihr Ding machen können ...« Und der doch einige der genannten Kriterien und Impulse fehlen. Ob diese Welt als Ersatz taugt? Wir wollen uns damit in Kapitel 5 noch – sehr – ausführlich befassen.

Und natürlich landen wir auch bei den vielen unterschiedlichen Wegen der Kinder. Der Weg in die »Natur« sieht für jede Altersgruppe und vielleicht auch für jedes Geschlecht und für jeden Typ Kind anders aus. Die Naturerfahrung des Säuglings mag im Spiel mit den Locken seiner Schwester bestehen, im Getragenwerden am Körper der Mutter oder im Planschen in der Badewanne mit Papa – in allem eben, was ihm eine selbst gestaltete sinnliche Erfahrung seiner Umwelt ermöglicht. Welche Begeisterung dieser direkte, elementare Kontakt bei den Kleinen auslöst, wird einem klar, wenn man sie beim Matschen im Dreck oder beim Spielen mit einem Wasserstrahl beobachtet. Aber sie brauchen die Natur auch als emotionale Stütze. Und wie! Säuglinge, die draußen ja bestimmt nicht nach »Auslauf« im klassischen Sinn suchen, werden auf einmal ruhiger und ausgeglichener, wenn man mit ihnen spazieren geht. Die Rhythmen, das vielgestaltige Reizumfeld, die Sonne und der Wind scheinen ihnen bei der emotionalen Regulation zu helfen. Es gibt jedenfalls keine effektivere (und gemeinere) Art, um selbst aus Säuglingen unzufriedene, quengelnde Wesen zu machen, als sie den ganzen Tag drinnen zu halten.

Ja, dass selbst bei den Spielsachen die echte Natur oft die Nase vorn hat, ergibt sich aus deren vielfältigen Verwendungsmöglichkeiten, ihren sinnlichen Qualitäten – schließlich ist der Umgang mit unstrukturierten Naturmaterialien wie Stöckchen und Muscheln interessanter als fertiges, aus Kunststoffen hergestelltes Spielzeug, das oft nur wenige, vorgegebene Funktionen bereithält. Auch ist der »Erfahrungswert« von natürlichem Material wie Holz oder Wolle wegen der unterschiedlichen optischen Nuancen, der vielfältigen Textur, der vielen Gerüche und so weiter oft deutlich höher.

Und wir sind bei etwas, mit dem viele Erwachsene nicht so gut klarkommen. Wenn wir nämlich die Ansprüche der Kinder zum Maß nehmen, kann das Angebot dort draußen auch rasch ins Abseits führen. Was nutzt die Zeit unter freiem Himmel, wenn dort das fehlt, was Kinder – zumindest ab ihrem Abenteueralter – am meisten interessiert: Freiheit? Natur ist eben *nicht* automatisch dort, wo Papa ein Lagerfeuer angemacht hat – das kann eine sehr »künstliche« Sache sein, wenn es dort zum Beispiel gar nicht um die eigene Gestaltung, sondern vor allem um das Einhalten von Regeln geht: Mach dies nicht, lass jenes, und überhaupt: Welche *Katastrophen* könnten durch diese ins Feuer gehaltenen Stöcke alle passieren! Wenn wir die oben genannten Kriterien ernst nehmen, so kann Natur für Kinder sehr rasch »naturlos« werden, wenn es dort nur um Ziele, Erziehung oder (falsch verstandene) Bildung geht.

Was Natur ist und was nicht und wie wild oder zahm sie ist, darüber entscheiden die Kinder nämlich *selbst*. Und zwar danach, ob die Erfahrungen, die sie machen dürfen, ihrem natürlichen Entwicklungstrieb entgegenkommen oder nicht – ob sie dort also dem Vieleck der Möglichkeiten ausgesetzt sind, von dessen Früchten sie so gerne naschen.

In welchen Umwelten Kinder »natürliche« Entwicklungsimpulse bekommen, hat nur bedingt etwas damit zu tun, wie wild oder wie grün diese sind. Kindern geht es vielmehr um das eine: ob in diesen Erfahrungsräume die »Quellen« sprudeln.

Draußen gegen drinnen?

Damit zeigt sich etwas Interessantes. Wenn wir die kindliche Entwicklung als Maß nehmen, so läuft die Frontlinie zwischen »gut für Kinder« und »na ja« nicht etwa zwischen »natürlichem« Umfeld oder »künstlichem« Umfeld. Und auch nicht zwischen draußen und drinnen. Ob Klettern auf Bäumen besser ist als Lego-Spielen, das ist nicht der Punkt.

Vom Kind aus gedacht ist etwas anderes entscheidend: Was bietet ihm das jeweilige Spiel? Liefert es ihm das, was es jetzt gerade – in diesem Alter, in diesem Entwicklungsabschnitt – sucht?

Kinder brauchen die elementaren Erfahrungen an den Quellen ihrer Entwicklung. Sie müssen daraus zumindest so viel trinken dürfen, dass ihr Durst gelöscht wird. Ihr Durst ist besonders groß, solange sie an ihrem Fundament bauen. *Da* geht es um die Erfahrung verlässlicher Beziehungen. *Da* geht es um den Aufbau des Urvertrauens. *Da* geht es um Erkundung, Erforschung und freies Spiel. *Da* geht es um sinnliche Erfahrungen. *Da* wachsen Seele und Körper zusammen. Und *da* wachsen die Kinder auch mit anderen Menschen zusammen – indem sie geliebt werden, indem sie getröstet werden, indem sie anecken, indem sie Regeln aushandeln, indem sie immer wieder mit dem Geist der anderen in Beziehung treten. Das ist ihre Wachstumszeit. Solange sie keinen Durst leiden und diese unverhandelbaren Erfahrungen machen dürfen, ist alles andere okay.

Wo sie diese unverhandelbaren Erfahrungen machen können, hängt von vielem ab. Manche Erfahrungen können sie am besten draußen machen, manche am besten drinnen. Manche drinnen oder draußen.

Es gilt also nicht, die Welt draußen gegen die Welt drinnen in Stellung zu bringen. Beide sind wunderbar. Beide sind für die Kinder voller Abenteuer – solange sie dort kein *Programm* abspulen müssen, sondern der Welt mit Neu-Lust und Begeisterung begegnen können. Stillsitzen und Musikmachen können genauso abenteuerlich sein wie einen Bach aufstauen. Ja, das eine ist nicht weniger »natürlich« als das andere, wenn man bedenkt, dass es schon immer in der Natur des Menschen gelegen hat, sich mit Kunst zu versorgen. Es ist nicht »unnatürlich«, dass Kinder üben, dass sie sich mit Disziplin Prioritäten setzen, dass sie sich selbst eine Leistung abringen. Solange sie mit dem Herzen dabei sein können, ringen Kinder gerne – ob sie draußen einen Bach aufstauen oder ob sie sich drinnen an der Gitarre die Barré-Griffe beibringen.

Ein Loblied auf das große Draußen lässt sich also wunderbar ergänzen durch ein Loblied auf das große Drinnen: Lesen in einer ruhigen Ecke (und sei es auf einem Bildschirm), auf den Knien rutschen beim Lego-Spielen. Sich verkleiden. Theater spielen. Ein Musical aufführen. Dampfnudeln kochen. Eine Sendung im Fernsehen anschauen. In einem Orchester sitzen, mitten im Toben der Musik. Ein Boot basteln, eine Jeans flicken. Auf Facebook schauen, wo wer was macht und überhaupt. Urlaubsfotos betrachten, seinen Lieblings-Blog besuchen. Ja, *natürlich* sind die modernen Medien auch Teil dieser Gestaltungswelt da drinnen, und *natürlich* gehören sie in dieses Loblied mit hinein, und ja, sie sind sogar Teil der Gestaltungswelt da draußen – ob die Schnitzeljagd per Stöckchen gemacht wird, per Rauchzeichen oder per Smartphone, ist ja nun wirklich nicht der Punkt.

Es geht nur darum, dass Kinder keinen Durst haben. Dass sie ihre Kindheit in diesem Vieleck der Möglichkeiten, von dem die Rede war, verbringen können. Alles andere ist zweitrangig.

Heute ist alles anders!

Schön, wenn man so ein langes Kapitel über die Natur schreibt. Und welche Quellen da für Kinder sprudeln. Aber …

… heute ist die Welt doch ganz anders. Egal, welchen Beruf sie wählen, die meisten unserer Kinder werden ihn am Computer ausüben, sie werden in ganz und gar künstlichen Zusammenhängen leben. Was soll da das Gerede über die Quellen, die jenseits der Fensterscheiben so reichlich sprudeln?

Das stimmt alles. Die Welt, die wir Erwachsenen uns geschaffen haben, ist wirklich eine Art Gegenwelt zur Natur. Die Sinne – womit ich jetzt jene meine, die heute noch gebraucht werden, müssen vor allem eines tun: Informationen von Bildschirmen aufnehmen und verarbeiten. Möglichst schnell. Der Körper: mehr oder weniger unbeteiligt. Unser seelisches Gefüge: unter Spannung. Oft genug kleben wir dabei an Zielen fest, die mit unseren menschlichen Bedürfnissen nicht mehr allzu viel zu tun haben. Von uns werden vor allem Produktivität und Rendite verlangt, gleichzeitig sind die Maschen des sozialen Netzes weiter geworden – wehe dem, der durchfällt …

Aber gerade wegen dieser modernen Belastungen sind Naturerfahrungen für Kinder heute umso wichtiger. Sie helfen, ein Gerüst zu formen, ein Rückgrat. Es ist also gut, aus diesen Quellen getrunken zu haben.

Gehen wir also noch einmal hin.

Unmittelbarkeit

Wenn wir den Zeitraffer laufen lassen, so fällt eines auf: Seit etwa zwei Generationen ist die Lebenswelt der Menschen immer stärker von indirekten, technologischen Erfahrungen geprägt. Die unmittelbaren Lebenseindrücke über die Sinne, die Erfahrungen aus erster Hand also, sind ins Hintertreffen geraten. Gut, wenn ein Kind da einen Proviant hat – einen Proviant an Lebenserfahrung im wahrsten Sinne des Wortes. Dazu gehört zuerst einmal die Körperlichkeit. Die bildet sich in der Kindheit – da wächst der Mensch in seinen Körper hinein – durch dessen regen Gebrauch. Auch unsere »Sinnlichkeit« besteht im Grunde aus Kindheitserinnerungen – sie ist sozusagen die Essenz unserer frühen Erfahrungen im Umgang mit der belebten und unbelebten Welt.

In der Schatzkiste, aus der wir uns als Erwachsene bedienen, liegen aber auch andere Dinge, die wir dort als Kinder deponiert haben. Wie man mit anderen Menschen klarkommt etwa. Wie man seine Emotionen zügelt. Überhaupt, wie man auf der großen Klaviatur der Gefühle so etwas wie Musik erzeugt, die wir selbst und andere verstehen – und vielleicht sogar genießen können. So banal es klingt: Wer wirklich leben will, muss dem Leben ausgesetzt sein, von klein auf. Er kommt nicht umhin, in den Wind zu treten, in die Kälte, in das mitmenschliche Durcheinander.

Wer das tun kann, von Kindesbeinen an, ist besser gerüstet für das Dilemma des modernen Menschen: Obwohl er immer mehr Zeit mit der Entwicklung und Beherrschung immer besserer Technologien verbringt, kann er gerade die drängenden Probleme, die ihm im Leben begegnen, eben nicht technologisch lösen. Er löst sie – wie seit Tausenden von Jahren – mit menschlichen Mitteln – oder überhaupt nicht. A fool with a tool – is still a fool.

Und so brauchen wir vielleicht gerade heute die Natur als Ort des Begreifens – des sinnlichen, körperlichen, ganzheitlichen Begreifens – und sollten unseren Kindern keine Riegel davor setzen. Was sie in der Kindheit sehen, riechen, fühlen, tasten und hören, bleibt haften. Und so ist dem Umweltpsychologen Edward Reed voll und ganz zuzustimmen, wenn er feststellt: »Es läuft etwas falsch in einer Gesellschaft, die so viel Geld und menschliche Arbeitskraft investiert, um die banalsten Informationsfetzen für jedermann im letzten Winkel der Welt zugänglich zu machen, und so gut wie nichts dafür tut, dass wir die Welt auf eigene Faust erforschen können.«

Freiheit

Damit wären wir bei der Freiheit. Wir Erwachsenen reden heute viel von Freiheit. Wie wichtig sie ist und wie wir sie den anderen wünschen – anderen Ländern zum Beispiel. Im Umgang mit Kindern aber ist Freiheit selten das Thema, im Gegenteil – da herrscht im Grunde eine gut gemeinte Diktatur. Da werden den Kleinen ängstlich Ziele gesteckt, und wenn sie diese erreichen, werden sie gelobt, gefeiert und erleichtert als »brav« bezeichnet. Sie werden mit Noten bewertet, gemessen und gewogen, wie gut sie sich in Pflicht und Kür denn halten. Sie werden für den Standort der Zukunft trainiert – ob ihnen das als Menschen guttut, diese Frage stellen wir uns oft gar nicht. Die freieste aller Gesellschaften hat unter dem Banner des globalen Wettbewerbs ihre Kinder in Reservate gesteckt, unter pädagogisch gut begründete, aber lückenlose Aufsicht.

Ich will es hier kurz machen. Wer in Freiheit leben will, muss Freiheit erst erfahren. Und das selbstbestimmte Spielen im Freien ist dazu eine Gelegenheit – nicht die einzige, aber auf jeden Fall eine kindgerechte und nachhaltige Möglichkeit. Sie kann ein Gegengift sein gegen die schleichende Enteignung der Kindheit. Gegen die maßlosen Anregungen durch die Großen, die überdimensionierten Lernportionen, die übermotivierte Behütung. Die Erfahrungen im Freien – und das lässt sich sogar wissenschaftlich belegen – geben Selbstvertrauen. Sie können das Wort Freiheit mit *Erfahrung* füllen.

Was brauchen Kinder, um auf einem Spielplatz glücklich zu sein? Das wurde Günter Beltzig gefragt, einer von Deutschlands gefragtesten Spielplatzentwicklern, der immerhin 500 Spielplätze selbst entworfen und bei über 8.000 Spielplätzen als Berater mitgewirkt hat. Seine Antwort: »Um ehrlich zu sein: Kinder brauchen keinen Spielplatz. Den brauchen die Erwachsenen. Kinder würden überall spielen, das lassen wir nur nicht zu.« Und wie sieht ein guter Spielplatz denn genau aus?
»Ich habe mal einen Spielplatz gestaltet ohne sichtbare Geräte wie Wippe, Schaukel, Rutsche, der bei den Kindern super ankam. Bei den Eltern allerdings nicht. Sie erkannten das Areal einfach nicht an. Nach Protesten ergänzte ich die gewünschten Geräte. Die Kinder spielten immer noch in den anderen Ecken, aber nun waren die Eltern zufrieden.«

Widerständigkeit

Unsere Kinder wachsen in eine komplexe Gesellschaft hinein, eindeutig. In eine Welt immer komplizierterer Spezialisierungen. Sie brauchen eine bessere Vorbereitung auf die Arbeitswelt als früher, mehr Kompetenzen im Umgang mit immer leistungsfähigeren Technologien und Maschinen.

Ich will das alles nicht bestreiten. Auch nicht, dass Kinder in der heutigen Welt Unmengen an Wissen brauchen (wobei es kein Schaden ist, wenn dieses Wissen auch so althergebrachte Sachen abdeckt wie etwa ein Essen kochen, ein Fahrrad reparieren oder eine zerrissene Jeans flicken). Aber sie brauchen noch viel mehr! Mitten in der modernsten aller Welten brauchen sie Fähigkeiten, die auch die tollsten Computer und die besten Maschinen eben nicht haben. Kreativität zum Beispiel. Computer und Maschinen können Ideen umsetzen – aber die Ideen entstehen im menschlichen Gehirn. Und damit dieses Gehirn etwas leisten kann, werden unsere Kinder auch ein gutes Maß an innerer

Stärke und Widerstandskraft brauchen, denn die Welt ist nicht nur schlauer, sondern auch schneller und stressbeladener geworden. Jeder hat heute in wenigen Sekunden Zugriff auf praktisch das gesamte Wissen der Menschheit, dazu braucht er nur ein Smartphone. Aber mit sich selbst und mit den anderen klarzukommen, das kann einem keine App vermitteln.

Ja, die Kinder werden viele fundamentale menschliche Kompetenzen brauchen, die wir bis heute gar nicht auf dem Schirm haben, wenn wir von »Bildung« reden (warum eigentlich?). Diese Grundlagen wachsen von innen. Und deshalb brauchen Kinder auch heute zuallererst einen Entwicklungsraum, in dem sie zu Persönlichkeiten reifen können. Die Natur ist ein solcher Raum – nicht der einzige, wir werden noch darüber reden, aber ein breit wirksamer, weit geöffneter und auf vielfältigen Wegen erfahrbarer Raum.

Die Wissenschaft kann nachweisen, dass Studenten mit mittelmäßigem IQ beruflich genauso erfolgreich sind wie Hochbegabte, vorausgesetzt, sie besitzen bestimmte fundamentale Kompetenzen wie Neugier, Experimentierlust und »exekutive Kontrolle« (also die Fähigkeit, ihre Impulse und Emotionen zu regeln). Das könnte doch ein wunderbarer Anreiz für unsere Bildungsbetriebe sein, diese fundamentalen Kompetenzen stärker in den Blick zu nehmen!
Das soll nicht heißen, das Wissen unwichtig oder gar wertlos wäre. Natürlich ist Wissen etwas Wunderbares! Aber wir dürfen eines nicht vergessen: Selbst jemand, der alles weiß, ist damit noch längst nicht einer, der auch etwas zu sagen hat. Dazu muss Persönlichkeit hinzukommen. Und wie kommt die ins Spiel?

Verbundenheit

Klingt nach Kitsch und ist doch echt und gar nicht so einfach aufzubauen: Bezogenheit, Heimat. Jeder Mensch will sich eingebunden fühlen, will vertraut sein mit Dingen, Orten, Traditionen, Abläufen – einfach daheim sein. Heute, wo das Leben deutlich anonymer geworden ist, merken wir, dass uns dieser Schutzschild gar nicht mehr so gut in den

Händen liegt. Wir erleben uns als bindungslos. Es fällt uns schwer, das Leben zu spüren. Wie können wir uns stärken?

Wir haben gesehen, dass Kinder, wenn sie Zugang zu natürlichen Orten haben, daraus tatsächlich so etwas wie Heimat bauen können. Sie gehen Bindungen ein. Und die entstehen oft durch ganz einfache, unmittelbare Erfahrungen – über Körpererfahrungen, Gerüche, über elementare Naturerfahrung. Und das, was sie da spüren, macht es ihnen leichter, die Welt als einen Ort zu erleben, der es gut mit ihnen meint. Wann würden wir das mehr brauchen als heute?

Wie Kinder mit der Natur leben, wie sie dieser Welt auch unter den widrigsten Bedingungen zustreben – ja, welche Hoffnungen sie damit verbinden, zeigt eine bewegende Reportage des Alltags in Mogadischu von Michael Obert. Da gießt ein Junge mit einer eiternden Narbe auf der Stirn in den von Terror ausgelöschten Straßen ein Bäumchen am Straßenrand: »Selbst gepflanzt«, sagt er, während das Wasser aus dem Loch einer Plastiktüte rinnt und von der durstigen Erde Mogadischus aufgesogen wird. »Mein Baum. Auf den passe ich auf. Wenn er groß ist, schlafe ich in seinem Schatten.«

HINGABE

Kinder können sich noch viel stärker als wir Erwachsenen mit dem verbinden, was sie tun. Sie versinken dann bisweilen so sehr in irgendeiner Beschäftigung, dass sie alles um sich herum vergessen. Uns Erwachsenen passiert das manchmal auch noch, etwa wenn wir ein spannendes Buch lesen, oft auch beim Betrachten alter Fotos, vielleicht sogar beim Kochen und Backen oder – wenn wir ein Instrument beherrschen – beim Musizieren.

Man vergisst in solchen Momenten die Zeit, erlebt sich im eigenen Tun im Hier und Jetzt, ohne diese ständigen Gedanken an das, was alles war und was noch auf uns zukommt. Man verschmilzt förmlich mit dem, was man tut. Es ist ein Zustand höchster Präsenz und innerer Verbundenheit.

»Flow« nennen die Engländer diese Erfahrung. Die Hirnforscher bezeichnen diesen Zustand als Kohärenz. Das, was wir dabei erleben, ist ein Gefühl von Befreiung und Glück. Solche Momente höchsten Glücksempfindens sind Sternstunden im Leben eines Menschen. Leider werden sie immer seltener, je mehr Verpflichtungen wir noch zu erledigen haben und je häufiger sich irgendetwas oder irgendjemand dazwischendrängelt und unsere Aufmerksamkeit auf sich lenkt. Wer den Kopf voll von ungelösten Problemen hat und keine Muße findet, sich mit dem, was er tut, wirklich zu verbinden, wird solche Sternstunden kaum noch erleben.

Aber wir alle kennen diese Erfahrung aus unserer Kindheit. Auch wenn wir uns nicht mehr genau daran erinnern können, was es war, was uns damals so gefesselt hatte, so spüren wir doch noch tief in uns dieses wunderbare, warme Gefühl, das sich damals in uns ausgebreitet hat. Und wenn wir Gelegenheit haben, ein Kind dabei zu beobachten, das so tief in sein Tun versunken ist, wie wir das früher selbst erlebt haben, dann wird dieses Glücksempfinden in uns wieder genauso wach wie damals. Spätestens dann wird uns auch bewusst, wie wertvoll und wie wichtig solche Momente im Leben eines Kindes sind. Das Kind verbindet sich dabei nicht nur vollständig mit dem, womit es sich gerade beschäftigt, es verbindet sich auch mit sich selbst. Es macht eine beglückende Erfahrung mit sich selbst, mit seiner eigenen Lust am selbstständigen Entdecken und Gestalten. Und diese Lust, die es dabei erfährt, wird tief in seinem Gehirn verankert. Kinder, die so etwas erleben dürfen, sind glücklich, nicht weil sie eine besondere Leistung erbracht haben und dafür von anderen Lob und Anerkennung bekommen, sondern weil sie sich selbst in ihrer eigenen Lust am Tätig- und Lebendigsein erfahren.

Das geht tief unter die Haut und führt dazu, dass im Gehirn diese besonderen neuroplastischen Botenstoffe ausgeschüttet werden, die dann, ähnlich wie Dünger, zur Festigung und Erweiterung all jener neuronalen Netzwerke beitragen, die in diesem Zustand aktiviert werden, die also dieses Gefühl der Freude am eigenen Tun und des Glücks über sich selbst vermitteln.

Solche sie selbst stärkenden Erfahrungen brauchen Kinder mehr als alles andere, um sich auch später im Leben immer wieder wertvoll mit sich selbst und dem, was sie gerade tun, zu verbinden.

Im Gehirn wird ja nicht alles, was ein Kind erlebt, gespeichert und in Form neuronaler Vernetzungsmuster verankert, sondern nur das, was für das betreffende Kind wirklich wichtig ist, also von ihm selbst als bedeutsam erlebt wird. Nur das geht unter die Haut, aktiviert die emotionalen Zentren und stimuliert die Freisetzung dieser neuroplastischen Botenstoffe. Vieles aber wird für die Kinder heutzutage allein deshalb bedeutsam, weil es sich ihnen von außen aufdrängt und auf diese Weise ihre Aufmerksamkeit erheischt.

Bunte, bewegte Bilder, lautes Getöse und Geschrei, überraschende Effekte lenken die Aufmerksamkeit von Kindern automatisch in eine bestimmte Richtung. Die Hersteller von Kinderspielzeug, von Kinderfilmen und vor allem von Werbespots wissen sehr genau, wie das funktioniert. Immer perfekter gelingt es ihnen, die Aufmerksamkeit und das Interesse von Kindern auf ihre jeweiligen Produkte zu lenken.

Das ist ihr Geschäft, und niemand wird ihnen das verbieten können. Fatal sind allerdings die Auswirkungen auf die Kinder. Sie erleben sich als jemanden, der nicht selbst bestimmt, was für ihn bedeutsam ist und worauf er seine Aufmerksamkeit richten will. Selbst durchschauen können sie das nicht, selbst ändern können sie daran auch nichts. Beides wäre die Aufgabe ihrer Eltern und Erzieher. Sie könnten erkennen, dass ihre Kinder so Gefahr laufen, sich primär nur noch an von außen kommenden Reizen, Signalen und Anregungen zu orientieren, und sie könnten sie davor schützen, auf diese Weise zu Objekten des Gewinnstrebens der Hersteller derartiger »Kinderprodukte« zu schrumpfen. Sie könnten ihren Kindern helfen, zu aktiven Gestaltern ihres Lebens statt zu reaktiven Konsumenten bereitstehender Angebote zu werden.

Interessanterweise gibt es inmitten der immer bunter, immer anregender und immer lauter werdenden äußeren Lebenswelt, in die unsere Kinder gegenwärtig hineinwachsen, auch immer wieder einzelne Jungen und Mädchen, die sich von all diesen »Aufmerksamkeitsfängern« nicht so sehr beeindrucken lassen.

Sie scheinen eine Art Immunität gegenüber all diesen professionell gestalteten und vermarkteten Produkten und ihrer betörenden Anziehungskraft entwickelt zu haben. Diese Kinder müssen wir uns genauer anschauen, bei ihnen sollten wir nach dem suchen, was sie gegenüber all diesen Verführungsversuchen durch äußere Stimuli resistent gemacht, was ihnen geholfen hat, bei sich zu bleiben und sich nicht, wie die meisten ihrer Altersgenossen, in der Flut bunt schillernder Konsumenten zu verlieren.

Sie werden die Antwort bereits erahnen: Es sind diejenigen, die Gelegenheit hatten, die Erfahrung zu machen, wie beglückend und erfüllend es ist, sich im eigenen Tun, im eigenen Entdecken und Gestalten zu verlieren. Die das kennengelernt haben, was wir im Deutschen mit dem altmodischen Begriff »Hingabe« bezeichnen.

Diese Erfahrung ist in ihrem Frontalhirn fest genug verankert und hat sich zu einer inneren Einstellung verdichtet, die fortan ihre Bewertungen, ihre Aufmerksamkeit und ihr Verhalten lenkt. Deshalb sind sie nicht mehr von außen lenkbar. Deshalb fühlen sie sich nicht von dem angezogen, was sich ihnen von außen aufdrängt. Deshalb suchen sie noch etwas, dem sie sich aus sich selbst heraus zuwenden, dem sie sich aus eigenem Antrieb hingeben können.

Wo aber finden Kinder heutzutage noch Gelegenheit, solche Erfahrungen zu machen? Wohl kaum in der Kinderkrippe oder im Kindergarten, wo sie ständig damit beschäftigt sind, darauf zu achten, was die anderen Kinder machen, wo sie keine Gelegenheit finden, sich in etwas zu vertiefen, weil immer wieder jemand kommt, der etwas von ihnen will und ihre Aufmerksamkeit in irgendeine Richtung lenkt. Wo es ständig irgendwelche Angebote und Ablenkungen gibt.

Sicher können Kinder in solchen Einrichtungen sehr viel lernen und wichtige, vor allem soziale Kompetenzen erwerben. Aber dass sie dort so viel Muße finden, um sich mit etwas so intensiv zu beschäftigen, dass sie sich dabei verlieren und eins werden mit ihrem Tun, ist eher unwahrscheinlich.

Zu Hause sieht es damit nicht viel besser aus. Dort haben sie ihre Spielzeuge zwar meist für sich allein. Vielleicht können sie sich auch längere Zeit ungestört mit etwas beschäftigen, was sie interessiert. Aber irgendwann haben sie eben alles ausprobiert, was so ein Spielgerät an Möglichkeiten eigenen Entdeckens und Gestaltens bietet, und dann wird es langweilig und macht keinen Spaß mehr. Was dann passiert, kennen alle Eltern zur Genüge. Das Kind fängt an zu quengeln, wird unzufrieden und will etwas anderes. Dann wird meist der Fernseher oder der Computer eingeschaltet. Aber auch das funktioniert nur eine Zeit lang. Sich im eigenen Tun verlieren, ein Gefühl von Hingabe entwickeln kann ein Kind auch vor diesen flimmernden Monitoren nicht.

Spätestens dann, wenn die Quengelei und Unzufriedenheit wieder beginnen, weil die Kindersendung zu Ende ist oder das Computerspiel langweilig zu werden beginnt, kommen manche Eltern auf die Idee, ihr Kind hinauszuschicken oder mit ihrem Kind herauszugehen in die Natur. Zur Not reicht dafür schon der Balkon, wo man dem Kind Gelegenheit gibt, einen Blumenkasten zu gestalten.

Oder der Stadtpark, wo es die Enten füttern kann. Das hat etwas mit Hingabe zu tun. Vielleicht gibt es auch irgendwo Meerschweinchen oder Kaninchen, um die sich das Kind kümmern kann. Oder einen Hund oder eine Katze. Möglicherweise gibt es irgendwo in der Nähe eine Wiese oder einen Park, vielleicht sogar einen kleinen Wald, einen Bach oder einen kleinen Tümpel. Vielleicht haben die Eltern sogar einen kleinen Garten, in dem sie ihr Kind ganz allein nach etwas suchen lassen können, was es fasziniert.

Ganz gleich, was es ist und wie groß es ist, hier hat die Quengelei irgendwann ein natürliches Ende, weil das Kind dort etwas finden wird, womit es sich zu beschäftigen beginnt, was es entdecken und untersuchen, was es nach seinen Vorstellungen gestalten, um das es sich kümmern kann. Manchmal klappt es nicht auf Anhieb. Kinder, die bisher nur wenig Gelegenheit hatten, ganz allein in der Natur auf Entdeckerreise zu gehen, brauchen anfangs bisweilen noch ein wenig Anleitung und Anregung. Aber irgendwann findet dort draußen jedes Kind etwas, womit es sich beschäftigen kann, was es beobachten kann, womit es bauen kann.

Und dann geschieht das Wunder: Es mag damit gar nicht wieder aufhören, denn die Möglichkeiten, die die Natur für so eine eigene Entdeckungsreise bietet, sind unbegrenzt.

Nichts funktioniert dort auf vorgefertigte Weise, alles kann man gar nicht selbst entdecken, nichts ist gleich, kein Blatt, kein Ast gleicht dem anderen, und alles kann man für irgendetwas verwenden. Überall lässt sich etwas finden, was wächst, was lebt, was einzigartig ist. Wenn jetzt niemand kommt und alles erklärt oder sonstwie stört, wird es nicht lange dauern, bis sich jedes Kind in seinem Tun verliert und voller Hingabe einen Damm im Bach baut, den Ameisen beim Blattlausmelken zuschaut, unter Steinen nach Kellerasseln sucht und auf der Wiese Pusteblumen pflückt und ihre Samen im Wind fliegen lässt. Wenn Eltern sehen wollen, wie ihr Kind aussieht, wenn es einfach nur glücklich ist, brauchen sie ihm in solchen Momenten nur zuzuschauen …

DREI NATUR UND GESUNDHEIT

Während immer mehr Erwachsene Fitness als wichtigen Lebensinhalt ansehen, drücken sie bei den Kleinen gern ein Auge zu – Hauptsache, die »lernen«!

Beim Stichwort »Gesundheit« denken wir oft an Impfungen beim Kinderarzt und an die viel zu vielen Süßigkeiten, die Kinder essen. Aber auch da sollten wir einen Schritt weiter denken – und schon sind wir mitten in der Natur. Und nicht nur das. Auch in Sachen Gesundheit stoßen wir wieder auf ein Phänomen, das uns bereits bestens bekannt ist: In der Kindheit wird das Fundament gelegt.

Wie spannend die Geschichte von den Wurzeln der Gesundheit ist – und wie eng sie mit der Welt verflochten ist, in der Kinder aufwachsen –, zeigt die Entwicklung des Immunsystems. Tatsächlich scheinen unsere Kinder gerade auf diesem Feld ja vor einigen Problemen zu stehen. Nicht wenige von ihnen neigen zu Allergien – von Neurodermitis über Heuschnupfen bis zu Asthma. Und das, obwohl immer mehr Eltern auf eine gute Ernährung und regelmäßige Vorsorge achten!

Lernendes Immunsystem

Aber braucht denn das Immunsystem ein Fundament? Sollte so etwas Lebenswichtiges nicht zum Lieferumfang eines jeden Menschen gehören, und zwar in Vollausstattung? Mitnichten! So wenig ein Kind mit einer fertigen Sprache (sagen wir Deutsch oder Finnisch) geboren wird, so wenig wird auch sein Immunsystem fix und fertig geliefert. Ähnlich wie das »Sprechsystem« muss sich auch das Immunsystem auf die ganz besondere Umwelt einstellen, in der ein jeder Mensch nun einmal lebt – auf seine Ernährungsweise, auf die unterschiedlichen Bestandteile seiner Umwelt, auf die Keime, denen er ausgesetzt ist. Es muss also lernen, unter sehr unterschiedlichen Bedingungen kompetent zu arbeiten.

Und das heißt vor allem: Es muss lernen, *zielgenau* zu sein. Schließlich hat das Immunsystem eine sehr widersprüchliche Aufgabe zu erfüllen: Einerseits soll es Krankheitserreger, die in den Körper eingedrungen sind, sofort abwehren (es veranstaltet in solchen Notfällen eine Art Kehraus mit gesteigerter Durchblutung, Fieber etc. – die bekannte Entzündungsreaktion eben). Andererseits aber sollen die ungefährlichen Bestandteile der Umwelt geduldet werden – hier soll das Abwehrsystem stillhalten, also *nicht* entzündlich reagieren …

Um bei dieser Arbeit auf Messers Schneide fatale Fehler möglichst auszuschließen, ist das Immunsystem von Anfang an eher zu Überreaktionen bereit als zur »Unterreaktion«. Lieber einmal einen Freund als Feind behandeln als umgekehrt. Oder, medizinisch gesprochen: Lieber einmal eine Allergie riskieren (also die entzündliche Reaktion auf einen an sich ungefährlichen Bestandteil der Umwelt), als einen Krankheitserreger durchschlüpfen zu lassen (und damit eine schwere Infektionskrankheit zu riskieren).

Wie wird dem Immunsystem nun diese äußerst lästige (wie jeder Allergiker bestätigen kann) Neigung zur Überreaktion abgewöhnt? Durch beständige dämpfende Einflüsse aus der Umwelt. Sie legen der eingebauten Entzündungsneigung Zügel an. Und die Forschung staunt nicht schlecht, aus welch unterschiedlichen Ecken die Einflüsse stammen, die das Immunsystem letzten Endes ins Gleichgewicht bringen.

Die Zähmung beginnt gleich nach der Geburt. Und zwar mit der fulminanten Besiedlung des neuen Erdenbürgers mit Mikroben – vor allem Bakterien. Im Mutterleib lebt das Baby ja noch in einer praktisch keimfreien Welt. Erst beim Durchtritt durch den Geburtskanal begegnet es den ersten Keimen. Ein Teil davon besiedelt die Haut – die Hautflora bildet sich aus. Ein anderer Teil gelangt in den Mund und wird mit dem Speichel verschluckt. So entsteht unsere Darmflora, und sie wird zeitlebens ein Ort größter Bakteriendichte sein (die Zahl der dort lebenden Bakterien übersteigt die Zahl der Körperzellen um etwa das 20-Fache!). Wir beherbergen also eine wuselige, vielfältige Welt, die übrigens nicht nur unser Immunsystem prägt, sondern auch bei der Aufnahme von Vitaminen und der Verwertung der Nahrung, insbesondere der Faserstoffe aus Gemüse und Obst, hilft (es mehren sich sogar die Hinweise, dass die Zusammensetzung der Darmflora auch das Körpergewicht mit beeinflusst).

Der zweite zähmende Einfluss entstammt der mütterlichen Brust. Die Muttermilch nimmt das Kind ja nicht nur mit auf einen »Probelauf durch die Regale des Supermarkts« (wie Lise Eliot das ausdrückt): Schließlich sind in der Muttermilch immer auch Spuren dessen enthalten, was die Mutter isst – und was möglicherweise in Kürze auch bei dem Kind auf dem Speiseplan stehen wird. Muttermilch enthält zudem viele Immunstoffe und -zellen, und die können, wie wir heute wissen, dem Abwehrsystem des Kindes natürliche Bremsen anlegen und ihm bei der Unterscheidung von »gut« und »böse« helfen. Kein Wunder also, dass gestillte Kinder seltener Allergien gegen zugefütterte Nahrungsbestandteile entwickeln (wie etwa gegen das in vielen Getreidesorten enthaltene Gluten).

Und so geht es Schritt für Schritt weiter mit der Prägung unseres Abwehrsystems – hier landen wir wieder in der Natur im ganz konkreten Sinn. Ein weiterer dämpfender Einfluss kommt nämlich aus der Tierwelt. Tiere beherbergen in ihrem Fell Abbauprodukte bestimmter Bakterien – das sogenannte Endotoxin. Wird dieses Konzentrat aufgenommen (sei es, indem es als feiner Staub eingeatmet wird oder auf die Mundschleimhäute gelangt), so springt das Immunsystem jedes Mal in Hab-acht-Stellung. Und das macht das Immunsystem fit – wer arbeitet, kommt bekanntermaßen seltener auf dumme Gedanken. Wissenschaftler erklären mit diesem Alltagstraining, warum Kinder auf Bauernhöfen seltener Allergien entwickeln (ein anderer Faktor, der für die geringere Allergieneigung von Bauernkindern verantwortlich gemacht wird, ist übrigens der Verzehr von Rohmilch. Auch wenn diese wegen der Belastung mit möglichen Krankheitserregern zumindest für Säuglinge nicht empfohlen wird, könnten gerade die in unpasteurisierter Milch vorhandenen gutartigen Bakterien für eine Immundämpfung sorgen).

Endotoxin kommt aber nicht nur auf Bauernhöfen vor, es ist überall, wo sich Mensch und Tier begegnen – auch dort, wo zum Beispiel Haustiere gehalten werden. Tatsächlich treten bei Kindern, die in eine Hunde haltende Familie hineingeboren werden, insgesamt seltener Allergien auf.

Und was ist mit den Pflanzen? Auch von ihnen können Dämpfungseffekte ausgehen. So werden aus vielen im Heu enthaltenen Pflanzenfasern bestimmte Zuckermoleküle wie etwa Arabinogalactan freigesetzt, die nach Einatmung dämpfend auf die Immunzellen wirken. Es scheint also, dass unser Immunsystem beständig Signale aus dem ganzen Ökosystem aufnimmt, in dem wir leben.

Mit anderen Worten: Überall, wo Kinder Tiefenkontakt mit der natürlichen Umwelt aufnehmen – mit Kleinstlebewesen, Pflanzen, Tieren und auch mit anderen Kindern – beginnt ihr Immunsystem zu arbeiten und zu trainieren. Es wird zielsicher und kompetent – nicht anders als die Kinder selbst.

Bewegung

In Sachen »Bewegung« können wir es kurz machen und einfach mal ein Lehrbuch für Medizinstudenten zurate ziehen. Dort steht lapidar: »Körperliche Inaktivität ist Ursache oder Mitursache von etwa der Hälfte aller Krankheiten. Regelmäßige Bewegung reguliert den Stoffwechsel, stärkt das Herz-Kreislauf-System und stabilisiert die Psyche. Außerdem beugt sie Krebserkrankungen vor und fördert das allgemeine Wohlbefinden. Könnten diese Effekte durch ein Medikament, und sei es noch so teuer, erreicht werden, könnte sich dessen Hersteller vor Kunden ganz sicher nicht retten.«

Aber leider, leider kann Bewegung nicht hergestellt werden. Noch schlimmer: Wir haben nicht einmal einen Trieb, der uns regelmäßig die Turnschuhe anziehen lässt! Vielmehr geht es uns Menschen wie anderen Säugetieren, die sich zwar häufig, grazil und mit vollem Einsatz bewegen – aber eben nur, wenn sie *müssen*. Ansonsten sparen sie lieber ihre Energie und ruhen aus. Der Löwe ist ganz Bewegung, wenn er einer Gazelle an den Hals will – aber wenn er keinen Hunger hat, rekelt er sich doch lieber in der Sonne.

Dass Bewegung auch den Geist beflügelt, zeigen inzwischen Dutzende wissenschaftlicher Studien. So lernen Kinder auch in der Schule erfolgreicher, wenn dort viel Sport getrieben wird. Hirnforscher vermuten, dass das an dem bei körperlicher Anstrengung im Gehirn ausgeschütteten Dopamin liegt – es hilft bei der Verankerung von Lernerfahrungen und lässt das Selbstvertrauen ansteigen. Nimmt man dann noch die positiven Wirkungen von Bewegung auf die Gesundheit dazu, so wundert es einen doch, dass sich heute diejenigen rechtfertigen müssen, die in Kindergärten und Schulen mehr Auslauf, Spiel und Körpereinsatz fordern.

Immerhin gibt es eine Ausnahme, und auch sie gilt für alle Säugetiere, Mensch inklusive: Die Kinder sind von diesem Sparprogramm ausgenommen. Ihr Bewegungsdrang ist nämlich über den Spieltrieb motiviert, und der ist bekanntermaßen schier unerschöpflich. Denn beim Spielen lockt nun einmal die wichtigste Beute überhaupt: Die Umwelt erforschen! Lernen!

Und doch hat auch der Spieltrieb ein Verfallsdatum – er nimmt mit dem Beginn der Geschlechtsreife stark ab. Wie viel davon übrig bleibt, ist zum einen eine Typfrage – in Sachen Bewegung hat jeder Mensch sozusagen einen eigenen, individuell eingestellten Thermostat (von Forschern auch »Activity-Stat« genannt). Zum anderen aber spielt die Körperkompetenz eine Rolle – wer mit seinem Körper gut kann, findet auch im Erwachsenenalter eher eine Möglichkeit, auf Trab zu bleiben – Sport, Tanz, Treppen hochrennen anstatt im Aufzug stehen.

Und hier kommt das Leben draußen ins Spiel. Denn dort sind nun einmal die Parcours, auf denen Körper, Sinne und Seele zusammenwachsen – die Parcours, die das Schwungrad des Lebens in Bewegung setzen.

Sonne

Dort draußen findet sich übrigens noch ein anderer Gesundheitsspender: die Sonne. Wissenschaftler, die deren Wirkungen auf uns Menschen erforschen, kommen neuerdings regelrecht ins Schwärmen. Sonnenlicht sorgt nämlich nicht nur dafür, dass Vitamin D in unserer Haut gebildet wird – und gerade Kinder brauchen dieses Vitamin für den Aufbau starker Knochen. Sonnenlicht bringt zudem alle möglichen Botenstoffe im Körper auf Trab. Und die wiederum stärken das Immunsystem – so lässt sich etwa zeigen, dass Atemwegsinfektionen im Winter bei Menschen mit niedrigen Vitamin-D-Spiegeln deutlich häufiger vorkommen. Aber das Sonnenvitamin kann noch mehr: Es wirkt auch im Gehirn und sorgt dort regelrecht für Stimmung. So lässt sich nachweisen, dass durch das Licht draußen der Neurotransmitter Dopamin ausgeschüttet wird – ein für Glücks- und Belohnungsgefühle zuständiger Botenstoff! Kein Wunder, dass der sonnenarme Winter für viele Menschen auch ein Stimmungstief mit sich bringt.[4]

Womit unseren Kindern ein Platz an der Sonne doch von Herzen zu gönnen wäre! Wenn man aber sieht, mit welcher Inbrunst die Kleinen schon für einen halbstündigen Gang zum Spielplatz am Morgen mit Sonnencreme eingerieben werden, kommen einem Zweifel. Ist die Sonne etwa unser Feind? Da ist tatsächlich etwas dran. Schließlich kann durch zu viel UV-Strahlung Hautkrebs entstehen. Und deshalb gehören

Kinder insbesondere im Gebirge und wenn sie lange baden gehen, auch gut eingecremt! Auch wenn die Sonne richtig sticht, also in der prallen Mittagshitze, sind Kinder im Schatten oder drinnen besser aufgehoben. Aber in den Übergangsjahreszeiten kann man bei den meisten Kindern auch auf den natürlichen Hautschutz vertrauen (die »Kelten« unter uns mit ihrer besonders empfindlichen, blassen Haut bilden allerdings eine Ausnahme). Sind Kinder nämlich das ganze Jahr über viel im Freien, gewöhnt sich ihre Haut schonend an das Sonnenlicht. Diese Strategie macht mehr Sinn, als die Sonne zu meiden – schließlich entstehen Hautschäden nicht durch Sonne, sondern durch Sonnenbrände. Und Angst vor der Sonne zu machen geht ja wohl gar nicht!

Sehkraft

Wenn in Kinderbüchern von Indianern die Rede ist, stellt sich kein Kind einen Menschen mit Brille vor. Heute wissen wir: Da wird kein Klischee bedient. Das scharfe Auge gehört nämlich zu einem Leben draußen in der Natur dazu.

Fangen wir in der Geschichte an. Augenärzte stellen seit etwa 25 Jahren fest, dass die Zahl der kurzsichtigen Kinder kontinuierlich ansteigt. Heute beendet in Deutschland nur noch etwa die Hälfte der Kinder ihre Kindheit ohne Brille – sie werden kurzsichtig, das heißt, sie sehen auf die Ferne nicht mehr scharf. Wurden Kinder mit einer Brille noch in den 1960er-Jahren für das Gestell auf der Nase gehänselt, gehört diese heute schon zur Standardausstattung.

Das hat etwas mit dem Wachstum des Augapfels zu tun. Der Augapfel zieht sich im Lauf der Entwicklung bei kurzsichtigen Kindern nämlich ein kleines bisschen in die Länge. Dadurch landet das von der Linse gebrochene Bild nicht mehr genau auf der Ebene der Netzhaut – es wird unscharf.

Australische Forscher konnten zeigen, dass das beschleunigte Längenwachstum des Augapfels nicht nur daran liegt, dass die Kinder zu viel lesen oder Computer spielen. Vielmehr hat das übermäßige Wachstum vor allem etwas mit dem Licht zu tun, dem Kinder ausgesetzt sind. Bekommt das Auge nämlich pro Tag weniger als 2 oder 3 Stunden helles Licht, dann beginnt es sich in die Länge zu strecken!

Intensives Licht wirkt dem Wachstum des Auges entgegen. »Es gibt eine Bremse für Kurzsichtigkeit«, sagt dazu der Forscher Ian Morgan »und zwar: Rausgehen.« Genau das tun die Kinder, die am meisten von Kurzsichtigkeit betroffen sind, eben nicht. In den Pisa-Wunderländern Asiens, wie etwa Hongkong oder Singapur, sind heute über 90% der Kinder kurzsichtig – im Schnitt sind sie weniger als eine halbe Stunde pro Tag draußen (sie müssen ja die Formeln und Vokabeln lernen, die bei den deutschen Bildungspolitikern den Speichelfluss so anregen). Und damit sind wir wieder beim Sonnenlicht und wie es auf das Gehirn wirkt. Die Augenärzte vermuten nämlich, dass es das im Freien vermehrt ausgeschüttete Dopamin ist, welches das Wachstum des Augapfels blockiert!

Andere Untersuchungen kommen zu dem gleichen Schluss. Danach entsteht Kurzsichtigkeit zum einen dann, wenn Kinder mit geringem Sehabstand arbeiten – also etwa auf kleine mobile Bildschirme starren oder bei schlechtem Licht lesen. Noch wichtiger aber ist in diesen Studien die Dauer des Aufenthalts in Innenräumen. Das Licht dort ist – selbst wenn es uns hell erscheint – noch immer etwa hundertfach schwächer als das Licht unter freiem Himmel. Ein Forscherteam aus China konnte unlängst zeigen, dass die Kurzsichtigkeit bei den Kindern im Sommer um 60% langsamer zunimmt als im Winter!

Tatsächlich belegen Experimente, dass sich das Augenwachstum von Sechsjährigen bereits messbar verlangsamt, wenn die Kinder täglich nur eine Stunde länger als üblich im Freien verbringen. Mit jeder zusätzlichen Stunde, die die Kinder pro Woche draußen verbringen – so die Wissenschaft –, sinkt das Risiko für Kurzsichtigkeit um etwa zwei Prozent.

Seelische Gesundheit

Dass Gesundheit etwas Ganzheitliches ist, wussten schon die Römer. Für sie galt: Mens sana in corpore sano. Also – körperliche und seelische Gesundheit gehören zusammen. Geht es dem Körper gut, profitiert auch die Seele davon – und umgekehrt.

Nun lässt sich das, was dem Körper behagt, ganz gut beschreiben: Bewegung etwa, gute Ernährung, genügend Schlaf und so weiter. Und etwas Glück in der Gen-Lotterie kann auch nicht schaden. Aber wie ist das mit der Seele? Was tut ihr gut? Wie kommt der gesunde Geist in den gesunden Körper?

Auf vielen Wegen, das ist sicher. Menschen fühlen sich zufrieden, wenn sie die Welt als zusammenhängend, gut und sinnvoll erleben können. Dieses Gefühl der »Kohärenz«, wie Psychologen es nennen, stellt sich vor allem dann ein, wenn wir uns in unserem Leben als kompetent erfahren (wenn wir also Anerkennung für unsere Fähigkeiten bekommen), wenn wir sozial verankert sind (wenn wir also in soziale Netze eingebunden sind) und wenn wir in wichtigen Dingen die Entscheidungshoheit haben (wenn wir also selbstbestimmt leben und arbeiten können). An diesen drei Schnüren hängt unsere innere Zufriedenheit, ja, unser Selbstwertgefühl.

Was hat das mit den Kindern und mit der Natur zu tun? Sehr viel. Denn Kinder brauchen ganz ähnliche Zutaten wie wir Erwachsenen, um sich im Leben wohlzufühlen (wir haben ja in den ersten beiden Kapiteln schon davon gesprochen). Sie wollen sich sicher und »gebunden« fühlen, sie wollen etwas können, und sie wollen aus sich heraus wirksam sein. Es tut ihnen gut, wenn sie sich mit ihren Talenten in die Gemeinschaft einbringen können.

Und die Natur hilft ihnen dabei. Sie ermöglicht Kompetenzerfahrungen (wir hatten es davon, Stichwort: Abenteuer), Wirksamkeit (schon mal einen Bach aufgestaut?), Bezogenheit (die Heimat, die die Kinder sich dort draußen so hartnäckig schaffen).

Aber da ist mehr. Erfahrungen in der Natur helfen bei der seelischen Haushaltsführung. Wie das? Nehmen wir allein den Schlaf – von dem wissen alle Eltern eines: Er ist für das Wohlbefinden ihrer Kleinen keine Nebensächlichkeit. Ein Kind, das keinen Schlaf hat, ist kein wirklicher Freudenspender. Und nette Einschlafrituale in Ehren (sie sind wichtig!), die Forschung zeigt ganz klar: Kinder, die zum Spielen draußen sein dürfen, schlafen besser (das gilt sogar für Säuglinge). Und das ist verständlich. Denn dort draußen werden ja nicht nur Kalorien verbraten. Da wird nicht nur für eine bessere Durchblutung gesorgt. Dort draußen sind auch die Taktgeber, welche die inneren Abläufe auf die Drehung der Erde abstimmen – »tagsüber hoch, nachts aber tief«, das lernt der Körper im Licht und Dunkel der Tageszeiten. Und dort draußen saugen sich die Kinder dann auch voll mit Geschichten, die leicht zu Träumen werden.

Und wenn wir schon bei der Selbstregulation sind: Kinder können sich eindeutig besser konzentrieren, nachdem sie draußen waren. Ja, Jugendliche lösen selbst drinnen komplexe Aufgaben schneller und mit weniger Fehlern, wenn sie durch ein Fenster auf Vegetation schauen können. In Experimenten lässt sich sogar zeigen, dass sich Studenten allein schon dadurch besser konzentrieren können, dass sie Pflanzen im Zimmer haben. Manche Psychologen gehen deshalb davon aus, dass Kontakt mit der Natur die Aufmerksamkeit immer wieder neu schärft. Es ist also kein Zufall, dass Naturerfahrungen auch im Zusammenhang mit dem Aufmerksamkeitsdefizit-Syndrom in das Interesse der Forschung gerückt sind (dazu gleich mehr).

Ja, es könnte sogar sein, dass die Bindungen zur Natur, die in der Kindheit aufgebaut werden, ein Leben lang als eine Art Schutzschild für unsere Psyche wirken. Wie anders wäre zu erklären, dass sich Krankenhauspatienten schneller von Eingriffen erholen, wenn ihr Zimmer Blick auf Baumbestand hat? Oder dass Gefängnisinsassen, deren Zellen Blick auf freies Feld erlauben, um 24 % seltener krank sind als solche, deren Zellen auf den Innenhof gehen?

Aufmerksamkeit und Aktivität

Über kaum eine Krankheit wird emotionaler diskutiert als über ADHS – auch als Aufmerksamkeitsdefizit-Syndrom, Hyperaktivität oder Zappelphilipp-Syndrom bekannt.

Moment einmal: Krankheit? Schon da scheiden sich nämlich die Geister. Für die einen ist ADHS ja ganz einfach ein Erziehungsfehler: Die Kinder sitzen zu viel vor dem Bildschirm, schlafen zu wenig und bekommen keine Grenzen gesetzt. Für die anderen liegt das Problem im Gehirn verankert – bei den betroffenen Kindern funktioniere das Gehirn anders, und das lasse sich mit medizinischen Geräten auch nachweisen. Wieder andere weisen darauf hin, dass das Problem möglicherweise daran liegt, dass die Welt heute nicht mehr so gut zu den Kindern passt – manche brauchen einfach ihren Auslauf und haben es mit dem neuen Programm ungebührlich schwer. Statt langen Stillsitzens bräuchten sie eher Spiel und Bewegung.

Für alle drei Annahmen lassen sich gute Belege finden (womit es eigentlich möglich sein sollte, weniger emotional über das Thema zu reden, aber das ist eine andere Geschichte …). So lassen sich tatsächlich bei manchen Kindern mit ADHS mit modernen bildgebenden Verfahren Veränderungen des Gehirns nachweisen. Hierzu passt, dass sich bei etwa einem Drittel der mit ADHS diagnostizierten Kinder auch andere Auffälligkeiten in der Art des Denkens, der Wahrnehmung und des Verhaltens finden lassen (etwa Störungen der Feinmotorik, Teilleistungsstörungen, Tics oder Probleme im Bereich der sinnlichen Wahrnehmung). Dahinter könnten tatsächlich schädigende äußere Einflüsse bei der Hirnentwicklung stehen. Das würde die Beobachtung erklären, dass ADHS bei zu früh geborenen Kindern und bei Kindern von Müttern, die während der Schwangerschaft getrunken oder geraucht haben, häufiger auftritt. Auch der in Studien auffällige Zusammenhang zwischen der Pestizidbelastung der Nahrung und ADHS könnte so erklärt werden.

Andererseits ist bekannt, dass Kinder die Fähigkeit zur Kontrolle ihrer Impulse und Emotionen (die sogenannte »exekutive Kontrolle«, die in Kapitel 2 Thema war) in der frühen Kindheit erlernen, und zwar zunächst im Rahmen ihrer Beziehungen zu ihren Bindungspersonen. Wenn diese ihnen einen »sicheren Hafen« bieten können, können die Kinder die Umwelt ohne Stress erforschen und lernen dabei, sich auf sich selbst zu verlassen und mit sich selbst umzugehen. Die Tatsache, dass überzufällig viele Kinder mit ADHS schon in der frühen Kindheit mit emotionalen Problemen auffallen (zum Beispiel als »Schreibabys«), könnte darauf hinweisen, dass eine mögliche Wurzel für ADHS auch in der frühen Kindheit zu suchen ist.

Ganz sicher aber ist ADHS häufig ein Passungsproblem – dem Kind werden Dinge abverlangt, die es entwicklungs- oder persönlichkeitsbedingt (noch) nicht leisten kann. Das erklärt etwa die Tatsache, dass die jüngeren Kinder in einer Klasse deutlich häufiger die Diagnose ADHS bekommen als die älteren – der Abstand zwischen Geburtstag und Einschulungs-Stichtag sollte bei klar definierten Krankheiten ja keine Rolle spielen … Auch zeigt die Verteilung der Diagnose ADHS in Deutschland, dass Kinder in manchen Städten doppelt so oft in der ADHS-Schublade landen. Wie sehr da aus der Hüfte geschossen wird, zeigen neuere Studien, nach denen sich selbst Fachärzte in der Diagnose von ADHS überwiegend nicht einig sind.

Einig sind sich aber selbst Kritiker und die Mainstream-Kinderpsychiater in einer Sache: dass nämlich bei der Behandlung häufig deshalb auf Medikamente gesetzt wird, weil die Umwelt nicht kindgerecht ist. Und das vor allem dort, wo es eigentlich um die Kinder gehen sollte – an den Schulen. So sagt der bekannte Kinderpsychiater Adam Alfred in einem Interview (in dem er eigentlich dem »Ritalin-Bashing« entgegentreten will): »Ja, das ist ja das Traurige. Wir bräuchten sicher weniger Medikamente, wenn das Schulsystem stärker auf Unterstützung ausgelegt wäre. Wir machen immer wieder die Erfahrung: Wenn die Kinder auf verständnisvolle und gut informierte Lehrer treffen, ist das schon die halbe Miete.«

Und die bräuchten sich nicht nur auf ihre Beziehungskompetenzen verlassen, sondern auch auf die Natur. Denn experimentell lässt sich eindeutig zeigen, dass Kinder draußen weniger Aufmerksamkeits- und Verhaltensprobleme haben und dass davon insbesondere Kinder mit ADHS profitieren. Nähmen Kinder- und Jugendpsychiater also ihren eigenen wissenschaftlichen Anspruch ernst, würden sie das Draußensein neben einem kindgerechten Unterricht als weitere Säule der ADHS-Therapie empfehlen (der Naturaktivist Richard Louv spricht in diesem Zusammenhang vom »natureigenen Ritalin«, das es mehr zu nutzen gelte …).

Gesamt-Impfung

Wenn Richard Louv in Abwandlung der Regierungskampagne für bessere Schulen (»Leave no child behind«) fordert: *Leave no child inside!*, dann hat er recht – auch weil das Spielen draußen für die Kinder *gesund* ist.

Sollen die Kleinen also raus, damit sie gesund aufwachsen? Ich tue mich schwer mit diesem *damit* – die Erfahrungen, die Kinder dort draußen machen können, sind Teil einer lebendigen Kindheit, Teil eines guten Lebens, es braucht da keine Verzweckung. Aber ich halte auch einen anderen Trend für wenig hilfreich: dass Gesundheit immer mehr als Serviceleistung gesehen wird. Dass wir meinen, die Kinderärzte seien für die Gesundheit der Kinder zuständig. Oder der »Aktivjoghurt« oder überhaupt die gute Bioernährung. Auch die Kinderärzte machen es sich da zum Teil zu leicht. Sie werben mit vielen guten Argumenten für die Vorsorge oder die Impfungen, und das sollen sie auch. Aber diese wunderbare »Gesamt-Impfung« für das Immunsystem – durch Bewegung, durch Sonne, Licht und Wind – ist bei den Beratungsgesprächen und »Gesundheitskampagnen« an Schulen und Kindergärten eher selten Thema. Jeder Kinderarzt sollte nach all dem, was wir über die Wege zu einem gesunden Leben heute wissen, aus vollem Herzen zu seinen kleinen Patienten (die ja meist so krank nicht sind) sagen: Raus mit euch!

LANGSAMKEIT

Wer sich jemals mit wirklich komplizierten Dingen beschäftigt hat, wird sich noch gut daran erinnern können, dass ihm das nur dann gelingen kann, wenn er sich dafür Zeit, möglichst viel Zeit, genommen hat. Nichts, was schwierig ist, lässt sich unter Termindruck, in Hektik und mit einer Deadline vor Augen zuwege bringen. Der Aufbau einer Freundschaft nicht, der Bau eines Musikinstrumentes nicht, die Gründung eines Unternehmens nicht, erst recht nicht ein für alle bereicherndes Zusammenleben in der Familie. Und Kinder können auch nicht zu starken Persönlichkeiten heranwachsen, wenn niemand Zeit hat, sie auf diesem Weg umsichtig zu begleiten.

Kein schwieriges Vorhaben wie eine Bergbesteigung oder ein Hausbau kann unter Zeitnot gelingen. Bildung nicht, eine Partnerschaft nicht und ein selbstbestimmtes, erfülltes Leben erst recht nicht. Unter Zeitdruck entsteht nichts, was außergewöhnlich, was auch noch später, nach vielen Jahren, wertvoll ist. Unter Zeitdruck bringt man nur schnell verwertbare, kurzlebige Ergebnisse und Produkte zustande, nichts Tiefes, nichts Gehaltvolles, nichts Langlebiges und nichts Nachhaltiges. Wer keine Zeit hat, kann nur hektisch zusammengebaute oder zusammengestellte Ergebnisse produzieren.

In der Warenproduktion nennt man das Massenproduktion oder gar Ausschuss. Für das, was in Elternhäusern, Kindergärten und Schulen aus Kindern und Jugendlichen wird, weil wir uns nicht genug Zeit für sie nehmen, haben wir noch keine passende Bezeichnung. Aber wir ahnen, dass es nicht gut sein kann, wenn Kinder sich bei der Vorbereitung auf das spätere Leben beeilen sollen.

Erfolge kann man erzielen, indem man andere überholt. Damit aber etwas wirklich Kompliziertes entstehen kann, darf nicht der Erfolg im Vordergrund stehen, denn hier gilt nur das Gelingen, geht es nur darum, möglichst schnell und einfach irgendwohin zu kommen.

Das wohl mit Abstand Komplizierteste, was wir uns vorstellen können, ist unser eigenes Gehirn. Auch das braucht, damit sich dort all die hochkomplexen Vernetzungen zwischen einzelnen Nervenzellen, zwischen den verschiedenen Gruppen von Nervenzellen und zwischen den verschiedenen Hirnbereichen herausbilden können, vor allem eines: Zeit.

Es muss langsam gehen, sonst klappt es nicht, jedenfalls nicht in der Komplexität und mit der Vielfalt von Vernetzungen, die möglich wären. Im Grunde genommen verdanken wir die Herausbildung unseres so wunderbar komplexen, zeitlebens lernfähigen menschlichen Gehirns dem Umstand, dass die Phase der Hirnentwicklung im Laufe der Evolution bis hin zu uns Menschen nicht immer kürzer, sondern immer länger geworden ist, dass für diesen komplizierten Prozess mehr Zeit zur Verfügung stand, dass er langsamer ablaufen konnte. Bei unseren nächsten Verwandten, den Menschenaffen, ist diese Phase der Hirnentwicklung schon nach drei oder vier Jahren abgeschlossen. Bei uns verläuft dieser gesamte Prozess hingegen viel langsamer.

Nicht Beschleunigung, sondern Entschleunigung, Verlangsamung heißt also die wichtigste Erfindung der Evolution, die uns und unser hochkomplexes Gehirn hervorgebracht hat. Und das gilt auch für die gesamte Entwicklung von uns Menschen von der ersten Teilung der befruchteten Eizelle über die Embryonalentwicklung, die frühe Kindheit, die Phase der Adoleszenz bis hin zum Erwachsenen. Alles ist im Vergleich zu den Affen langsamer geworden, beansprucht mehr Zeit, hat sich entschleunigt. Deshalb kommen wir auch noch viel unreifer als die Menschenaffen zur Welt. Neotenie nennen die Entwicklungsbiologen dieses Phänomen. Und weil bei uns auch im Hirn alles viel langsamer geht, können wir so viel lernen, langsam und schrittweise hinzulernen, worauf es im eigenen Leben und im Zusammenleben mit anderen ankommt.

Natürlich kann ein Kind auch schneller laufen, sprechen oder Fahrrad fahren lernen als alle anderen. Und selbstverständlich kann man durch gezielte Frühförderungsmaßnahmen erreichen, dass es bestimmte Fähigkeiten früher erwirbt als normalerweise. Aber ein besseres, also ein komplexer vernetztes Gehirn bekommt es dadurch nicht. Es mag, was diese spezielle Fähigkeit betrifft, seinen Altersgenossen voraus sein. Aber das bedeutet eben nicht, dass es sich später im Leben auch besser als diese zurechtfindet. Kinder müssen mit ihrem Gehirn viel mehr lernen als das, was wir Erwachsenen gegenwärtig in unserem Kulturkreis für besonders wichtig halten und wofür wir sie durch unsere Bildungseinrichtungen hetzen. »Das Gras wächst nicht schneller, wenn man daran zieht«, heißt eine alte Indianerweisheit. Sie erinnert uns daran, dass sich alles, was sich in einem lebendigen Entwicklungsprozess allmählich und mit einer eigenen Geschwindigkeit entfaltet, nicht durch irgendwelche Maßnahmen beschleunigen lässt. Für unsere Kinder und Jugendlichen heißt das, dass wir ihnen lediglich möglichst vielfältige und möglichst komplexe Erfahrungsräume zur Verfügung stellen können, innerhalb deren sie Gelegenheit finden, sich alles, was sie für ihr späteres Leben brauchen, selbst anzueignen.

Niemand kann ein Kind von außen formen. Die für die Steuerung von Fähigkeiten und Fertigkeiten und für die Verankerung von Wissensinhalten zuständigen Netzwerke kann es in seinem Gehirn nur selbst herausbilden.

Dazu können wir unsere Kinder einladen, ermutigen und inspirieren. Und am besten geht das immer dann, wenn wir ihnen Zugang zu einer Lebenswelt ermöglichen, in der es nicht so sehr auf ganz bestimmte Fähigkeiten und ganz bestimmtes Wissen ankommt. Das müsste eine Lebenswelt sein, die ihnen möglichst viele und möglichst verschiedenartige Gelegenheiten bietet, all das zu entdecken und zu gestalten, was es dort zu entdecken und zu gestalten gibt, sich um möglichst vieles zu kümmern, was ihrer Sorge, ihrer Aufmerksamkeit und ihrer Zuwendung bedarf.

Dieses Ausmaß an Komplexität, an Vielfalt und an Möglichkeiten für eigene Entdeckungsreisen können all die vielen künstlichen, von uns Menschen gemachten Lebenswelten und Erfahrungsräume niemals bieten. Kinder und Jugendliche finden diese deshalb auch nicht in unseren Wohnungen, Kindergärten, Schulen und Universitäten, auch nicht in Einkaufszentren, in Kinos oder in den virtuellen Welten digitaler Medien. Die finden sie nur draußen, in der lebendigen Natur, dort wo es noch langsam zugeht, wo alles, was sich entwickelt, Zeit braucht. Wo man noch warten muss, bis die Blumen blühen und die Kirschen reif geworden sind. Nur dort, wo nicht wir, sondern das Leben selbst darüber bestimmt, was wann wächst, gedeiht und wieder vergeht, können Kinder auch die Erfahrung machen, wie gut es ist, wenn etwas nicht möglichst schnell, sondern langsam geschieht. Dass es langsam gehen muss, wenn es gut werden soll.

VIER WARUM SCHLAGEN WIR DAS ANGEBOT AUS?

»Die Kindheit ist so wertvoll geworden, dass wir sie unmöglich den Kindern überlassen können.« CARL HONORÉ

Schön und gut. Dort draußen steht ein gedeckter Tisch. Voller Nahrung für die Entwicklung unserer Kinder. Genug Baumaterial für ein solides, belastbares Fundament. Selbst die Wissenschaftler, die ja nicht gerade zu Euphorie neigen, sind sich einig: Kinder zeigen draußen ein »reicheres Spielverhalten«. Ihre motorische Entwicklung laufe besser ab, wenn sie in natürlichen Umgebungen spielen. Sie schliefen besser. Sie seien konzentrierter. Und gesünder.

Aber wo sind die Kinder denn? Etwa draußen? Warum lassen wir ein so geniales Angebot einfach links liegen? *Was, verdammt noch mal, ist unser Problem?*

Die üblichen Verdächtigen

Da sind wir schnell bei den üblichen Verdächtigen. Den *Medien*, die unsere Kinder einsammeln wie der Rattenfänger zu Hameln. Den *Gefahren* dort draußen – dort draußen ist nun mal nicht Bullerbü, sondern da sind Straßen, Autos und alle möglichen seltsamen Gestalten. Und schon mal was vom Fuchsbandwurm gehört?

Und wo gibt es denn überhaupt noch Natur? Wo ist die *Zeit* geblieben, um sie zu nutzen?

Alles richtig. Diese Dinge tragen alle ihren Teil zu der Naturlosigkeit bei, in die wir geraten sind (und wir werden uns deshalb auch noch einzeln mit ihnen beschäftigen). Die Sicherheit unserer Kinder beispielsweise ist in der Tat nicht nur einen Randgedanken wert.

Und trotzdem ist es komplizierter. Was vor 30 Jahren im Fernsehen kam, war auch nicht gerade langweilig. Den Fuchsbandwurm gab es da auch schon, Zecken ebenfalls. Und seltsame Gestalten liefen auch schon frei herum.

Selbst der heute grassierende Zeitmangel erklärt nicht alles – die Indoor-Spielzentren und die Erlebnisparks können sich vor Zulauf kaum retten, und auch der organisierte Sport hat den Wandel der Zeit offenbar ohne Nachwuchsprobleme überstanden.

Warum unsere Kinder nicht mehr draußen sind, hat tiefere Gründe – und sie haben etwas mit uns selbst zu tun. Mit uns Großen.

Ambitioniert – in anderen Gefilden

Denn seien wir doch einfach ehrlich: Wir haben *andere* Ziele für die Kleinen. Andere Vorstellungen, was Kinder so mit ihrer Zeit anfangen sollten. Dass sie einfach rumstromern in der Natur, ist nicht genau das, was wir – Hand aufs Herz – für *wichtig* halten. Wir haben ein *Programm* für sie.

Und hier würde ich gerne etwas ausholen, denn es ist mir wichtig, dass wir nicht bei irgendeiner Art von Schulddebatte landen oder uns selbst ans Kreuz nageln für Dinge, die keiner von uns wirklich in der Hand hat.

Jede Generation hat *ihre* Kindheit, und wie sie aussieht, hat viel mit den Lebenszielen der Erwachsenen zu tun – also mit der Art, wie Menschen ihr Auskommen finden und wie sie für sich ein besseres Leben suchen (weil das an den Grundfragen der Erziehung rührt, werden wir es in Kapitel 7 noch einmal ganz genau untersuchen).

Unsere Ziele heute? Über unsere Welt könnte man ein Banner hängen mit einem einzigen Wort: Produktivität! Viel herstellen, viel bewegen. Viel benutzen, viel konsumieren. Diesen Geist haben wir aus der Flasche gelassen. Einen Wettbewerb entfesselt, von dem wir zunächst dachten, dass dabei alle gewinnen – die einen vielleicht ein wenig mehr als die anderen, aber alle kommen ans Ziel – das Ziel eines besseren Lebens! Es ist genug für alle da!

Heute wissen wir, dass auch dieser Wettkampf so läuft wie Wettkämpfe eben laufen: Es gibt nicht nur Gewinner, sondern auch Verlierer. Und manch einer beginnt nachzurechnen. Ist wirklich genug für alle da? Auf diesem Niveau?

Und vor allem: Zieht bei diesem »Höher! Schneller! Weiter!« nicht irgendwann das Tempo an? So stark vielleicht, dass es über unsere Kräfte geht? Unsere eigenen Kräfte und die der Natur?

Manches deutet darauf hin – da ist nicht nur der Klimawandel dort draußen, auch das Klima bei uns Menschen hat sich gewandelt. Unser soziales Bindegewebe wird schwächer. Wir haben die Siegertypen aufgepäppelt, die großen Egos, die Macher und Durchsetzer. Wir haben dem »Ich« freie Bühne gegeben und das »Wir« für die Gutmenschen reserviert, die Pflegenden, die Sorgenden, für die, die bei der großen Show eben nicht dabei sein können. Weil sie zum Beispiel noch andere Verpflichtungen haben – Kindern gegenüber etwa.

Denn auch die hängen ja mit drin, und wie! Für dieses Rennen müssen die Großen nun mal mit Dingen aufwarten, die zu einem Leben mit Kindern nicht so richtig passen: Sie müssen sich qualifizieren für den Beruf, hier noch ein Kurs, dort noch ein Praktikum. Sich Arbeit sichern, und nicht nur irgendeine – eine die weiterführt, die speziell und kompliziert genug ist, um nicht nach wenigen Jahren immer weiter nach Osten abzuwandern. Eine Arbeit, die nicht so banal ist, dass jeder sie machen kann, und dann nicht einmal den Unterhalt sichert. Und so wird das Rennen immer schneller, immer atemloser – immer mehr Menschen hecheln dem – vermeintlich von den Chinesen vorgegebenen – Takt hinterher, dass so manchem das »Schaffe, schaffe, Häusle baue« der Schwaben schon wieder irgendwie gemütlich erscheint.

Wenn wir nun also die Kinder betrachten mit ihrem Tempo, mit ihrer Bedürftigkeit nach *Beziehungen* – nach verlässlichen, feinfühligen, authentischen Beziehungen –, mit ihrer Bedürftigkeit auch nach *Zeit*, nach frei schwebender Zeit, ritualisierter Zeit, nach Sinnlichkeit, einfachen, unmittelbaren Erfahrungen – dann wird uns vielleicht klar: Wir haben eine Welt geschaffen, die besser für die Großen taugt als für die Kleinen. Die Welt ist *adultisiert,* wenn man so will – da drückt der dicke Stempel der Großen drauf. Die Kleinen müssen sich anpassen, recht oder schlecht. Ja, wir können vielleicht wirklich bald den Mars besiedeln – aber was haben die Kinder davon?[5]

::: Viele Erwachsene sind durchaus skeptisch, wenn es um unser eigenes Lebensmodell geht. Und doch suchen wir unser Heil darin, die Kleinen immer konsequenter auf dieses Lebensmodell vorzubereiten.

Man kann nur staunen, welche unglaubliche Produktivität wir ständig entfalten: Welche unglaublichen Häuser wir bewohnen. Welche unglaublichen Autos wir fahren. Was wir alles wissen, können und bewegen! Aber vor lauter Bewegen, Können und Wissen sind wir dabei, zu verlernen, was Kinder bewegt.

Das Programm

Wir krempeln die Kinderwelten zu Schulen um – frühe Bildung! Wir belauern schon die Babys, wo sich vielleicht ein Hebel zur Förderung finden lässt – hier ein pädagogisch wertvolles Spielzeug unterbringen, dort ein »falsch« gesagtes Wort korrigieren – liebevoll natürlich. Wir zwingen die Kinder in Konkurrenz. Wir benoten sie, bewerten sie, wir taxieren ihren zukünftigen Marktwert auf Schritt und Tritt. Wir bezeugen ihn sogar nach jedem Schuljahr mit zwei Stellen hinterm Komma. Wir haben ein *Programm* gestrickt, das mit der Kindheit oft nur insoweit zu tun hat, als es während der Zeit stattfindet, in der kleine Menschen nun einmal Kinder sind.

Kein Wunder, dass wir den Kleinen mit gemischten Gefühlen begegnen. Da ist Angst mit dabei – ist es wirklich das Richtige, was wir ihnen bieten? Unsicherheit auch. Wie könnten wir sie auch von Herz zu Herz kennenlernen, wenn wir ihnen wie Ingenieure begegnen – da ein bisschen schrauben, dort ölen, nach diesem Plan, nach jenem Plan? Und natürlich gehört auch viel Ehrgeiz dazu – sie sollen, bitteschön, erfolgreich sein! Dabei haben wir selbst – bei allem Erfolg – auf die naheliegendste aller Fragen keine Antwort: nämlich, wie es einmal für sie weitergehen soll auf der Erde.

»Ich glaube, wir lagen richtig damit, in den Großen die natürlichen Feinde der Kinder zu sehen, denn wir wussten: Sie wollten, dass wir so werden wie sie.« (So der US-amerikanische Schriftsteller Robert Paul Smith 1957 in seinen Kindheitserinnerungen, die wohl nicht umsonst den Titel tragen: Where did you go? Out. What did you do? Nothing)

Anderweitig beschäftigt

Dass die Welt der Kinder naturlos geworden ist, ist also *folgerichtig*. Dass wir das Angebot ausschlagen, macht Sinn. Wo *das Programm* herrscht, herrschen Ziele. Da herrscht das *Damit*. Da geht es um die Vorbereitung auf später – auf den großen Wettkampf. Da gibt es kein freies Herumstromern in der Natur mehr, kein planloses Entdecken im Park oder am Wegrand. Da gerät überhaupt das Fundament des Lebens, das langsame Ruckeln und Zuckeln des Wachsens und Werdens, aus den Augen.

Nein, die Natur ist uns nicht genommen worden. *Wir selbst* haben sie mit Riegeln versehen.

Was uns fehlt, ist die Freiheit, sie zu nutzen. Wir sind anderweitig beschäftigt.

Den Lehrplan schaffen – natürlich drinnen

Dabei nagen durchaus Zweifel an uns. Dass die Kinder immer nur funktionieren müssen, ist uns unbehaglich. Viele Eltern reden dann gerne von früher, von den Abenteuern ihrer eigenen Kindheit. Geben mit leuchtenden Augen Erinnerungen weiter – ihre eigenen Erfahrungen aus erster Hand. Ihre Freiheitserfahrungen. Aber bei allem Bedauern – der Trend wird als unvermeidlich akzeptiert.

Und er ist eindeutig. Eine 1991 veröffentlichte Studie über die Lebensroutinen der Kinder belegt, dass der Aktionsradius der Kinder – also der Raum, in dem sie auf eigene Faust spielen und entdecken dürfen – zwischen 1970 und 1990 auf ein Neuntel zurückgegangen ist. Es ist anzunehmen, dass inzwischen weitere Einbußen dazugekommen sind. Und für viele Kinder kommt inzwischen auch noch eine elektronische Leine dazu – welches Kind ist nicht jederzeit per Handy für seine Eltern erreichbar?

Und so erleben wir offenen Auges einen Prozess, der in der Geschichte der Menschheit in dieser Breite einzigartig ist: die immer schneller voranschreitende Domestizierung der Kinder. Sie werden immer mehr verhäuslicht. Drinnen gehalten.

Und erleben dort interessanterweise Freiheiten, von denen sie in Bezug auf das Leben draußen nur träumen können. Dieselben Hinterhöfe, ungesicherten Baustellen und morschen Äste, vor denen sie da draußen geschützt werden sollen, gibt es ja drinnen auch. Wenn auch in ganz anderer Form. Jedes 8-jährige Kind kann sich problemlos und barrierefrei im Internet jede noch so verunglückte Form des Geschlechtsverkehrs in allen Details ansehen. Die virtuelle Welt ist nun einmal primär eine Welt der Erwachsenen – der allermeiste »Content« wird geschaffen, um direkt oder indirekt Konsumartikel zu bewerben oder zu verkaufen. Sollte es da verwundern, dass die Bedürfnisse der Kinder nur am Rande eine Rolle spielen?

Verlust der Kindheit?

Was das für die Kinder heißt? Zumindest, dass ihr Großwerden im Sog der Erwachsenen anders läuft. Ihre Kindheit ist, bildlich gesprochen, verdünnt. Und verkürzt.

Verkürzt, wie bitte? Stehen unsere Kinder nicht immer später auf eigenen Füßen? Sind sie nicht immer älter, wenn sie – endlich – einen eigenen Haushalt oder eine eigene Familie gründen? Leben sie nicht noch mit 30 im Hotel Mama? Das mag stimmen, wirtschaftliche Selbstständigkeit beginnt heute so spät wie nie zuvor. Aber das hat mit der Kindheit als spezifisch menschlicher Entwicklungs- und Prägungsphase rein gar nichts zu tun. Die Kindheit, von der ich hier rede, ist das seelische, körperliche, geistige Erleben des Kindseins. *Diese* Kindheit ist unter Druck geraten. *Dieses* von Kindern mit Herzenslust selbst verwaltete Reich wird den Kindern streitig gemacht.

Und das nicht mit Zwang oder gar mit Gewalt, wie es etwa zu Zeiten der industriellen Revolution der Fall war, als Kinder billige Arbeitssklaven abgeben mussten und die Kindheit unter dem Druck finanzieller Not regelrecht erstickte. Nein, es ist eine Annexion in bester Absicht – die Kinder sind so viel mit Erwachsenen zusammen, so viel deren Konsum- und Warenwelt ausgesetzt, sie werden so stark für den großen Wettkampf aufgepäppelt und gefördert, dass das Kindliche, das selbst organisierte Kindsein, schlicht auf der Strecke bleibt. Wie oft treffen sich Kinder noch einfach so, um ihre *eigenen* Ziele zu verfolgen? Wie lange spielen Kinder noch mit Puppen? Wie viel spielen sie im Freien? Was dagegen immer geht – weil es bei den Großen so gut ankommt: »gut« sein (zumindest: besser als die anderen), früh sprechen, früh lesen, früh anfangen mit Englisch. Das ganze *Programm* eben.[6]

::: Es ist richtig, dass die Pubertät heute deutlich früher einsetzt als vor zwei oder drei Generationen. Aber es sind nicht nur die Hormone, die unseren Kindern die Kindheit stehlen, es ist unser Denken über Kinder und wie wir den Kindern begegnen – wir haben größte Hast, dass sie möglichst schnell groß werden. Schon bei den Säuglingen setzen wir darauf, dass sie bald »selbstständig« werden – sie sollen ohne Hilfe einschlafen können und sich am besten selber trösten, wenn sie einen Kummer haben. Dann sollen sie möglichst früh in die Schule – damit sie rascher das intus haben, was sie als Erwachsene brauchen. Entsprechend früh werden sie vom Kinderspiel entwöhnt – Puppenspiel etwa gilt oft schon im Kindergarten als peinlich. Wenig verwunderlich, dass sich die Kinder immer früher mit den Insignien des Erwachsenseins auszeichnen wollen:

Handy, Gelfrisur, Schminke, Barbie-Look (gerne auch mit ausgestopftem BH, bevor überhaupt Hormone wirken). Was die hormonelle Beschleunigung nicht geschafft hat, vollenden wir Großen: Wir treiben die Kleinen immer schneller auf ein Zielbild des Lebens hin: das des beruflich erfolgreichen, selbstständigen (und gut aussehenden) Menschen.

Die Kosten

Auch wenn oft so getan wird, als hätten unsere Kinder Wunder was von diesem künstlich beschleunigten Aufwachsen – Zukunftschancen en masse in den Händen, mit denen sie »den Standort« sichern – die Zeichen der Zeit sprechen dagegen. Sind die nach unserem heutigen Bildungsparadigma geformten internationalen Eliten denn wirklich so gut aufgestellt, wenn es um die Gestaltung der Zukunft geht? Wenn man die Chefetagen ausleuchtet – und die jüngsten Krisen waren eine Gelegenheit dazu –, kommen einem Zweifel.

Nein, wir können uns die Verdünnung der Kindheit gar nicht mehr leisten. Denn mit Blick auf die Zukunft – welche Chance haben wir denn als vor uns hin alternde Gesellschaft? Unsere jungen Menschen (nur 16% der Einwohner in Deutschland sind unter 18, Tendenz fallend) werden einen großen Wandel bewältigen müssen. Sie werden eine »Bildung« brauchen, die mehr abdeckt als nur Erfolg nach bewährtem Muster. Es wird nicht reichen, dass wir sie als Kleine in Krippen stecken, die reich sind an großen Worten (»frühkindliche Bildung«!), aber umso ärmer an Betreuung von Mensch zu Mensch. Und es wird auch nicht ausreichen, dass wir sie in irgendwelche Kindergärten schicken, damit sie dort den Großen zuhören und möglichst früh Mathe und Englisch lernen. Was nutzt es denn, wenn sie schneller das Einmaleins können, dafür aber ängstlicher und weniger kreativ sind? Wir werden Menschen brauchen, die wie Bäume in echten Wäldern wachsen: mit dichtem Holz, guter Rinde, tiefen Wurzeln. Lebendige, widerstandsfähige, sozial kompetente, kreative Menschen. Menschen mit einem Fundament.

Um es noch drastischer zu sagen: Die Welt wird sich ändern, weil sie sich ändern *muss*. Unsere Kinder und deren Kinder werden die Antworten finden müssen, die wir Eltern ihnen heute nicht geben können. Sie werden so manche Schuld begleichen müssen, die wir ihnen aufgebürdet haben. Und das in einer Welt, die ohne Illusionen wird auskommen müssen – etwa der, dass es fortwährendes Wachstum gäbe. Wer von ihnen wird noch glauben können, dass es in einer unregulierten Marktwirtschaft um eine bessere Welt geht? Als habe ein von Menschen möglichst wenig gestaltetes System – zufällig – ein menschliches Antlitz? Als entstehe da, wo jeder seinen Eigennutz verfolgt, – zufällig – Gewinn für alle? Wer von ihnen wird noch glauben können, dass bei all dem, was wir da veranstalten, am Ende Freiheit und Wohlstand für alle herauskommen? Nein, unsere Kinder werden das Endlager finden müssen für so manche Annahme, auf die wir leichtfertig gesetzt haben. Sie werden »Elite« neu definieren müssen, über das hinaus, was uns bisher dazu einfiel. Sie werden ein Lebensmodell finden müssen, das zu den Grenzen der Natur passt und zu jenen der Menschen auch.

Sie werden schier Unglaubliches leisten müssen, um solche Antworten zu finden. Sie werden viel Neuland erobern müssen. Sie werden ihre Segel gut brauchen können.

Die Einkürzung der Kindheit, die wir derzeit erleben, wurde in der Geschichte immer wieder erprobt. So wurde im Hochadel des Mittelalters bis weit in die Neuzeit hinein die Kindheit radikal von Erwachsenen gesteuert – die potenziellen Erben und Thronfolger wuchsen in einem pädagogischen Korsett von Ammen, Hofmeistern, Erziehern und Hauslehrern auf. Was dabei an Pathologie und Problemfiguren herauskam, sieht, wer die Geschichtsbücher aufschlägt – viele dieser Idioten in Nerzgewändern schrieben ja Weltgeschichte. Und was für eine!

Also, worauf warten wir? Raus!

Alles spricht dafür: Wir müssen da raus. Wir müssen den Ausbruch organisieren. Den Kindern mehr Freiheit und Raum geben, damit sie ihre Segel hissen können. Wer könnte da ein besserer Komplize sein als die Natur? Das angestammte Lern- und Übungsfeld der Kinder?

Das wird noch Thema in einem eigenen Kapitel sein, aber so viel schon vorweg: Der Ausbruch wird bei uns selbst beginnen müssen.

Welche Bildung suchen wir für unsere Kinder? Was bedeutet für uns Erfolg? Fragen wir die Erzieherinnen in einem neuen Kindergarten als Erstes nach den Englischkursen, die sie anbieten, – oder fragen wir sie, wie viele Waldtage sie machen, ob sie im Park ein Camp haben oder was »Freispiel« für sie heißt?

Und schließlich: Was ist für uns selbst Natur? Wir haben die wuselige Wildheit ja selbst schon ausgeblendet aus unserem Leben, und das liegt nicht nur an der Verdichtung der Zeit, der Verstädterung und so weiter. Das ist auch ein innerer Prozess. Wie wir außen die Fluren *bereinigt* haben (waren sie vorher unrein?), so haben wir uns selbst immer mehr eingehegt, entfremdet, von den wilden Hecken und Ecken verabschiedet. In welchem Garten darf es denn auch mal munter vor sich hin schäumen?

Lebenswelten verändern

Raus! Das ist nur zu schaffen, wenn die KiTas und die Schulen mitziehen, denn Kinder verbringen nun einmal einen immer größeren Teil der Kindheit in pädagogischen Einrichtungen. Und gerade in den KiTas werden ihnen dort immer mehr Programme vor die Nase gesetzt – da soll das gefördert, jenes gefördert und alles natürlich auch dokumentiert werden: die Sprache, die Bewegung, die Sozialkompetenz, das naturwissenschaftliche Grundverständnis, das Zahlenverständnis sowieso, und immer setzen sich damit irgendwelche Experten und Fachgruppen in Szene, die auch gleich noch ihre Fachkräfte und Helfer in den Kindergruppen unterbringen wollen: als Trainer, als Lehrer, als Animateure … Das ganz normale Zusammenleben von Erzieherinnen und Kindern, das gemeinsame Gestalten und Erleben werden durch die Mangel gedreht. Die Erzieherinnen werden bei diesem pädagogischen Würgegriff genauso ausgequetscht und als Erfüllungsgehilfen missbraucht, sie sollen den »adipösen Bildungspanikdrachen« (Anke Ballmann) mit den Kindern füttern und dann auch noch den Eltern gegenüber so tun, als sei das genau das, was Kinder eigentlich brauchen. Auch da kann es nur in eine Richtung gehen: Raus! Dort draußen ist alles, was drinnen mühsam zusammengestückelt werden muss – dort draußen ist Bewegung, da ist Sprache, da ist Sozialkompetenz, da ist Naturwissenschaft!

Und auch die Schulen brauchen die Natur als Komplizin. Dass Kinder eine Dreiviertelstunde an ein und derselben Stelle sitzen – schon das ist eine Anomalie, auf die Kinder sich von sich aus nicht einlassen würden. Die Dauer der Schulstunde jedenfalls wurde ganz sicher nicht auf das Kind zugeschnitten (sonst müssten z. B. jüngere Kinder kürzere Schulstunden haben). Ja, sie ist überhaupt nie auf ihren pädagogischen Wert überprüft worden, sondern ist ein Überbleibsel des Lebensrhythmus in Klöstern. Und der war an Erwachsenen – zudem oft an Greisen – ausgerichtet. Kein Wunder, dass so viele Kinder in der Schule unbewusst dem Anti-Atomkraft-Slogan folgen: Abschalten! Nur: Warum geben wir uns mit diesem Programm zufrieden? Warum denken auch viele Lehrer nicht weiter? Jeder schwärmt davon, welche Entwicklung Kinder im Schullandheim durchmachen. So etwas auch in den Routinebetrieb reinzukriegen, das wäre doch eine tolle Sache! Ein Schulgarten natürlich auch! Aber wie schaffen wir dann den »Stoff«?

Ohne den »Stoff« neu zu fassen, wird *nichts* gehen. In den Schulen nicht, in den KiTas nicht. Und zu Hause auch nicht.

MITGEFÜHL

Wenn wir oder unsere Kinder und Enkelkinder noch am Ende unseres Jahrhunderts auf unserer Erde leben wollen, müssten wir langsam damit aufhören, diesen Planeten in einen Ort zu verwandeln, wo all das weitgehend verloren gegangen ist, was unsere bisherige Entwicklung ermöglicht hat: fruchtbare Böden, sauberes Wasser, gesunde Luft, und nicht zuletzt die unglaubliche Vielfalt an Lebensformen, die sich hier auf der Erde herausgebildet hat und aus der auch wir hervorgegangen sind. Wir könnten nicht leben ohne die Pflanzen, nicht ohne die Tiere, ja noch nicht einmal ohne die Mikroben, die es alle schon lange vor uns gab und mit denen wir viel enger verbunden und von denen wir viel abhängiger sind, als wir uns das selbst einzugestehen bereit sind. Ebenso wenig, wie es ein Gehirn gibt, das ohne Körper existieren kann, und ebenso wenig, wie ein einzelner Mensch ohne andere Menschen zur Welt kommen kann, sich bestimmte Fähigkeiten anzueignen, zu überleben und sich fortzupflanzen imstande ist, gäbe es auch uns als Gattung Homo sapiens nicht ohne diesen wunderbaren blauen Planeten und all die vielfältigen Lebensformen, die sich unter den besonderen Bedingungen entwickeln konnten, die es hier gab.

Wir sind also alle nur eine von vielen Lebensformen, die einander brauchen, die voneinander abhängig und miteinander verbunden sind. Aber wir sind die einzige Lebensform, die dazu in der Lage oder, schlimmer noch, die seit einiger Zeit bereits dabei ist, nicht nur ihre eigene Lebensgrundlage, sondern auch die aller anderen Lebensformen zu zerstören. Noch ist es nicht so weit, noch halten sich die Auswirkungen unserer destruktiven Handlungen in Grenzen, noch können wir uns gegenseitig glauben machen, wir hätten alles im Griff und der von uns angerichtete Schaden ließe sich begrenzen. So mag es auch noch einige Zeit weitergehen, aber eben nur so lange, bis unsere Kinder und Enkelkinder immer deutlicher zu spüren bekommen, dass es so eben nicht weitergehen kann.

Deshalb ist es an der Zeit, dass wir uns nicht nur bewusst werden, wie weit wir schon damit vorangekommen sind, diesen Planeten zu einem von uns verwüsteten Ort zu machen, sondern dass wir Menschen auch als einzige Lebensform in der Lage sind, die Auswirkungen unseres Tuns zu erkennen und unser Denken, Fühlen und Handeln zu ändern. Dann könnten wir auch die Verantwortung für den Erhalt und die Wiederherstellung einer Lebenswelt übernehmen, die nicht nur unseren eigenen Nachkommen, sondern auch denen aller anderen Lebensformen ihr Überleben und ihre Weiterentwicklung ermöglicht.

Wir könnten, wenn wir wollten. Aber wir tun es nicht. Weil man nur das wollen kann, was einem wirklich am Herzen liegt. Wir wissen und können jedem Kind erklären, dass wir so, wie wir gegenwärtig leben, nicht ewig weitermachen können. Aber wir fühlen es nicht. Es geht uns nicht unter die Haut, es rührt nicht unser Herz an. Also machen wir alle so weiter wie bisher. Ohne ein allzu schlechtes Gewissen, ohne ein quälendes Gefühl, ohne Bauchschmerzen und Herzbeklemmungen, ohne weiche Knie und ohne schweißkalte Stirn.

Wir wollen, dass unsere Kinder und Kindeskinder sich auf diesem Planeten zu Hause und geborgen fühlen, dass sie ihre vielfältigen Talente und Begabungen entfalten und ein glückliches Leben führen können. Wir wollen nicht, dass sie später einmal anklagend mit dem Finger auf uns zeigen und ratlos vor dem stehen, was wir aus unserer Erde gemacht haben. Aber wir tun nichts. Weil uns diese Vorstellung nicht wirklich unter die Haut geht. Bis es so weit ist, sind wir lange tot. Wir reden viel von Verantwortung, aber wir übernehmen sie nicht. Es geht uns nicht unter die Haut. Es stockt uns nicht der Atem, wenn wir die nächste Urlaubsreise ans andere Ende der Welt buchen. Wir wachen nicht schweißgebadet auf, weil unsere Enkel uns im Traum gefragt haben, weshalb es keine Maikäfer mehr gibt. Wie viele Kinder, die morgen diese Welt gestalten werden, wachsen heute in menschenunwürdigen Verhältnissen, in Slums und auf Müllhalden auf, wo sie ihre wichtigsten Erfahrungen sammeln und in ihrem Gehirn so tief verankern, dass sie zeitlebens ihre inneren Einstellungen, ihre Vorstellungen und Erwartungen bestimmen werden.

Wir können alles vermessen und dokumentieren, wir können es uns gegenseitig vorrechnen und es uns immer wieder anschauen, aber wir fühlen es nicht. Nicht so, wie wir es fühlen müssten, damit wir uns ändern.

Wir haben unsere Fähigkeit verloren, nicht nur mit anderen Lebewesen, sondern auch mit unseren Artgenossen, sogar mit den Kindern, die in unsere Welt hineinwachsen, mitzufühlen. Nicht sie in Gedanken zu bedauern, nicht sie lautlos zu bemitleiden, sondern uns in ihre Situation hineinzufühlen, zu spüren, was sie bewegt, was ihnen fehlt und was wir tun könnten, damit es ihnen gut geht. Wenn wir wirklich Mitgefühl empfänden, wären wir auch bereit, uns selbst und unseren Lebensstil zu ändern.

Dass es geht, dass man sich selbst, dass man manche in unseren Gehirnen entstandenen Verschaltungsmuster bis ins hohe Alter verändern, umbauen, neu verkoppeln, erweitern und ergänzen kann, haben die Hirnforscher inzwischen längst nachgewiesen. Aber damit sich im Hirn noch einmal etwas verändert, hilft eben kein Gedächtnistraining, auch kein gutes Zureden, auch keine Androhung von Strafen oder das In-Aussicht-Stellen von Belohnungen. Damit sich im Gehirn, im Frontalhirn, noch einmal etwas umstrukturiert und man seine bisherigen inneren Einstellungen und Haltungen, seine Lebensweise verändern und Verantwortung für sich selbst und für andere übernehmen kann, müsste es zu einer Aktivierung der emotionalen Bereiche in unserem Hirn kommen. Es müsste uns also hinreichend tief unter die Haut gehen, in die Gebeine fahren und ins Herz stechen. Aber das passiert eben nicht, wenn man sich nur Gedanken über andere Menschen und andere Lebewesen macht, auch nicht, wenn man sie betrachtet und über sie redet. Das geschieht nur dann, wenn man fühlt, was sie empfinden, wenn man mit ihnen mitfühlt.

Kleine Kinder können das noch. Die spüren noch ganz genau, wenn es der Mama nicht gut geht, wenn sie Sorgen oder Angst hat. Auch dann, wenn die Mama so tut und redet, als wäre alles in Ordnung. Mitgefühl ist also etwas, was man nicht erst lernen, was einem Kind nicht erst »beigebracht« werden muss. Vielmehr müssten wir eher dafür sorgen, dass es unseren Kindern nicht verloren geht. Der Umstand, dass so viele Kinder beim Hineinwachsen in unsere Welt diese Fähigkeit verlieren und als Erwachsene kaum noch Mitgefühl besitzen, deutet schon darauf hin, dass es offenbar leichter ist, diese besondere Begabung zu unterdrücken, als sie zu erhalten. Und angesichts der Erfahrungen, die Kinder beim Heranwachsen mit anderen Menschen machen, der Bilder und Berichte menschlichen Elends, die sie aus aller Welt täglich vorgeführt bekommen und die kaum auszuhalten sind, ist es kein Wunder, wenn Kinder recht schnell lernen, ihr Mitgefühl zu unterdrücken. Und wenn man das oft genug gemacht hat, dann ist es irgendwann weg. Dann sind unsere Kinder ebenso wenig mitfühlend geworden wie wir – und dann können sie ohne Bauchschmerzen und Herzrasen all dieses Elend anschauen, so wie wir. Und genauso weitermachen wie wir.

Dennoch gibt es Hoffnung, dass es Kindern möglich ist, aus diesem ewigen Kreislauf über Generationen hinweg überlieferter Gleichgültigkeit herauszufinden. Nämlich dann, wenn es ihnen zumindest in einem Bereich möglich gemacht wird, ihr Mitgefühl zu erhalten.

Das ist fast überall dort nicht der Fall, wo sie erleben, wie unaushaltbar schmerzhaft es ist, mitzufühlen, was anderen Menschen in dieser Welt angetan und zugemutet wird. Aber es geht überall dort, wo sie die Erfahrung machen können, wie beglückend und bereichernd es ist, wenn man mitfühlend ist. Wo man mitfühlen kann, ohne dass sich dabei das Herz verkrampft: beim Umgang mit und der Beziehung zu Tieren. Immer dann, wenn Kinder sich in ihren Hund, ihre Katze, ihr Pferd oder was auch immer für ein Lebewesen, sogar in eine Topfpflanze, hineinversetzen und zu spüren, mitzuempfinden versuchen, wie es diesem Gegenüber wohl gehen mag, erleben sie diese Fähigkeit als eine Bereicherung. Dann fühlen sie sich durch ein unsichtbares Band mit diesem anderen Lebewesen verbunden, dann erspüren sie, wie es diesem geht und was es braucht: Das stärkt nicht nur ihre Beziehung zu dem Lebewesen, sondern führt auch dazu, dass sich beide wohler fühlen und einander vertrauen. Und diese durch Mitgefühl entstehende Verbundenheit, die das Kind dann dem betreffenden Lebewesen gegenüber empfindet und erlebt, hat zur Folge, dass das Kind nun auch Verantwortung für das Wohlergehen dieses Tieres oder dieser Pflanze übernimmt. Nicht deshalb, weil es muss, sondern weil es selbst das will. Nicht aus rationalen Gründen, sondern aus einem emotionalen Bedürfnis heraus.

Kinder, die zumindest in der Beziehung zu anderen Lebewesen die Erfahrung machen konnten, dass ihr Mitgefühl sie selbst glücklich macht und ihr Leben bereichert, müssen diese Fähigkeit nicht unterdrücken.

Meist gelingt es ihnen später im Leben, dieses Mitgefühl auch auf ihre Beziehung zu anderen Lebewesen und zu anderen Menschen zu erweitern. Dann werden ihnen auch der Schutz und die Aufrechterhaltung der Vielfalt an Lebensformen und menschlichen Kulturen am Herzen liegen. Und dann werden sie auch bereit sein, ihr Leben so zu gestalten, dass all das, was diese Erde hervorgebracht hat, nicht länger von den Aktivitäten einer Spezies infrage gestellt wird, der genau das weitgehend abhandengekommen ist, was diese Lebensform von den Tieren und Pflanzen unterscheidet: die Fähigkeit, mitzufühlen, wie es einem anderen Lebewesen geht.

FÜNF DAS GROSSE DRINNEN. VON COMPUTERN UND KINDERSPIELEN

»Ich erlebe die Jugend heute als außerordentlich reizend. Eigentlich so wie immer. Es gibt ein paar Schwachköpfe, einige aggressive Randalierer, ein paar, die völlig stulle sind und es im Leben zu nichts bringen werden, außer dass sie den Mitmenschen auf die Nerven fallen. Und es gibt viele, die reizend sind, neugierig, und die glauben, die Welt ändern zu können. Alles wie gehabt. (…) Seien wir doch einfach ruhig und betrachten die jungen Menschen als einen Teil von uns. Als einen Teil, den wir lieben und beschützen müssen, aber nicht vor dem bösen Internet, sondern vor Erwachsenen. Wie uns.« SIBYLLE BERG

Der Druck auf die Kindheit kommt aber nicht nur von den Erwachsenen. Es gibt einen zweiten Grund, warum der Treck der Kinder von draußen nach drinnen geht und nicht umgekehrt: Die Welt da drinnen ist schlicht und einfach attraktiver geworden. Freier. Spannender. Vernetzter. Mussten Kinder früher raus, um sich zu treffen und ihr eigenes Ding zu drehen, so haben sie heute eher drinnen sturmfreie Bude – die Eltern sind ja bei der Arbeit, auf Fortbildung oder im Yogakurs. Treffen können sich die Kinder auf Facebook. Und jeder Bildschirm, der da rumsteht, bietet Einlass in eine Welt voller Spiele, voller Geschichten, voller Abenteuer. Immer mehr und immer jüngere Kinder haben einen solchen Bildschirm direkt in der Tasche.

Sind damit die großen Geschichten vollends nach drinnen umgezogen?

Mitten in einem Buch über die Natur landen wir also bei Computern, Internet und Co. Dass das ansteht, ja, sogar unvermeidlich ist, weiß jeder, der mit Kindern zu tun hat. Es ist – auch das weiß jeder, der mit Kindern lebt – kein einfaches Thema. Deshalb eine Warnung vorweg: Dieses Kapitel liefert keine steilen Thesen – weder von digitaler Freiheit noch von digitaler Demenz. Es liefert auch keine Rezepte, etwa, wie viele Stunden am Computer nun in welchem Alter in Ordnung sind. Es wird stattdessen den in diesem Buch bisher gegangenen Weg fortsetzen – den Weg dicht an der kindlichen Entwicklung entlang. Es wird dabei – und das darf gerne überraschen – darum gehen, wie Kinder sprechen lernen, wie sie eine »Theorie des Geistes« aufbauen, wie sie ihre Fantasie nutzen.

Und das, jawohl, mitten in einem Buch über die Natur.

Belohnungen

Fliegen wir noch einmal in der Vogelperspektive bei den *Quellen* vorbei, die uns in Kapitel 2 (S. 43 ff.) begegnet sind. Die Quellen, aus denen Kinder schöpfen, um ihr »Fundament« zu bilden: *Unmittelbarkeit, Freiheit, Widerständigkeit, Verbundenheit*. Wann immer sie können, bedienen sich die Kinder daraus – ob draußen oder drinnen. Die Spielforschung zeigt, dass Kinder tatsächlich dann am meisten Freude an ihrem Spiel haben, wenn sie immer wieder solche stärkenden Grunderfahrungen machen können – sie fühlen sich da besonders wohl, wo sie elementare, unmittelbare Erfahrungen machen können, wo sie sich als wirksam erleben, wo sie die Spielabläufe frei bestimmen und variieren können und wo sie in Verbindungen mit anderen Menschen (oder auch Orten und Geschichten) treten können.

Wir wissen heute aus der Neurobiologie, wie der Zaubertrank wirkt, den sie aus diesen Quellen trinken. Die guten Erfahrungen, die mit ihnen verbunden sind, beeinflussen den Gehirnstoffwechsel und regen die Bildung des Überträgerstoffes Dopamin an. Dieses wirkt auf das »Belohnungszentrum« des Gehirns, es bringt es sozusagen zum Glühen. Und dieses Glühen wirkt wie eine Streicheleinheit auch auf das übrige Gehirn. Es *lernt* jetzt besser, merkt sich Zusammenhänge leichter, empfindet tiefer.

Die Zauberkraft der Medien

Diesen Zaubertrank ziehen Kinder (und Erwachsene) aber nicht nur aus der realen Welt, sondern auch aus *Geschichten*. Kinder wie Erwachsene durchleben Geschichten, durchleiden Geschichten, ja, sie weiden sie regelrecht aus. Ganz so, als ob es sich dabei um die Realität handeln würde! Was andere sich ausgedacht haben, kann offensichtlich unser Herz und unsere Seele in ganz ähnlicher Weise berühren, wie das unsere ureigenen Erfahrungen tun. Kein Zufall, dass wir Menschen so sehr auf Geschichten stehen! Und selbstverständlich sind die Geschichten dann am packendsten, wenn sie die Zutaten enthalten, die auch in unserer eigenen Realität das Belohnungszentrum unseres Hirns zum Glühen bringen – wenn sie also von Wirksamkeit handeln, von Überwindung von Widerständen, von Zugehörigkeit und Geborgenheit.

Kein Wunder, dass die Kinder so oft »Noch mal« sagen! Noch einmal über diese magische Brücke wandeln! Noch einmal runterschauen, rechts und links, Angst und Mut zugleich empfinden. Noch einmal von diesem magischen Elixier trinken. So schaffe ich den Weg.

Technisch optimierte Erzählweisen

Und damit sind wir bei den Medien. Schon die ersten Erzählungen am Lagerfeuer waren im Grunde ja »Medien«. Mittler also zwischen nicht selbst Erlebtem – dem Virtuellen – und unserer Eigenwelt: unseren Empfindungen, Gefühlen und Gedanken. Schon immer war da Platz für Ausschmückungen, für Deutungen und Umdeutungen, Wertungen und Bewertungen, für Fantastisches und Weithergeholtes – für Geschichten eben. Und die Menschen konnten nicht genug bekommen von diesem virtuellen Schatz, der ja auch in Liedern, Tänzen, Spielen, Mythen und Märchen abgelegt wurde. »Noch einmal!«, »Weiter!« waren bestimmt auch die am steinzeitlichen Lagerfeuer am häufigsten geäußerten Wünsche.

Dann bekamen die Geschichten Flügel. Zuerst durch die Erfindung der Schrift, dann durch den Buchdruck. Später kamen fremde Stimmen dazu, das Telefon, das Radio, das Tonband, und schließlich Bilder, die dann irgendwann sogar das Laufen lernten und über Leinwände huschten, dann über Fernsehschirme und Computermonitore – und jetzt kommen die Bilder sogar über Brillengläser und von dort direkt in unser Auge. Ja, mancher träumt schon von direkt auf der Netzhaut angebrachten Computerchips.

Wir Menschen leben von Geschichten. Ja, wir erzählen uns im Grunde beständig selbst Geschichten. Kaum kommen wir ein bisschen zur Ruhe, galoppiert unsere Fantasie schon über die wundersamsten Bühnen. Unser Gehirn ist eine regelrechte Geschichtenerzählmaschine! Und sie arbeitet sogar, wenn wir schlafen. Kein Wunder wird vermutet, dass die Welt dann untergehen wird, wenn alle Geschichten erzählt sind.

Meinungen und Warnungen

Und damit sind wir bei einer wichtigen Frage: Was machen die mit immer neuen technischen Hilfsmitteln veränderten Erzählweisen mit uns? Wie verändern sie unsere Welt? Wie verändern sie uns selbst? Was bedeutet es, ob wir unsere Geschichten über die Ohren, die Augen, in 2-D oder in 3-D aufnehmen? Analog oder digital?

In der Regel war als Antwort immer eine große, dicke Warnung zu hören: Vorsicht vor dem neumodischen Kram! Schon Plato warnte vor dem Lesen – es töte das Gedächtnis und die Fähigkeit, zu argumentieren. Die gebildete Mittelschicht (zumindest deren männlicher Teil) war bis Anfang des 20. Jahrhunderts von der Sorge umgetrieben, die leicht verführbare Damenwelt könne durch die Lektüre von Romanen moralischen Schaden nehmen und in ihren Pflichten als Ehefrau und Mutter nachlassen. Da lag die Forderung auf der Hand: Grenzen setzen! – und tatsächlich meinten damals nicht wenige Männer, die Medienproblematik durch ein Verbot von Schulbildung für Mädchen lösen zu können. (Das stand auch aus einem anderen Grund an: »Je besser die Schulen werden, desto (...) geringer die Milchabsonderung«, meinte der Arzt Dr. Möbius in seinem 1900 erschienenen Buch »Über den physiologischen Schwachsinn des Weibes« und gibt damit einen Hinweis, dass es sich durchaus lohnt, Inhalt und Medium jeweils gesondert zu betrachten.) Auch vor den ersten Kinos wurde gewarnt – die bewegten Bilder würden die Zuschauer bestimmt verrückt machen. Comics waren erst recht des Teufels, die Leser würden dadurch simpel und undifferenziert – wie die Comicfiguren eben. Noch stärkere Geschütze wurden gegen das Radio aufgefahren: Es nehme den Kindern ihr inneres Leben. Und noch vor 50 Jahren sah eine ganze Elterngeneration die Bildungskarrieren ihres Nachwuchses in Gefahr, weil ihre Kinder fest in die Hand eines zweifelhaften Mannes zu geraten drohten: Karl May.

Müssen wir uns also nur an die jeweils neuen Medien gewöhnen? Gehört zu den Medienrevolutionen vielleicht einfach dazu, dass wir zuerst klagen – und wenig später über unsere Klage herzhaft lachen? Liegen also die Eltern falsch, die sich Sorgen machen wegen World of Warcraft, Nintendo und Facebook?

Ja und nein.

Unberechtigte Sorgen

Sie liegen falsch, weil viele ihrer Sorgen tatsächlich einer Grundlage entbehren. So werden den Neuen Medien oft pauschal minderwertige Inhalte unterstellt. Aber warum sollte eine neue Erzählweise gleich die Geschichte verderben? Warum sollte eine Geschichte auf Papier denn besser sein als dieselbe Geschichte auf einem Bildschirm? Schon mal in eine dieser »Frauenzeitschriften« reingeblättert? Bis heute schützt uns niemand vor deren hirnlosen Kampfberichten von der Zellulitis-Front. Und was, bitte schön, soll daran schlimm sein, dass es im Netz (wie der Internetkritiker Geert Loovink beklagt) vor allem um »Selbstdarstellung und Selbstreflexion« geht? Ist es etwa spannender, auf bedrucktem Papier über die neueste Entziehungskur irgendeines »Stars« zu lesen (oder davon im Radio zu hören)?

Und viele der Gefahren, die heute den Neuen Medien angelastet werden, sind in Wirklichkeit alles andere als neu. Dass der Konsum von Medien die Zeit für andere (möglicherweise »sinnvollere«) Aktivitäten begrenzt: Sehr richtig beobachtet – aber das war auch schon so, als die Kinder mit einem Buch in der Hand einen Indianerstamm nach dem anderen bezwangen (übrigens nicht immer gewaltfrei). Oder als sie mit Hanni und Nanni das Internat statt des Internets besuchten.

Sogar die Flucht aus der Realität, dieser vermeintlich aktuellste aller Vorwürfe! Nun, die ist eindeutig der Geschäftszweck aller Medien. Bei jedem guten Buch hat man eine Hand am Kragen, die einen partout nicht in die Wirklichkeit zurücklassen will. Alle Medien liefern – wenn Könner am Werk sind – Unfassbares. Stoff also, der größer ist, besser, schöner und schrecklicher als das Leben.

Ein anderer Vorwurf wird gerne mit Stimmen aus der Hirnforschung unterlegt – und ist trotzdem zu pauschal, um wahr zu sein. Nämlich, dass Computer den Kindern die Erwartung einer »instant gratification« antrainierten – also der sofortigen Belohnung für ihre Handlungen und Leistungen. Das nagle sie auf kurzfristige Ziele fest und grabe langfristigem Denken das Wasser ab. »Ich fürchte«, sagt etwa die Hirnforscherin Susan Greenfield, »dass die Menschen der Zukunft infantilisiert sein werden und wie Kleinkinder in einer Welt des Wortwörtlichen leben. Sie reagieren richtig und schnell auf Inputs aus dem Computer, aber sie verlieren die innere Einsicht, die menschliches Wissen seit Jahrtausenden charakterisiert.« Wo nicht weniger als der Untergang des Abendlandes an die Wand gemalt wird, dürfte ein Blick auf »den Computer« nicht schaden. Natürlich kommen aus dieser Maschine viele Spiele, bei denen es um »instant gratification« geht – in etwa wie bei Elfer raus und Mau-Mau. Aber aus dieser Maschine kommen eben auch eine Menge Kleinkunst, Mikrokunst, Ideen zum Selbermachen, Briefe, Geschäftsideen, Blogs, Initiativen zur Rettung der Welt (und zwar nicht nur vor der Zellulitis), von Schülerinnen entworfene Mode, von Studenten entwickelte Mitfahrzentralen, und für eine ganze Menge von Menschen kommt daraus sogar die einzige Hoffnung, dass ihre Kinder sich einmal in der globalisierten Welt ein Plätzchen schaffen können. Da ist ein Pauschalurteil gegen »den Computer« schon sehr mutig.[7]

Die Neuen Medien verdienen aber auch in einer anderen Hinsicht Verteidigung. Ihnen werden nämlich oft Probleme angelastet, für die sie gar nicht verantwortlich sind. So ist heute angeblich der ungeschützte Verkehr mit Computer und Internet daran schuld, dass unsere Kinder dick, faul und verhaltensgestört sind. Insbesondere der angebliche Zusammenhang von Aggression und Computerspielen wird so eifrig als gegeben angenommen, dass sich eine Mutter in einem Leserbrief zu der (ironischen) Frage gedrängt sah: »Ich warte nur darauf, dass eines unserer Kinder staunend fragt: Wie hat eigentlich die Generation unserer Großeltern den Zweiten Weltkrieg hingekriegt ohne ein einziges Computerspiel als Vorlage?«

Medienbashing ist einfach – zu einfach. Dass die kindliche Entwicklung hier und da unter Druck steht, ist richtig. Aber das liegt an der Welt als Ganzer, in der Kinder leben und aufwachsen. Hinter den meisten Entwicklungsproblemen stehen eindeutig und nachweislich *Beziehungsprobleme* – also eine Verarmung der unverhandelbaren Matrix an wertschätzenden (und deshalb aufwertenden) Bezügen und Verbindungen, die die kindliche Entwicklung nun einmal tragen. Die Kinder sind nicht deshalb »gestört«, weil auf einmal der Geist des Internets aus der Flasche kam. Problematische Persönlichkeiten entstehen nicht dadurch, dass Kinder problematische Fernsehsendungen anschauen, sie entstehen durch eine problematische Sozialisation.[8]

Und das gilt selbst für das schrecklichste aller Kapitel in Sachen kindlicher Probleme – die jüngsten Amokläufe. Ursächlich bei diesen grausamen Taten, das zeigt die Analyse der Biografien der Täter, sind die deformierten Beziehungen, die diese Kinder in ihrem Leben erfahren haben – von familiären Bindungsstörungen über schwere Kränkungen im Alltag bis hin zu Missbrauch. Noch einmal: Da stimmt es mit den *Beziehungen* nicht. Es wäre tragisch, ja unverantwortlich, die soziale Verwahrlosung, die diese Kinder erfahren haben (und auch die dahinterstehende gesellschaftliche Problematik) einfach als Medienproblem abzuhaken. Natürlich haben viele der Täter exzessiv elektronische Medien genutzt (aber eben nicht alle) – die meisten auch in Form von Gewaltspielen (aber eben auch nicht alle). Dass der Konsum von Wirksamkeitsspielen bei diesen Kindern aus dem Ruder gelaufen ist, ist vor allem und als Erstes ein Symptom tiefer liegender Probleme und nicht deren Ursache (was nicht heißt, dass Gewaltspiele deshalb gut und richtig sind, aber darum geht es hier nicht).

Kein Freispruch

Also Freispruch für die Neuen Medien? Nein. Auch wenn die genannten Vorwürfe der Grundlage entbehren – viele andere Sorgen der Eltern sind berechtigt, und wir sollten sie ernst nehmen.

Da ist zum einen der Vormarsch zu den Kleinen. Ziel der Geräteentwickler ist die intuitive und möglichst einfache Bedienung. Das haben schon die kleinen Kinder drauf, tatsächlich ist bei den neuen Tablets und Smartphones die Bedienung selbst für kleinste Patschefinger kein Problem mehr, und sprechen kann man mit den kleinen Dingern ja auch. Musste früher mit einem steinerweichenden »Noch mal!« gebeten und gebettelt werden, damit das Dopamin im Kopf noch eine Runde fließen durfte, sitzt das Kind jetzt selbst am Drücker und kann sich seine Abenteuergeschichten per Touch oder Sprachbefehl abrufen. So praktisch das ist, birgt dies doch eine Gefahr – nämlich die des »beziehungslosen« Konsums (das wird uns noch beschäftigen).

Das Fesselungspotenzial ist erheblich. Das Sinnen und Trachten der Medienentwickler ist es, dem Nutzer eine optimierte Erlebniswelt zu liefern – also eine Welt, in der das Dopamin möglichst leicht und möglichst hochkonzentriert zu fließen beginnt. Da kommt die neue Möglichkeit, den Nutzer mit der digitalen Welt direkt interagieren zu lassen, wie gerufen. Joystick, Maus oder Tastatur schaffen ja eine regelrecht sinnliche Verbindung zwischen dem eigenen Körper und dem Spielhelden. Und durch die Möglichkeit, sich online zu vernetzen, kommen sogar die sozialen Bedürfnisse zum Zug. Der Spieler kann sich als Teil eines Stammes fühlen und zusammen mit diesem für die gute Sache kämpfen. In nicht wenigen Spielen bestimmen die Nutzer damit praktisch selbst, wie viel Zaubertrank sie sich einverleiben – und da geht es jetzt geradezu um ein Zaubertrank-Konzentrat! Dopamin pur! Und wenn uns das jetzt an die potenzierte Welt der Süßigkeiten erinnert, dann deshalb, weil hier ganz genau dieselben Prinzipien am Walten sind: Lockte der Zucker die Kinder früher zu den reifen Beeren (und vielleicht mal zu einem Bienennest), zieht er sie heute zu Snickers, Mars und Co. Und eben weil diese so überirdisch lecker sind, kleben sie daran auch allzu gerne fest. Dasselbe bei den digitalen Versuchungen: Immerhin gehen 3 bis 5% der Kinder den Wirksamkeitsspielen so auf den Leim, dass sie *spielsüchtig* werden, d.h. dass sich ihr Tagesablauf und ihr Lebensinhalt praktisch immer nur um diese Spiele drehen.

Das eingebaute Übernutzungspotenzial mag auch damit zusammenhängen, dass es bei vielen Spielen einen Schluss gar nicht mehr gibt. Bei den realen Spielen, von Fang den Hut bis Mühle, galt: Schluss war dann, wenn nur noch ein Hütchen im Spiel ist. Selbst die Bibliothek der Karl-May-Bücher war irgendwann zu Ende gelesen. World of Warcraft oder andere Onlinespiele jedoch gehen auch nach Mitternacht weiter. Und es fehlt nie an Mitspielern. Selbst wenn da jemand aufs Klo muss, das Spiel läuft weiter.

Überall dabei. Genauso wie Smartphone & Co ließen sich auch Bücher überallhin mitschleppen. Nicht jedoch ganze Bibliotheken und Mediatheken. Wenn demnächst jedes Handy auch noch mit einem Beamer ausgestattet sein wird, ist praktisch an jeder glatten Oberfläche großes Kino möglich. Und große Spiele auch. Die Film- und Spielbibliothek dafür hat immer offen – per Breitband-Stream kann in Sekundenschnelle auf praktisch jede digitale Anwendung dieser Erde zugegriffen werden. Zumeist sogar kostenfrei. Das muss nicht heißen, dass dann überall immer nur gedaddelt oder geglotzt wird – aber ins Medien-Schlaraffenland ist die Gefahr der Übernutzung selbstverständlich mit eingebaut.

Und die Inhalte?

Und dann wäre da noch die Frage der Inhalte – von jeher eigentlich eine der ganz zentralen Fragen der Erziehung: Welche Inhalte und Erfahrungen sind für mein Kind richtig? Welche nicht richtig? Je nachdem, wie diese Fragen beantwortet wurden, wurde die Welt dann eingerichtet. Die Eltern versteckten ihre allzu offenherzige Lektüre hinterm Sofa, die Reizwäsche lag auch nicht im Schrank bei den Hemden (von der Peitsche ganz zu schweigen). Das Verstecken galt aber auch als wichtige gesellschaftliche Aufgabe – da gab es etwa ein Jugendschutzgesetz, das dafür sorgte, dass sich auch die Läden und Lokale der Republik an die »richtige« Auswahl hielten. Schon sich den legalen Stoff am Kiosk zu organisieren war da eine Art Mutprobe.

Heute ist die Lage anders – die Kinder kommen sowieso an alles ran, und zwar barrierefrei – an den allermeisten Inhalten hängt nicht einmal mehr ein lästiges Preisschild. Die Welt ist durch das Internet sozusagen gläsern geworden. Die Frage, welche Inhalte für Kinder entwicklungsgerecht sind, wurde früher zwar auch meist recht willkürlich (und oft falsch) beantwortet. Aber heute wird sie zumindest auf gesellschaftlicher Ebene gar nicht mehr *gestellt*. Heute kann jedes Kind, wenn es nur will, sich anschauen, was bei einem Gangbang so alles passiert. Es kann an Schlachten teilnehmen, gegen die die Nibelungensage eine Gutenachtgeschichte ist. Und während es mit der Tastatur klimpert, wird es auch noch per Dauerwerbung auf allen Kanälen in eine andere Geschichte hineingezogen – in die schleichende Ausbildung zum willigen und allzeit bereiten Freischärler der Konsumgesellschaft.

Zugegeben, manches ist hier überzeichnet. Aber vielleicht ist das auch gut so. Denn obwohl nicht wenige Wissenschaftler sich damit befassen, ob und in welcher Weise sich Kinder durch den Konsum der Neuen Medien ändern – Tatsache ist 25 Jahre nach Beginn der Digitalisierungswelle: Wir wissen es nicht. Das liegt in dem Thema selbst begründet. Man kann nun einmal keine sauberen Experimente machen, in denen man Kinder unterschiedlichen Gewohnheiten zuordnet und nach vielen Jahren dann das Resultat vergleicht: Kinder, die montags geboren werden, landen in der Hoch-Konsum-Gruppe, die dienstags Geborenen betreiben wenig Konsum und so weiter ... In Wirklichkeit landen die Kinder eben nicht per Zufall in der einen oder anderen Gruppe, sondern wegen und mitsamt ihrer ganzen Lebensumstände, wegen und mitsamt ihrer ganzen Persönlichkeit, wegen und mitsamt ihrer ganzen Probleme. Das ist der Grund, weshalb sich die Studien zu den Auswirkungen des Medienkonsums auf Persönlichkeit, Werte und Lebensgestaltung so häufig widersprechen und jeder je nach Standpunkt »seine« Studie zitieren kann.

Zumal da noch immer ein weiteres Problem ist – das der Wertung. Ja, es gibt tatsächlich Hinweise, dass Kinder, die viel am Computer spielen, über mehr Hirnrinde verfügen und in Intelligenztests besser abschneiden.[9] Aber was heißt das? Sollen wir die Kinder jetzt an die Computer scheuchen, damit sie intelligenter werden? Was ändert sich denn an den Kindern sonst noch? Sind die zusätzlichen Intelligenzpunkte mit ein paar Minuspunkten in anderen Bereichen erkauft?

Trotz einer Flut von Meinungen und auch einer Flut von »Wissenschaft«, die diese Meinungen stützen (oder widerlegen): Wir wissen es nicht. Können Kinder sich den neuen Einflüssen auf ihr Kindheitserleben entziehen? Damit umgehen? Oder kommt ihnen das in die Quere? Etwa, wenn es darum geht, dass sie ihren eigenen Stil finden – in der Liebe, im Leben, im Konsum?[10]

Wir wissen nur, wie sich Kinder im echten, nicht virtuellen Leben dem Neuen nähern: in selbst gewählten, von der Balance zwischen Mut und Angst portionierten Schritten. Die Kleinen halten sich da manchmal sogar bewusst die Augen oder die Ohren zu. Und das ist im Internet deutlich schwieriger.

Ein wahrer Dschungel

Es ist also eine wahrhaft komplexe, widersprüchliche Welt, die da entstanden ist. Ein Dschungel. Voller Früchte, voller Farben, voller Sümpfe, voller Gefahren. Da lauern Raubtiere, aber da sind auch tolle Badeplätzchen. Und da wächst ständig Neues, an jeder Ecke, unterirdisch, überirdisch. So viel Schatten, so viel Licht! Und das oft ganz dicht beieinander!

Vielleicht kommen wir da mit der Frage wirklich nicht weiter, ob »Computer« nun gut sind oder schlecht. Vielleicht sollten wir einmal einfach nur staunen.

Über die noch nie gesehenen Wasserfälle etwa. Ja, warum sollen wir nicht dankbar sein dafür, dass die neuen Spiele unsere Kinder (und uns Große!) davon erlöst haben, Spiele à la Fang den Hut zu spielen? Oder Mensch, ärgere dich nicht (das ja eigentlich Mensch, ärgere dich heißen sollte!). Immer von einem Würfel über einen Pappkarton getrieben, einer Figur hinterher, deren Schicksal wir weder durch Können noch durch Strategie noch durch auch nur eine einzige Zuckung einer Synapse beeinflussen konnten. Danke!

Und mancher wird auch dafür einen Toast ausbringen: Viele der klassischen Kinderspiele stammen aus einer Zeit, als es überall ziemlich viele Kinder gab – aus der Zeit der agrarischen Hyperfertilität, wie

Soziologen sagen. Da wimmelte es vor Kindern, und es war wirklich kein Problem, ein paar davon an einem normalen Nachmittag um ein Spiel herum zu versammeln. Aber heute? Da passt die Vernetzung per Onlinespiel schon besser.

Dann aber sind da auch diese funkelnden Augen in der Dunkelheit, und wer weiß, was passiert, wenn sie zum Sprung ansetzen! Diese im wahrsten Sinne des Wortes nervtötenden, endlosen Wirksamkeitsspiele. Tumbe Ausführungsspiele. Exekutionsspiele, in denen die Synapsen in Dauerzuckung versetzt werden durch einen gnadenlosen Strom, der das ganze Spiel in eine Art epileptischen Anfall verwandelt. Rauschhaft und deshalb bestimmt nicht sündig, aber wehe dem, der an diesem Hochspannungskabel hängen bleibt.

Aber gleich daneben gibt es auch so viel Putziges, Betuliches, ja, Gartenzwergiges – man legt einen Garten am Bildschirm an, der Salat wächst, wie nett und harmlos und leblos. Oder das richtig Lächerliche – die Klötzchen-App für Kleinkinder etwa. Da sollen die Kleinen ihre Türmchen bauen, ohne auch nur einen der Quader in die patschigen Händchen zu nehmen. Da fällt mir nur das ein für den Entwickler: ein Leben lang Klötzchen spielen als Strafe! Na gut, sind wir Eltern vielleicht mal auf einen Scherz reingefallen. Ernst meinen es aber die Leute, die den Babys das Sprechen per Video beibringen wollen. Nach dem, was da versprochen wird, werden bald sogar die Affen im Dschungel lesen können.

Und das liegt alles dicht nebeneinander. Die funkelnden Augen, die wilden Kerle, die Gärtchen, die Quellen, die Wasserfälle. Die echten Früchte und die pappsüßen Instantmischungen, jede Anwendung mit einem eigenen Zucker-, Alkohol und Kaloriengehalt.

Dabei ist der Dschungel beileibe kein Schlaraffenland! Der Speiseplan wird von jedem Nutzer selbst geschrieben: Wie viel ist er da unterwegs? In welchem Alter? Was für ein Mensch ist er? In welcher Stimmung ist er? Mit wem zusammen? Für welches Ziel? Was läuft sonst noch in seinem Leben? Und vor allem: *Was* genau macht er am Computer? Ja, da gibt es manchmal nur »virtuellen Nachtisch«, aber auch Inhalte, bei denen man ins Grübeln kommt, die müssen ja nicht kompliziert sein ... sich mal ein blaues Auge holt, vor schier unüberwindbaren Schwierigkeiten steht und sich nur durch geniale Winkelzüge retten kann. Ja, manche der viel gescholtenen Computerspiele werden heute sogar zur Behandlung von Depressionen bei Jugendlichen eingesetzt – und wenn man der wissenschaftlichen Auswertung glaubt, sind sie der herkömmlichen Psychotherapie mindestens ebenbürtig. Ähnliches gilt für die Legasthenie – betroffene Kinder machen mit Actionspielen wie Rayman Raving Rabbids mehr Fortschritte als bei der konventionellen Lesetherapie.

Überhaupt. Da wird ja nicht nur gespielt und konsumiert. Da wird auch gestaltet, werden neue Wege angelegt. Da wird gesucht. Da werden neue Stämme aufgebaut – auch von denen, die früher im echten Leben wegen ihrer sozialen Hemmungen eher als komische Typen, als »Nerds«, empfunden wurden. Eindeutig: Für manche ist es ein Segen, dass im Netz die üblichen Voreinstellungen und Vorverurteilungen nach Aussehen, Macht und Status entfallen. Und wo es in den bisherigen Medien immer um die Werke der anderen ging, was die geschrieben, gefilmt und erlebt haben, können wir jetzt auch auf die andere Seite schlüpfen. Selbst kreativ werden. Künstler sein, Erfinder, Experte. Inhalte selbst schaffen. Die Blogosphäre etwa, mit der viele Menschen – und gerade Jugendliche – ja auch eine Art Identitätssuche und Persönlichkeitsentwicklung betreiben, gestaltet heute die Welt mit. Demokratisiert sie, macht sie transparenter. Teilhabe ist etwas Wunderbares.

Wenn sie klappt. Dazu aber braucht es in diesem Dschungel etwas ganz Wichtiges: einen Kompass. Und gemeinerweise sind gerade die ohne Kompass unterwegs, die sowieso schon fußlahm sind – die Kinder mit Problemen. Weil es bei denen in vielen Fällen eben auch mit den Beziehungen im echten Leben hapert, werden sie ohne eigenen Orientierungssinn regelrecht ins Netz eingesogen. Und landen eher selten bei Gestaltungs-, Kompetenz- und Strategiespielen, sondern in den Schlammlöchern, sozusagen – bei reinen Wirksamkeitsspielen, bei Pornografie und Co. Und das oft in unbegrenzter Dosis. Wer darauf festgenagelt wird, hat es im echten Leben noch schwerer, in der Schule, mit den Freundschaften, mit sich selbst. Denn wie und wo soll so ein Kind denn die Kompetenzen entwickeln, die es da draußen braucht? Und –

um den Teufelskreis zu schließen – was liegt näher, als sich schließlich noch mehr in die simplere virtuelle Welt zurückziehen, in der man jemand ist?

Andererseits: Bei den allermeisten Kindern klappt die Vereinbarkeit von Leben und Medien ganz gut – zumindest nicht schlechter als bei deren Eltern. Fragt man Jugendliche, so sind ihnen auch heute die persönlichen Kontakte, Sport und »analoge« Freizeitgestaltung wichtiger als das Internet. Die Horrorszenarien der ersten Medienkritiker haben sich also nicht bewahrheitet. Weder hat das Internet die Kontrolle über die Lebenswelt der Jugendlichen übernommen, noch sind die alten Medien ausgestorben. Und es ist auch nicht so, dass von Mund zu Mund keine Geschichten mehr erzählt würden. Oder keine Lieder mehr gesungen werden. Im Gegenteil: Heute wird sogar in gesellschaftlichen Schichten gesungen, getanzt und gerappt, die noch vor 25 Jahren nur Radio konnten. Und dank Youtube und Co. steht heute sogar mancher Junge auf der Bühne, der im Musikunterricht seinerzeit keinen Ton rausgebracht hätte. Natürlich, es werden *andere* Lieder gesungen – aber was sollte daran falsch sein? Und überhaupt: Wenn man die Kinder und Jugendlichen genau anschaut, sind sie durch die digitale Revolution bestimmt nicht zu anderen Menschen geworden und in ihrem Leben ganz gewiss mit mehr beschäftigt als mit Adden, Posten, Liken oder Mobben. Und Shoppen tun sie auch nicht mehr als ihre Eltern.

Licht und Schatten, eng beieinander.

Elektronische Medien für die Kleinen?

Und damit stellt sich doch die Frage, wie wir denn am besten dafür sorgen können, dass unsere Kinder im Licht und nicht im Schatten landen!

Beginnen wir bei den Kleineren – bei den Kindern, die noch nicht in die Schule gehen. In der Welt der Krippen, KiTas und Kindergärten also.

Wer auch nur ein bisschen in die Vergangenheit schaut, den beschleicht gerade bei den jüngeren Kindern ein ungutes Gefühl. Weil wir es da schon einmal nicht so genau genommen haben. Weil wir da

schon einmal an billigen Annahmen hängen geblieben sind – zulasten der Kinder. Und nichts spricht dafür, dass wir daraus gelernt haben. Wir glauben heute wieder an Versprechungen, die sich schon bei der letzten Medienwelle als Spekulationsblasen erwiesen haben.

Das Lern-Versprechen

Es ging los mit der Sesamstraße. Sie versprach den Eltern, dass hier den Kleinen die Welt erklärt würde, kindgerecht natürlich und ohne das übliche Durcheinander – die Kinder essen dort ihr Gemüse und sie gehen lieb miteinander um. Kein Problem ohne Lösung und – keine Schimpfwörter.

Dann ging es weiter mit den DVDs, und da waren jetzt auch die ganz Kleinen dran. Baby Einstein. So hießen die ersten Lern-DVDs – schon die Marke ein geniales Versprechen. Der Clou: Mithilfe der von »Experten« entwickelten Videos sollten die Kleinen das Sprechen lernen – besser und schneller jedenfalls als die Babys in der einsteinfreien Wildbahn.

Schließlich bilden sich die entscheidenden Synapsen *jetzt*, und was *jetzt* nicht gelernt wird, kann selbst die Logopädin später nicht mehr ausbügeln. Diese Einstein-Geschichte, wer wollte da nicht dabei sein?

Die geplatzte Blase

Die Kleinen, die dabei waren, hatten jedenfalls nichts davon. Mehr noch: Sie hatten sogar Nachteile in ihrer Entwicklung. Es lohnt sich, den Ursachen dafür nachzugehen, das sind wir den Kindern schuldig. Denn die nächste Verheißung steht schon vor der Tür – noch größer, noch moderner.

Hier der Befund: Nach fünfzehn Jahren Einsatz der Lern-DVDs à la Baby Einstein und Brainy Baby – mit einem jährlichen Umsatz von über einer Milliarde US-Dollar – sagt die sonst meist gespaltene Medienforschung klar und eindeutig: Die speziell zur kognitiven und sprachlichen Förderung konzipierten Videos bringen die Sprachentwicklung der Kinder nicht voran. Die umfangreichste Studie zu dem Thema belegt sogar das Gegenteil: Je mehr »Einstein« Kinder unter zwei Jahren schauten, desto schlechter war später ihr Vokabular!

Wir hätten es uns ja denken können. In Kapitel 2 haben wir beschrieben, auf welchen verschlungenen Pfaden die Kinder ihre grundlegenden Kompetenzen entwickeln. Und welche Rolle dabei *Beziehungserfahrungen* spielen. Es wäre verwunderlich, wenn gerade das Sprechen eine Ausnahme wäre, das ja wegen seiner vielen Dimensionen und Bezüge – emotionaler, kognitiver, sozialer Art – nicht umsonst als Epizentrum der kindlichen Entwicklung gilt.

Warum kann die Sprache den Kindern aber nicht von Ernie und Bert oder den Sprecherinnen auf den Einstein-DVDs eingeflüstert werden? Die Antwort mag uns über ein paar Haarnadelkurven führen, doch können wir uns diese Reise mitten in die Köpfe der Kinder nicht ersparen.

Wie Kinder sprechen lernen

Die Sprachentwicklung von Kindern ist fast schon ein Krimi – ganz zentral ist nämlich hier wie dort die Frage nach dem Täter. Wer bringt die Sprache in die Kinder?

Die erste Antwort war natürlich: diejenigen, die schon sprechen können! Die Großen! Je mehr die mit den Kleinen reden, desto besser entwickelt sich deren Sprache. Und dafür gibt es eindeutige Belege. Betty Hart und Todd Risley aus den USA konnten schon 1994 zeigen, dass sich Babys in solchen Familien, in denen viel gesprochen wird, sprachlich schneller entwickeln. Je mehr sprachlicher Input, desto mehr Output bei den Kindern! Die Aufgabe der Eltern erscheint damit klar: möglichst viel mit den Kleinen reden. Sie beim Wickeln antexten, beim Füttern und beim Spielen sowieso.

Da ist nur ein Haken: Wie erklärt sich dann, dass auch die Babys in solchen Kulturen gut sprechen lernen, in denen traditionell wenig mit den Kleinen geredet wird? Tatsächlich berichten die Kulturwissenschaften, dass sich die Mütter in vielen Ländern dieser Erde mit ihren Kleinen bloß in einer Art Minimalsprache unterhalten. Da wird nicht mehr geredet als nötig, und auch die hierzulande übliche »Kommentarsprache« (»Ach, was für ein kleiner Schreihals du heute wieder bist …«) entfällt oft komplett. Dennoch mangelt es diesen Kindern später nicht im Geringsten an sprachlichen Kompetenzen.

Schauen wir also genauer hin, wie Kinder wirklich sprechen lernen. Ein erster Hinweis ergibt sich aus Experimenten, in denen Babys verschiedene Sprachen vom Tonband vorgespielt bekommen, die sie noch nie gehört haben. Die Kleinen schenken dem »Lärm« nicht einmal ein Quäntchen ihrer Aufmerksamkeit – selbst dann nicht, wenn sie das Kauderwelsch regelmäßig hören! Lässt man sie aber immer wieder mit fremdsprachigen Personen spielen, so ändert sich das: Die Kleinen werden immer aufmerksamer und lernen, die in der jeweiligen Sprache verwendeten Lauteinheiten zu unterscheiden!

Was bietet ein »lebender« Sprecher den Kleinen, das ihnen der Lautsprecher nicht bietet? Das zeigt sich, wenn man die Augenbewegungen der Kleinen auswertet. Sie hängen ihrem sprechenden Gegenüber nämlich regelrecht an den Lippen. Und dabei sind sie so aufmerksam, dass sie sogar auf einem stumm geschalteten Video erkennen, wann ein Sprecher etwa zwischen ihrer eigenen Muttersprache und einer Fremdsprache hin und her wechselt – und das schon mit 4 Monaten! Die Analyse der Lippenbewegungen hilft den Kleinen, ihr erstes kleines

Kunststück beim Spracherwerb zu vollbringen: die *Segmentation.* Babys müssen ja zunächst herausfinden, wo in diesem ganzen Sprachstrom überhaupt die Wörter stecken! Erst wenn sie Beginn und Ende der Wörter kennen, können sie damit beginnen, dem Gehörten bestimmte Bedeutungen zuzuordnen – also ihre Vokabeln zu lernen.

Bedeutungen erkennen

Klappt die Segmentation (das ist meist schon mit 7 Monaten der Fall), kann das nächste Kunststück angegangen werden: Jetzt wird den aus dem Sprachbrei gefischten Stückchen die richtige Bedeutung zugeordnet. Hier reichen die über das Lippenlesen erfahrbaren Informationen nicht aus. Das Kind muss sich jetzt in die Gedanken- und Empfindungswelt des Sprechenden einklinken. Denn nur, wenn es den *Kontext* versteht, der das Gesprochene begleitet, kann es begreifen, welche Bedeutung das gesprochene Wort wohl haben könnte. Also: Es muss jetzt die Gefühlswelt des Sprechenden verstehen!

Dazu schaut das Baby nicht mehr nur auf die Lippen, sondern auch auf die obere Hälfte des Gesichts sowie den Rest des Körpers. Es registriert etwa die Blickrichtung des Sprechenden, dessen Mimik und Gestik. Es versucht also indirekt, dem Sprechenden ins Gehirn zu schauen, um dort »Kommentare« abzufischen, wie das Gehörte wohl zu verstehen ist. Tatsächlich ist das Sprechenlernen nicht von der Entwicklung einer »Theorie des Geistes« (die wird uns noch beschäftigen!) zu trennen: Ohne sich in den Geist der anderen einklinken zu können – eine Fähigkeit, die auch als *mind reading* bezeichnet wird –, kann keine sinnvolle Kommunikation aufgebaut werden. Im natürlichen Lernraum sind die Kompetenzschritte also umgekehrt gereiht: Noch vor dem Sprechen kommt das Lesen – des Geistes, wohlgemerkt.

Ziehen wir ein erstes Fazit: Der treibende Faktor im frühen Spracherwerb ist nicht die schiere Menge der gehörten Wörter – sondern der menschliche *Austausch,* in dem sie mit Bedeutung beladen werden. Kinder lernen sprechen, indem sie in einen emotionalen Austausch mit dem Sprechenden eintreten. Sprechenlernen ist also nicht das Resultat bloßen Zuhörens – es ist das Resultat gelungener menschlicher Interaktion und damit ein *Beziehungsprozess.*

Kein Sprachunterricht – sondern Sprechspiele

Tatsächlich lernen Babys die Bedeutung von Wörtern zunächst in »Sprechspielen«, also im wechselseitigen Hin und Her von Wörtern und Gefühlen, etwa beim Wickeln, beim Füttern oder beim Knuddeln. Ob ein Sprechspiel zustande kommt, hängt nicht davon ab, wie viel die Bezugsperson redet, sondern davon, ob das Baby in den Sprachfluss mit einsteigen kann – ob aus dem Sprachangebot also ein Dialog, ein »Sprachtanz« entsteht. Ein solcher Tanz gelingt dann, wenn sich die Bezugsperson mit ihren Gefühlen und ihrer Sprache intuitiv auf die Aufmerksamkeitsspanne, die Reaktionszeiten und die Emotionen des Babys einstellen kann und ihm so eine auf seine »Innenwelt« abgestimmte Resonanz gibt. Was das Kind vom Lallen zum Sprechen führt, ist also nicht das Sprachangebot an sich – sondern die Abstimmung auf die Möglichkeiten des Kindes.[11]

So bauen Mütter, denen es gut geht (anders als etwa depressive Mütter), im Umgang mit ihren Kindern intuitiv »Sprachgerüste« für ihre Kleinen auf. Ein solches Gerüst ist etwa der Baby-Talk (»Mutteresisch« – also der übertriebene Singsang, in dem wir mit Babys reden). Auch die Gestik ist ein solches Lerngerüst – je reichhaltiger das soziale Umfeld eines Kindes, desto eher wird darin auch gestikuliert.[12] Wie wichtig das soziale Netz drumherum ist, zeigt die Beobachtung, dass es einem Kind leichter fällt, das richtige Wort mit der richtigen Bedeutung zu verknüpfen, wenn es dasselbe Wort von verschiedenen Sprechern hört.

Und hier kommen dann auch die anderen Kinder ins Spiel. Im Rollen- und Fantasiespiel nehmen die Kinder einander ja ständig mit auf Sprachreisen. Sie begleiten ihr Spiel mit Kommentaren und liefern den anderen damit auf Schritt und Tritt einen emotionalen und situativen Kontext, aus dem sich Wortbedeutungen erschließen lassen. Ja, vieles spricht dafür, dass der Austausch unter Kindern sogar Sprachkompetenzen fördert, die durch die Kommunikation mit Erwachsenen gar nicht abgedeckt sind. So zeigen Studien, dass Kinder – entgegen der Annahme vieler Erwachsener – beim Spiel untereinander eine didaktisch effektivere Sprache benutzen, als Erwachsene das im Spiel mit Kindern tun. Schließlich reden sie mit anderen Kinder ja auch über unsichtbare Dinge, Fantasiegeschöpfe und erfundene Welten, die sie nicht mit fertigen Begriffen belegen, sondern komplex umschreiben müssen, um ihre Spielpartner mit auf die Reise nehmen zu können.

Wir sind einem Missverständnis aufgesessen

Gehen wir aber kurz zurück zu der klassischen Beobachtung, dass Babys in Haushalten, in denen viel gesprochen wird, schneller sprachlich vorankommen als in Haushalten, in denen wenig gesprochen wird. Diese Beobachtung – wir verdanken ihr immerhin die in Ratgebern tausendfach ausgesprochene Empfehlung, mit kleinen Kindern möglichst viel zu sprechen – ist korrekt und inzwischen vielfach belegt. Nur die Erklärung bedarf einer Ergänzung. Dass die Kinder in den Elternhäusern, in denen viel geredet wird, besser sprechen lernen, liegt nicht an der höheren Zahl der dort gesprochenen Wörter. Die vielen Wörter stehen für etwas anderes – in diesen Haushalten ist auch das *Beziehungsangebot* reichhaltiger. Die dort aufwachsenden Kinder leben in einem lebendigeren Bindungssystem, bekommen mehr emotionale Resonanz und feinfühligeren Austausch. Sie erhalten mehr Gelegenheit, Wörte rmit Bedeutungen zu verbinden.[13]

Die Statistiken bestätigen dies auf geradezu brutale Art: Sprachentwicklungsstörungen werden in Deutschland bei etwa 4 % der sozial gut gestellten Kinder beobachtet. Bei den sozial benachteiligten Kindern aber mehr als viermal so oft.

> Selbst durch schwere Strafen könnte man ein gesundes Kind in einem normalen Elternhaus nicht davon abhalten, seine Muttersprache zu erlernen. Dass ein Kind in einer »beziehungsvollen« Welt sprechen lernt (ob eine Muttersprache oder eine Fremdsprache), ist nicht Resultat großer erzieherischer Anstrengung. Es ist unvermeidlich.

Das heißt nicht, dass Eltern das ständige Gequassele mit ihren Babys einstellen sollen. Aber sie brauchen sich nicht unter Druck zu setzen, aus dem Sprechen einen »Unterricht« machen zu müssen. Weder muss man Kinder schulmeisterlich korrigieren, noch muss man ihnen die Sprache aus der Nase ziehen.

Das Gesagte bedeutet aber auch, dass Sprachförderung eben nicht ganz so einfach ist, wie sich das manche (und auch manche Bildungspolitiker) erhofft haben. Wie einfach wäre es doch, die Kleinen wie in der Schule mit Sprache zu beliefern – die Erzieherinnen machen die gute Sprache vor, und die Kleinen machen sie nach. Wer Kinder sprachlich fördern will, muss – leider – einen schwierigeren Weg gehen: Er muss die Kinder in eine reichhaltige Beziehungswelt eintauchen lassen – zu den Erzieherinnen und auch zu den anderen Kindern. Ein paar Logopädiestunden reichen da nicht aus. Kein Wunder, dass die wissenschaftliche Auswertung der »sprachschulenden« Ansätze so ernüchternd ausfällt.

Neue Verheißungen

Nur – das alles scheint dem Einstein-Hype nichts anhaben zu können, der sich da um die Kinder gebildet hat. Die Welle der Lernmedien à la Baby Einstein nimmt sogar noch Fahrt auf, und die Kundschaft wird immer jünger. Während wir uns noch wundern, wie wir nur vergessen konnten, dass Menschenkinder im Grunde nur über Beziehungen leben und lernen können – pumpen wir schon wieder Luft in die nächste Blase.

Die *große Verheißung* heute kommt auf smarten Flügeln: Apps fürs Lernen! Was sich auf das Tablet, den Lesestift oder das Smartphone nicht alles an Synapsenfutter für die Kleinen einprogrammieren lässt! Immer mehr Krippen präsentieren sich jetzt mit »digitalen Lerncentern«. War das Sitzen vor dem Bildschirm früher ein Phänomen aus »prekären« Milieus – Lückenfüller, wo es mit den Beziehungen haperte –, ist das Leben vor dem Bildschirm inzwischen in der Mitte der Gesellschaft angekommen. Der frühe Gebrauch von Tablet und Smartphone gilt manchen sogar als Ausdruck konsequenter, weltoffener Bildungsorientierung. Eine Krippe, die mit solch einem »digitalen Lerncenter« wirbt, muss sich keine Fragen stellen lassen – nein, sie gilt als besonders innovativ. Schließlich malt man dort ja nicht mit diesen ollen Malstiften, sondern mit einer »Montessori-App« auf dem Smartphone. Und man betreibt auch keinen Medienkonsum, sondern »bildet« die Kleinen. Spielerisch natürlich.

Die passende Philosophie dazu gibt's auch schon. Sie klingt supermodern und trotzdem irgendwie nach Indianer, Ursprünglichkeit und bunter Hautbemalung – die These vom »digital native«, dem digitalen Eingeborenen.

Die digitalen Eingeborenen

Nach dieser Theorie sind die Eltern und Lehrer der heutigen Kinder digitale Immigranten – als sie geboren wurden, gab es die interaktiven elektronischen Medien ja vielfach noch nicht. Dagegen piept den heutigen »digitalen Eingeborenen« schon im Kreißsaal die Digitalkamera des Papas entgegen, und so geht es auf dem Pfad dann munter weiter. Auf dem lernen die kleinen Eingeborenen dann per Osmose all das, was ihre Eltern nur fluchend und durch mühsames Studieren von klein gedruckten Bedienungshandbüchern erlernen können. So, wie die Kleinen allein durchs tägliche Eintauchen völlig schmerzfrei Fremdsprachen lernen können – so lernen sie jetzt auch die Mediensprachen! Die schönste Verheißung dieser Theorie aber ist die: Die so vorbereiteten Kleinen können später selbstbestimmter und kompetenter mit der virtuellen Welt umgehen – wenn die Eltern nur mitziehen. Sie sollen die Kleinen möglichst früh an die Geräte heranführen und vor allem mit ihnen zusammen in diese neue Welt eintauchen. Schon deshalb, weil Alt und Jung sonst irgendwann eine gemeinsame Sprache fehlt – die digitalen Immigranten würden nämlich stumm neben ihren kleinen Eingeborenen sitzen.

Was natürlich traurig ist. Und so werden von der Einstein-Indianer-Geschichte selbst Eltern vom Wert von Bildschirmgeräten für die Kleinen überzeugt, die nicht einmal ein Handy besitzen. Und die »Experten«? Die sind – wieder einmal – mit dabei. Ein Beispiel: »Wenn Sie den Kindern im Kindergarten den Lebenszyklus eines Regenwurmes zeigen wollen, können Sie mit den Kindern zum Gärtner gehen, hier können die Kinder den Gärtner fragen, warum in einem Hektar Erde 180.000 Regenwürmer existieren. ... Sie können aber auch das Verhalten von Regenwürmern in einem Terrarium beobachten und es fotografieren. Am Ende können Sie die gesamte Dokumentation in einem Computer abspeichern und mit den Kindern im Anschluss die Details der Prozesse am Computer nachvollziehen und das Projekt so reflektieren.« Das sagt Wassilios Fthenakis, der einmal zu Zeiten der PISA-Schockwelle als *der* Bildungsexperte für die frühe Kindheit gehandelt wurde.

180.000 Regenwürmer und ein paar Missverständnisse

Der Lebenszyklus von 180.000 Regenwürmern scheint mir der richtige Anlass, um noch tiefer zu bohren. Die Sprachentwicklung der Kinder hat uns viele gute Hinweise gegeben, in welche Richtung wir weiterdenken müssen. Und vielleicht verstehen wir dann, warum der Trend zur KiTa-Lernsoftware in eine Sackgasse führt.

Schauen wir uns also an, wie Kinder ihre *innere* Sprache entwickeln – ihr Gefühlsleben, ihren Umgang mit Emotionen, ja, mit sich selbst.

Und damit sind wir wieder beim *Spielen* – also dem ganz normalen Alltag des Kindes. Dieses Spiel ist vor allem deshalb bemerkenswert, weil es sich immer wieder um die gleichen Dinge dreht – zumindest dann, wenn es von den Kindern frei gestaltet wird. Als folgten die Kleinen einer unsichtbaren Spur. Da geht es ...

... erstens darum, die Sichtweisen, Absichten und Gefühle der anderen verstehen zu lernen. Das ist die Grundlage für jedes Leben in der Gemeinschaft;

... zweitens lernen die Kinder, mit sich selbst, ihren Emotionen und Impulsen umzugehen;

... und drittens geht es um den Aufbau innerer Stärke.

Diese unsichtbare Spur finden die Kinder *von sich aus,* sie brauchen dazu keine Anleiter und auch keine Fährtenleser. Sie finden sie, indem sie *Beziehungen* gestalten. Indem sie Rollen ausprobieren. Indem sie ihre Fantasie einsetzen. Das schaffen sie nur in der analogen Welt. Die digitale Welt führt die Spurensucher in eine Sackgasse.

Eine solche weitreichende Behauptung bedarf der Erklärung.

Der Aufbau der inneren Perspektive

Man muss sich einmal vorstellen, vor welch gewaltiger Aufgabe kleine Kinder stehen. Sie müssen eine ganze Welt verstehen! Was geht hier vor? Was hat das alles zu bedeuten? Warum machen die das so? Warum nicht anders? Kein Wunder, dass das *Warum* dann eine ganze Zeit lang auf Schritt und Tritt von ihren Lippen purzelt.

Die Welt verstehen lernen heißt vor allem eines: lernen, bei den anderen mitzudenken. Ihre Ideen, Gedanken und Gefühle abzugreifen. Was für eine Aufgabe! Die Kleinen müssen ja zuerst einmal verstehen, dass die anderen Menschen eben *nicht* das Gleiche sehen wie sie selbst, dass sie eben *nicht* das Gleiche denken und auch *nicht* das Gleiche empfinden. Dass die Welt für jeden eine andere ist! Nur wenn die kleinen Menschen das mit den unterschiedlichen Perspektiven klar haben, können sie sich wirklich mit anderen austauschen. Ihre Wünsche verstehen. Ihre Absichten. Ihre Manipulationsversuche. Ihre seltsamen Witze. Ihre fiktiven Annahmen, sowohl im Hier und Jetzt (»Wenn …, dann«) als auch in der Vergangenheit (»Hätte ich damals nur …«). Und das alles auch noch kreuzweise: »Wenn ich du wäre, hätte ich damals so gehandelt …« Das ist im wahrsten Sinn des Wortes perspektivische Akrobatik. Kein Wunder, dass Kinder so etwas jahrelang üben müssen! Sie müssen sich, wie Entwicklungspsychologen sagen, eine »Theorie des Geistes« aufbauen.[14]

Aber die Mühe lohnt sich – schließlich ist dieser Innenausbau die Voraussetzung für das Tollste, was Menschen überhaupt machen können: gemeinsame Ziele verfolgen, Gefühle teilen, mit anderen mitschwingen, mit ihnen Musik machen. Die Welt gestalten. Großes Theater!

::: Jeder Mensch entwickelt in seiner Kindheit einen Einblick in die Denk- und Gefühlswelt der anderen Menschen – eine »Theorie des Geistes« wie die Entwicklungspsychologie es nennt. Dass ein solcher Einstieg zur »Innenseite der anderen Menschen« (Andreas Weber) überhaupt zu schaffen ist, beruht wahrscheinlich auf einer stammesgeschichtlich viel älteren Verbindung, die zumindest für die in sozialen Verbänden lebenden Säugetiere nachgewiesen werden kann. Deren Gehirn ist nämlich so angelegt, dass sich auf dessen »Innenseite« sozusagen beständig die Erfahrungen der anderen Artmitglieder spiegeln. Sehen wir etwa, wie sich jemand in den Finger schneidet, so empfinden wir dessen Schmerz selbst – unmittelbar und körperlich. Dies liegt an besonderen Nervenzellen, die nicht umsonst als Spiegelneuronen bezeichnet werden. Die

Spiegelung hört aber nicht bei den Artmitgliedern auf. Auch wenn Tiere leiden, leiden wir unmittelbar mit – ja, es gibt Hinweise, dass sogar verdorrende Pflanzen unser Mitgefühl anregen. Der Naturphilosoph Andreas Weber vermutet deshalb, dass wir mit allen Lebewesen fühlend verbunden sind.

Dabei geht es buchstäblich um Leben und Tod. Denn wie keine andere Art sind wir Menschen darauf angewiesen, dass wir Beziehungen zu anderen gestalten und unterhalten können. Bekommen wir unser Grundbedürfnis nach Zugehörigkeit nicht gestillt, leiden wir wie Hunde, ja, wir gehen unweigerlich zugrunde, selbst wenn es uns ansonsten an nichts mangelt. Nur wer beachtet wird, ist geachtet – auch vor sich selbst. Nur wer mit seinen Mitmenschen »kann«, fühlt sich als Mensch anerkannt und beheimatet. In ihrem Kern dreht sich die frühe und mittlere Kindheit um den Aufbau dieses sozialen Könnens. Hier lernen Kinder durch Versuch und Irrtum, Teil einer Gemeinschaft zu sein, Freundschaften aufzubauen, mit Kränkung umzugehen und andere zu beeinflussen. Sie lernen, auf sich selbst zu vertrauen, weil auch die anderen ihnen vertrauen. Das läuft über nichts anderes als über die beständige Neu- und Ausgestaltung von Beziehungen, von Gesicht zu Gesicht, Hand zu Hand, Auge zu Auge.

Verständlich also, dass dieser Aufbau eines Blickmusters von Mensch zu Mensch von Anfang an so stürmisch vorangetrieben wird. Die ersten Grundlagen werden schon im Bindungssystem gelegt – im täglichen, feinfühligen Umgang zwischen dem Säugling und den ihm vertrauten Erwachsenen. Diese stacheln die perspektivischen Übungen ja geradezu an! Sie zeigen auf Sachen oder folgen jemandem mit den Augen. Sie verschwinden auf einmal und sind dann gleich wieder da, sie sagen »Guck-Guck« und lachen dabei. Sie halten mit ihren Handlungen und Reaktionen dem kleinen Menschen beständig einen Spiegel vor: Schau mal, da bist du, und da sind wir, und schau mal was passiert, wenn sich unsere Bahnen kreuzen. Wie die Welt sich verändert, wie du dich veränderst, wie wir uns verändern ... Je leichter es den Großen fällt, sich in ihren Reaktionen und Gefühlen auf die Gefühle und Reaktionen des Babys einzulassen, desto rascher entwickelt sich beim Kind eine »Theorie«, wie die inneren Welten der Menschen zusammenhängen.

Und dann – wir sind im dritten, vierten Lebensjahr – kommen die anderen Kinder dazu. Dies ist die Zeit, in der Kinder – im wörtlichen und übertragenen Sinn – die Köpfe zusammenstecken (kein Wunder, dass es auch das Alter ist, in dem die Epidemien von Kopfläusen beginnen). Jetzt legen es die Kinder darauf an, ihre »Geisteswelten« und Beziehungen auf den Prüfstand zu stellen. Ihre Perspektiven und Rollen im Rütteltest des *Spiels* zu erproben. Fast schlafwandlerisch folgen sie der unsichtbaren Spur ... »Lass uns mal ...« oder »Wir sind jetzt ...« hört man sie jetzt rufen oder flüstern. Mal sind sie Löwe, mal Mutter, mal Bauarbeiter – und alles mit Haut und Haar. Als Mutter können sie liebevoller sein als die eigene Mutter – ja, wirklich, manchen Eltern bleibt der Mund offen stehen, wenn sie beobachten, wie »vernünftig«, umsichtig und rücksichtsvoll ihre Kleinen in manchen Spielrollen handeln können. Und wie sehr sie sich da reinbegeben! Als Löwe können sie so mutig werden, dass sie sich vor sich selber fürchten. Wie emotional es bei diesen perspektivischen Übungen für die Kinder zugeht, zeigt Gabriele Pohl in ihrem wunderbaren Buch *Kindheit – aufs Spiel gesetzt*: Ein Junge, der sich über Mittag in einen wilden Löwen verwandelt, flüchtet auf einmal ängstlich in die Arme seiner Mutter: »Jetzt bin ich aber doch wieder dein lieber Bastian!«

Bei so viel Ernst, bei so viel Mühe, ist die Erweiterung der Innenwelt nicht mehr aufzuhalten. Denn mit den Rollen, die die Kinder da übernehmen, betreten sie ja auch eine neue Sprach- und Denkwelt. Ein König denkt nun einmal anders als ein Baby, ein Staudammbauer geht anders mit den Menschen um als eine Fee. Mit ihren Streifzügen durch die Welt der menschlichen Möglichkeiten wachsen die Kinder im wahrsten Sinne des Wortes über sich selbst hinaus.

⁝⁝⁝ Ab dem dritten Lebensjahr sieht man auf Kinderfotos immer nur Köpfe die beieinanderstecken. Das hat einen Grund. Jetzt entwickeln die Kleinen etwas ganz Spezielles – die Fähigkeit, Absichten, Ziele und Interessen zu teilen – die sogenannte »geteilte Intentionalität«. Dadurch können sie Wunderbares erreichen – beim Spiel ein gemeinsames Ziel verfolgen, dazu Aufgaben verteilen, einander helfen, einander in die Karten schauen, eben: in einer Gruppe leben.

Damit die Rollenspiele funktionieren, brauchen Kinder einen genialen Grundstoff, der ihnen in diesem Alter tubenweise, ja, fassweise zur Verfügung steht: Fantasie. Mit diesem Stoff überstreichen sie mögliche Schwachstellen einfach. Ein Stöckchen ist dann einmal ein Schlüssel – und das andere Mal eine Spritze. In dieser magischen Zone ist alles möglich.

Welchen Entwicklungssprung sie in diesem Alter machen, zeigt uns der Vergleich mit den anderen Menschenaffen. Die experimentelle Primatenforschung zeigt da einen überraschenden Befund: Werden etwa Schimpansen von Menschen aufgezogen (das galt besonders in den 1960er- und 1970er-Jahren als ein Riesenspaß), so stehen die haarigen Kleinen in ihrer geistigen und sozialen Entwicklung den Menschenkindern lange Zeit keineswegs nach. So lernen sie beispielsweise einen Zeichenwortschatz von bis zu 350 Wörtern und bilden daraus sogar Zweiwortsätze (das »You, Me out go« etwa gehörte zum Grundrepertoire von Washoe, der ersten und wohl bekanntesten Schimpansin, die mit Zeichensprache aufgewachsen war. Als Antwort würde dann ihr Betreuer das Zeichen geben für: »OK but first clothes« – und Washoe daraufhin ihre Jacke anziehen). Spätestens aber, wenn die Menschenkinder im dritten Lebensjahr in ihre »soziale« Phase kommen, trennen sich die Wege, und wie! Denn jetzt blasen die Menschenkinder das Feuer der Entwicklung erst richtig an – durch den ständigen spielerischen Austausch von Ideen und Vorstellungen.[15]

Die Macht der Gefühle

Wenn die Welt dort draußen zunächst ein großes Fragezeichen ist, dann ist die Welt dort drinnen noch verwirrender – ein großes Ausrufezeichen! Ein ungeordneter Bausatz voller Emotionen. Feuerroter Zorn. Pechschwarze Angst. Graue Traurigkeit, knallbunte Fröhlichkeit. Aber wie das alles zusammensetzen, wie diesen Emotionen Zügel anlegen, wie damit ein Bild malen?

Nehmen wir die Angst. Sie gehört – eindeutig – zur Schar der kindlichen Schutzengel. Ohne Ängste würden Kinder ja ständig Dinge tun, die sie noch gar nicht tun können! Sie würden sich ins Dunkle vorwagen. Sie würden sich Fremden anvertrauen. Sie würden sich zu weit von den Großen entfernen und im Wald verirren. Diese Schutzengel wechseln im Lauf der Kindheit auf Schritt und Tritt ihr Gewand, denn: Die Ängste, die einem Zweijährigen gute Dienste geleistet haben, taugen für einen Dreijährigen nicht mehr. Im Gegenteil: Werden Ängste nicht rechtzeitig entsorgt, wirken sie wie Klebstoff auf die Entwicklung – ein ängstliches Kind geht nicht aus sich selbst heraus, es erforscht seine Umwelt nur zögerlich, es lernt das Leben nur mit angezogener Handbremse kennen.

Königskind
Wenn alle Nachbarn schlafen gangen.
Und alle Fenster dunkel sind.
Bin ich noch wach mit heißen Wangen,
Das heimatlose Königskind.
Dann schmück ich mich mit Purpurträumen.
Mit Gürtel, Krone und Geschmeid,
Dann rauscht mit goldverbrämten Säumen
Um meine Knie das Königskleid.
Und meine Seele reckt sich mächtig
In Lust und Sehnsucht, stark und bleich,
Und schafft sich stumm und mitternächtig
Ein mondbeglänztes Heimwehreich.
HERMANN HESSE

Kinder müssen Ängste also immer wieder abstreifen können, sie müssen sich »angst-häuten«. Sie müssen es schaffen, ihre Ängste an ihre gewachsenen Kompetenzen anzupassen. Aber wie streifen sie jene Ängste ab, die nicht mehr taugen?

Zum einen – wir haben es in Kapitel 3 gesehen –, indem sie ihre Angst in kleine Scheibchen zerlegen. Zuerst springen sie aus kleiner Höhe. Wenn das Knie noch heil ist, geht's ein Stückchen höher. Zum zweiten verfügen sie über eine Art magischen Wetzstein, den sie immer bei sich tragen – das Fantasiespiel. Es ist wie geschaffen, um sich an seinen Ängsten zu reiben. Die Kinder spielen nach, was sie beängstigt. Aber anders als in der Realität können sie die beängstigende Situation im Spiel selbst kontrollieren. Die beängstigende Erfahrung *widerfährt* ihnen nicht, sie selbst, die Kinder, sind die Handelnden. Sie nehmen ihre Angst an die Leine. Aber da sind ja nicht nur die Ängste, sondern auch die anderen, großen, nein, riesengroßen Emotionen. Auch dieser Teil der Gefühls- und Beziehungswelt will ausdifferenziert werden. Und auch da benutzen die Kinder alle möglichen fantastischen Brücken – magische Begleiter, Geschichten, echte Tiere, Stofftiere, Helden jeder Couleur ...

... und Menschen in Miniaturausgabe – Puppen. Alle Kinder aller Zeiten in allen Kulturen haben mit Puppen gespielt. Die Fotografien der ersten Völkerkundler zeigen Kinder von Jägern und Sammlern – mit Puppen. Das verwundert nicht. Denn die Puppe stellt dem Kind so etwas wie ein Modell zur Verfügung, an dem es Abläufe und Rollen ausprobieren und bearbeiten kann, ja, an dem es sogar Gefühle »probeerleben« kann. Die Puppe wird umarmt, gelobt oder auch einmal ausgeschimpft – wie fühlt sich das alles für mich an? Was erlebe ich dabei? Der Umgang mit dieser »zweiten Persönlichkeit« kann helfen, eigene Beziehungserfahrungen zu reflektieren. Kein Wunder, dass Puppen (es können natürlich auch Bären oder andere Stofftiere sein) als »intersubjektives Modell« gerade dann heftig bespielt werden, wenn sich Änderungen im Leben des Kindes ergeben, etwa wenn es krank wird oder wenn ein Geschwisterkind zur Welt kommt.

Solche intersubjektiven Modelle sind aber auch – die anderen Kinder. Was wird da, sobald ein paar von den Rotznäschen zusammen sind, »gestreitet«, geflennt, gezornt, geliebt und gehasst! Mit jedem Kind in der Spielgruppe kommen ja ganz neue Perspektiven ins Spiel. Zu Hause mag ein Kind vielleicht der Bestimmer sein – in der Kindergruppe gibt es möglicherweise noch andere Anwärter auf diese Rolle. Zu Hause mag es das jüngste Geschwisterkind sein, im Kindergarten gehört es irgendwann zu den Älteren. Zu Hause mögen Tränen die Arme öffnen, in der Kindergruppe dagegen heißt es womöglich abfällig: Heulsuse! Unter wie vielen Mühen wird also dieser Bausatz an Emotionen da drinnen sortiert und zusammengefummelt. Kinder lernen voneinander ja durchaus nicht nur durch Beobachten – sondern auch dadurch, dass sie aneinandergeraten. Wer von Kindern nur »schönes« Spiel erwartet, treibt das Gutmenschentum eindeutig zu weit. Erst durch Versuch und Irrtum lernen Kinder, mit ihren Impulsen umzugehen, sie lernen Konflikte zu regeln, sich zu zanken, wieder zu vertragen, zu verzeihen, sie lernen Regeln einzuhalten, aber auch Regeln zu setzen – und sie bei Bedarf wieder zu ändern oder je nach Situation und Spielpartner zu brechen.[16]

⁝⁝⁝ Wer die Angst überwinden will, muss selbst am Steuer sitzen – das scheint das Grundprinzip bei der spielerischen Angstüberwältigung zu sein. Beim Versteckspielen etwa muss das Kind jedes Mal neu entscheiden, wie weit es sich von der Fangestelle entfernt. Und bei manchen Spielen schalten die Kinder sogar absichtlich einen ihrer Sinne aus – sie verbinden sich die Augen, wie etwa bei »Blindekuh« – oder machen das Licht aus, um sich noch mehr zu gruseln.

Eine wunderbare Zeit. Eine Zeit, in der unbändige Emotionen schließlich doch gebändigt werden. Nicht mithilfe von Einsicht und auch nicht durch Steuerung von außen per Lob oder Tadel, sondern mithilfe der Spielkameraden, der anderen Kinder. Je mehr Blickwinkel, Perspektiven und Modelle das Kind in dieser Phase kennenlernt, desto reicher wird seine Innenwelt.

Aufbau des »inneren Rückgrats«

Folgen wir der unsichtbaren Spur noch ein Stückchen weiter, auf der sich Kinder ins Leben aufmachen. Auf ihr wandeln Kinder, die so vieles noch nicht können. Sie hätten tagtäglich allen Grund, gänzlich zu verzagen …

Die Kinder wählen einen anderen Weg. Sie *leihen* sich Macht, sie leihen sich Kraft, sie leihen sich Weisheit. Kein Wunder, dass sie sich so sehr für Prinzen oder Prinzessinnen interessieren, für Zauberer und Piraten. Für Figuren, die glänzen und strahlen. Und sie nehmen am besten Begleiter mit, die sich vor nichts fürchten, die nicht müde werden, und die sogar den Großen Paroli bieten können. Die kleine Hexe etwa, Seppl aus »Räuber Hotzenplotz«. Oder gleich Pippi Langstrumpf!

> »Irgendwann kommt Txori auf ihren kleinen Beinchen zu mir gewetzt, mit glänzenden Augen, der ganze kleine Mensch leuchtend vor Glück, aber bis zu mir schafft sie es dann doch nicht, das Glück ist so groß, dass es vorher heraus muss: Papa, wir spielen Piraten! Und ich bin die Prinzessin!! Und – und – und Joschi tut mich fesseln!« MALTE ROEPER

Moment einmal. Was soll an *der* denn toll sein? Vater: Alkoholiker. Mutter? Hmmm, irgendwie abhandengekommen. Das mit der Schule – klappt auch nicht so richtig … Und auch beim Seppl und bei der kleinen Hexe kommt der Mut ja eher in kleinen Portionen. Das erinnert irgendwie doch an – jawohl: Märchen. Auch da läuft so manches zunächst einmal schief. Der Held startet nicht etwa mit breiten Schultern ins Leben, sondern als Däumling, als letztgeborener, belächelter, schwächster oder gar behinderter Sohn. Oder als ein von der Stiefmutter unterdrücktes Mädchen. Zu Helden (oder Heldinnen) werden die Figuren nicht durch angeborene Superkräfte, sondern durch *innere Entwicklung*. Durch Prüfungen, die sie alleine nicht bestehen können, sondern für die sie Beistand brauchen – von guten Geistern, von Tieren mit magischen Kräften, von geknechteten Wesen aus der Unterwelt, von weisen Frauen. Die Helden bekommen Flügel verliehen, indem sich bei ihnen innerlich etwas tut – indem sie sich als Menschen entfalten. Dann erst erscheint der Held als Sieger (und bekommt am Ende natürlich die Prinzessin bzw. den Prinzen). Da schimmert noch ein anderes Thema durch: Entwicklung gegen Widerstände. *Resilienz*. Ist dieses Motiv den kleinen Menschen, die in eine große, beängstigende Welt hineinwachsen, nicht wie auf den Leib (und auf die Seele) geschneidert?

> Auch Märchen sind in ihrem Kern Geschichten von inneren Entwicklungen gegen Widerstände – Geschichten von Selbstbehauptung und Resilienz also. Dass sie den Kindern auch Angst machen können, spricht nicht gegen die Märchen an sich – eher dafür, dass die Geschichten von vertrauten Menschen erzählt oder vorgelesen werden sollten.

Die unsichtbare Spur und die Medien

Damit haben wir die Kurven hinter uns. Wir sind der unsichtbaren Spur gefolgt, auf der Kinder lernen, mit sich und den anderen klarzukommen. Wir haben sie zuerst bei der Entwicklung der Sprache beobachtet, wir haben ihnen dann beim Aufbau ihrer »inneren Sprache« zugesehen. Wir haben beobachtet, wie sie ihre »Theorie des Geistes« entwickeln. Wie sie ihr inneres Rückgrat stärken, wie sie lernen, mit ihren Emotionen umzugehen. Wir haben damit die wichtigste Agenda der frühen und mittleren Kindheit kennengelernt.

Und wir haben gesehen, dass diese Agenda nur über *Beziehungen* abgearbeitet werden kann, über vom Kind gestaltete – und gerne auch fantastisch ausgeschmückte – Beziehungen. In diesem Resonanzraum bildet sich die innere Oberfläche der Kinder aus.

Und für *diese* Agenda – die in nicht geringem Maß darüber entscheidet, wie Kinder später im Leben stehen – braucht es weder Internet noch Computer noch irgendwelche Apps. 180.000 Regenwürmer, deren Leben angeblich nur per Computer richtig verstanden werden kann, in Ehren, doch das menschliche Leben kann, nein *muss* von den Kindern analog verstanden werden, mit Körper, Hand und Herz.

Mehr noch: Die elektronischen Medien kommen den Kindern beim Aufbau dieses Verständnisses nur allzu leicht in die Quere. Bei den wichtigsten Entwicklungsaufgaben der frühen und mittleren Kindheit sind die Neuen Medien im Grunde Totalausfälle. In vielen Fällen saugen sie eben doch Beziehungen weg. Da nutzt auch das Argument nicht, die elektronischen Spiele würden in Wirklichkeit doch nur die alten, analogen Spiele ersetzen – ob ein Kind nun Halma oder Mühle auf einem Brett spiele oder auf einem iPhone, das sei doch egal. Das stimmt nicht. Die meisten Applikationen, gerade für die Kleinen, bieten eben kein gemeinsames Spiel. Vielmehr hat es der Spieler mit vorprogrammierten Reaktionen auf einem Bildschirm zu tun. Der intersubjektive Aspekt entfällt – und was das bedeutet, zeigt sich, wenn man Kindern einfach einmal zuschaut, was sie bei so einem analogen Halma- oder Mühle-Spiel so alles erfahren und veranstalten. Da wird gequatscht, gelacht, gestritten, da fließt eine unbändige Energie hin und her, von Auge zu Auge, Gesicht zu Gesicht. Wenn die Kinder über ihre Handys zusammen spielen, ist dieser direkte Draht ausgedünnt. Nein, Kinder werden durch den Computer nicht »dumm« (vielleicht werden sie ja sogar intelligenter) – die Neuen Medien rücken ihnen vielmehr bei der Ausdifferenzierung ihrer inneren Perspektive auf die Pelle. Sie werden von der unsichtbaren Spur abgedrängt.

»Die Spiele der Kinder sind nichts als Äußerung ernster Tätigkeit im leichtesten Flügelkleide«, sagt der Dichter Jean Paul in seinem Roman Levana. Und er hat recht. Das Kinderspiel – oft als eine Art spontane Beschäftigungstherapie junger Menschen verstanden – ist im Grunde harte Arbeit. Das sieht man nur nicht, weil die Kleinen oft so begeistert dreinschauen.

Spurensucher in der Sackgasse

Ich will 7 Gründe nennen, warum wir vorsichtig sein sollten, wenn es um die Nutzung elektronischer Medien im KiTa- und Kindergartenalter geht.

Erstens – Kinder lernen ihre (innere und äußere) Sprache nur über *Beziehungen*. Und zwar über Beziehungen, die sie selbst mitgestalten können und die auf ihre persönliche Welt und ihre Möglichkeiten abgestimmt sind. Nur in solchen »kontingenten«, auf die Eigenwelt des Kindes abgestimmten Beziehungen glückt der Innenausbau. Selbst perfekt programmierte Sprachroboter können die kindliche Sprachentwicklung nicht beschleunigen, im Gegenteil, sie hemmen sie. Und das gilt auch in Bezug auf die innere Sprache: Alle vom Lebenskontext des Kindes abgetrennten Schablonen wirken da wie Klebstoff.

Zweitens – Kinder müssen ihre Spiele nach ihrem *eigenen* Skript gestalten. Nur so können sie probehandeln. Nur so können sie ihre Ängste zähmen. Ängste sind immer individuell, persönlich, biografisch – jedes Kind muss *seinem* Drachen die Stirn bieten können. Die Ideen der Unterhaltungs- oder Bildungsindustrie nachzuspielen *kann* den Kindern nicht ausreichen – um sich selbst kennenzulernen, müssen Kinder durchspielen, was ihnen ganz persönlich unter den Nägeln brennt. Was ihnen in *ihrem* Alltag widerfährt. Sie wollen nicht mit Fantasiebildern oder Bildungsideen *versorgt* werden, sie wollen, nein, sie *müssen* ihre eigenen Bilder und Ideen entwickeln.

Drittens – Kinder müssen ihrem *eigenen* Tempo folgen, um sicher anzukommen. Kinder machen sich auf jede Geschichte, die sie da hören oder sehen, einen Reim – und jedes Kind geht da seinen eigenen Weg. Das eine geht schnell, das andere nimmt Umwege. Die Einheitsgröße, die ein App- oder Videoproduzent sich so vorstellt, passt nur im Glücksfall zum einzelnen Kind.

Viertens – die vorgesetzten Figuren verunsichern die Kinder. Die Unterhaltungsindustrie setzt auch in den elektronischen Kinderspielen gern auf übermächtige Figuren wie Power Rangers etc. Die ziehen die Kinder in Bann, weil sie Macht ausstrahlen. Anders als die Figuren in Märchen und Kindererzählungen kommt es aber nie zu einer »Lösung« – die Macht-Figuren müssen ja weiterkämpfen und das nächste

Abenteuer bestehen! Das Böse bleibt also immer irgendwo in Wartestellung – und das Kind in einer zweifelhaften, gefährdeten und gefährlichen Welt zurück.

Fünftens – die Unterhaltungsindustrie vermittelt ein einseitiges Menschenbild. Sie setzt auf Helden mit eingravierten Qualitäten – denn natürlich sind die Helden stark, klug und schön. Sind als Sieger geboren. Anders als in den »Entwicklungsgeschichten« – von Räuber Hotzenplotz bis zu den Märchen – wird dem Kind ein moderner Mythos von – oft übermenschlichen – Fähigkeiten und Überlegenheit präsentiert, aus dem sich dann wie selbstverständlich Ansprüche ableiten – auf Status, auf Anerkennung, Bewunderung und Macht. Das passt im Übrigen gut in die (derzeitige) Welt der Großen, nicht aber in eine kindgerechte Entwicklungswelt.

Sechstens – die Neuen Medien machen den Kindern das Recht auf rote Bäckchen streitig. Ja, Kinder bekommen vielleicht auch vor dem Bildschirm rote Bäckchen. Nur: Sie sitzen dort dann oft so viel und gern, dass sie weniger rauskommen, sich weniger bewegen, weniger Wind, Wetter und Sonne bekommen. Das aber sorgt für die roten Bäckchen, die die Kinder besser schlafen lassen, die sie weniger zappelig werden lassen, die ihren Gefühlshaushalt im wahrsten Sinne des Wortes *entlasten.*

Siebtens – kleine Kinder sind auf *Übersetzer* angewiesen. Sie brauchen Mittler zwischen dem Erfahrenen und dem inneren Erleben – insbesondere wenn ihnen Neues und Ungewohntes begegnet. Diese Mittler sind niemand anderes als die ihnen vertrauten Menschen – die liefern den Kleinen sozusagen einen erklärenden Spiegel, ja, vieles erschließt sich den Kindern nur über deren Gefühle und Reaktionen. Vonseiten der Medienpädagogik wird zwar immer darauf hingewiesen, wie wichtig es sei, dass die Kleinen beim Mediengebrauch von einer vertrauten erwachsenen Person »begleitet« werden. In Wirklichkeit aber sind die Applikationen selbst für Kleinkinder so konzipiert, dass sie auch ohne »Beziehungswolke« auskommen (wem das zu abstrakt ist, kann dazu die Geschichte von den bellenden Rehen am Kapitelende lesen).[17]

Das heißt aber auch, dass wir uns an der eigenen Nase packen müssen. Im Umgang mit kleinen Kindern sind elektronische Medien auch dann »Beziehungskiller«, wenn sie von uns, den Erwachsenen bedient werden. Es nutzt den Kleinen wenig, wenn wir elektronische Medien in *ihren* Händen kritisch sehen, im Alltag selbst aber ständig mit einer Hand, einem Auge und dem halben Herzen an einem iPhone hängen. Seltsamerweise wäre es im Buch-Zeitalter befremdlich erschienen, wenn ein Vater oder eine Erzieherin beim Spielen mit einem Kind immer wieder auf eine Buchseite gestarrt hätte. Wenn wir heute nebenher im Netz sind, scheint das selbst in manchen KiTas niemanden wirklich zu stören.

Alles Gift also?

Gemach. Keine Synapse dort drinnen in dem wachsenden Gehirn macht Zick anstatt Zack, bloß weil ein kleines Kind ab und zu mal ein Smartphone in die Hand bekommt. Und bestimmt lassen sich auch 7 Gründe finden, dass unter bestimmten Umständen auch die elektronischen Medien für die Kleinen funktionieren können. Wenn ein Kleinkind mal ein paar Bauklötzchen auf dem iPhone verschiebt, heißt das ja noch lange nicht, dass es in seinem Leben an funktionierenden Beziehungen hapert. Oder an elementaren Erfahrungen. Oder an »Übersetzung«. Oder, oder, oder .... Tatsächlich sind die Kleinen ja nur mit schwerem Geschütz von ihrer unsichtbaren Entwicklungsspur abzubringen – solange die »Beziehungshülle« stimmt und im Leben was los ist, gehen sie ihren Weg, mit oder ohne Tablet.

Aber mir geht es um eine grundsätzliche Weichenstellung. Selbst wenn unter »Idealbedingungen« vielleicht alles im grünen Bereich ist – warum sollen wir die elektronischen Medien dann zum *Programm* machen? Wohl wissend, dass im echten Leben oft keine Idealbedingungen herrschen? Warum sollen wir die Neuen Medien zu »Bildungs«-Mitteln adeln, die sie nicht sind?

Überraschend kritiklos wird in vielen Kindergärten und selbst Krippen den Neuen Medien Tür und Tor geöffnet – ohne dass dazu jemals eine qualifizierte Diskussion über deren Beitrag zu den so gern im Mund geführten Begriffen wie »Förderung« oder »frühe Bildung«

geführt wurde. Es wäre an der Zeit, dass die Befürworter einmal darlegen würden, wobei der Gebrauch elektronischer Medien die Entwicklung des Kindes denn eigentlich unterstützt – in Hinsicht auf seine emotionale Kompetenz, seine soziale Kompetenz, seine sprachliche Kompetenz, seine kognitive Kompetenz, seine Körperkompetenz, seine exekutive Kontrolle, seine Kreativität, seine seelische Integrität, ja, die Ausprägung seiner Individualität und Persönlichkeit? Wir hören.

Elektronische Medien in KiTas

Ich ziehe aus meinem Verständnis der kindlichen Entwicklung – wir sind diesen Weg ein ganzes Stück gemeinsam gegangen – einen anderen Schluss: Die Kinder sind schon genug von ihren entwicklungsnotwendigen freien Spielerfahrungen in unstrukturierten Umwelten abgeschnitten. Statt mit neuen technischen Hilfsmitteln noch mehr Schablonen in den KiTas abzuladen, sollten wir dafür sorgen, dass wir den Kindern diesen angestammten Erfahrung-, Beziehungs- und Lernraum wieder öffnen. Solange diese Prioritäten nicht gegeben sind, sehe ich die Parole von der »frühen Medienkompetenz« als nichts anderes als ein trojanisches Pferd der Elektronik- und Unterhaltungsindustrie (wir kommen auf die vielfältigen Zusammenhänge zwischen wirtschaftlichen und pädagogischen Zielvorstellungen in Kapitel 7 noch zu sprechen).

Dass virtuelle Medien in Krippen und Kindergärten einen Lern- oder Entwicklungsvorteil bringen, ist eine reine Behauptung. Sie wird durch keine Theorie der kindlichen Entwicklung unterstützt. Wissenschaftliche Befunde wirklich aussagekräftiger Beobachtungs- oder Vergleichsstudien fehlen. Aber es gibt begründete Hinweise, dass die Verwendung elektronischer Medien als Teil des Alltags in den Kinderwelten die gesunde Entwicklung des Kindes in seinen vielfältigen Dimensionen hemmen kann.

Es gibt keinen Hinweis, dass die frühe Einführung elektronischer Medien zu mehr Medienkompetenz führt. Kinder können sich wegen ihres fluiden Gehirns rascher in neue Technologien hineindenken als

Erwachsene, und das gilt auch für elektronische Geräte. Das heißt aber nicht, dass die Kinder später umso besser mit diesen Geräten umgehen können, je früher sie begonnen haben, sie in Gebrauch zu nehmen. Anders als für die evolutionär verankerte Sprachentwicklung (die sehr wohl auf entwicklungsabhängige, »sensible« Perioden am Lebensanfang angelegt ist) gibt es dafür keinen Beleg. So, wie wir Kinder als digitale Eingeborene bezeichnen, könnte man schließlich auch die Hypothese von »Schokoladen-Eingeborenen« aufstellen: Die Kinder werden in eine Welt voller Süßigkeiten hineingeboren, und je früher wir sie naschen lassen, desto kompetenter werden sie später im Umgang mit den Süßigkeiten! Viel Spaß beim Ausprobieren!

Lassen wir doch die Kirche im Dorf. Kein Kind verliert den Anschluss an die Wissensgesellschaft, wenn es nicht schon in der frühen Kindheit auf einem iPhone herumpatscht. Und bis die Patschehändchen ihren ersten Job machen, werden längst wieder andere Medientechnologien gefragt sein.

> Wenn die heute gerne als »digitale Eingeborene« bezeichneten Kleinen auf ihrem Pfad auch nur ein paar Jahre weitergezogen sind, sind sie angesichts der dann vorherrschenden Technologien unweigerlich selbst wieder Immigranten – und müssen die neuen Technologien im Schweiße ihres Angesichts zähmen.

Es ist deshalb schlicht und einfach unangemessen, wenn Medienwissenschaftler den Erzieherinnen und den Eltern gegenüber die Angst-Karte ziehen und so tun, als sei die Kritik an elektronischen Medien in den KiTas ein Verstoß gegen die Genfer Konvention: »Ein kompetenter Umgang mit der vernetzten Medienwelt ist zunehmend untrennbar mit kommunikativer und sozialer Kompetenz verwoben. Wer sich der Einsicht versperrt, dass Medienaneignung in frühester Kindheit beginnt und Medienkompetenzförderung entsprechend eine lebensbegleitende Aufgabe sein muss, behindert die Entwicklung von Fähigkeiten, die eine souveräne Lebensführung in der medialisierten Gesellschaft ermöglichen.« Mal locker bleiben. Millionen von Kindern haben das mit den elektronischen Medien dann doch noch irgendwann kapiert, auch wenn sie den Einstieg in der KiTa verpasst haben. So kompliziert sind Smartphone und Co. dann auch wieder nicht.

Ein bisschen komplizierter ist dagegen schon, was Kinder brauchen, um selbstbestimmt und kompetent mit ihrem – analogen – Leben umzugehen. Dazu braucht es etwas, was leider nicht ganz so aufregend klingt (und woran auch niemand wirklich Geld verdient): funktionierende Beziehungen, Raum zu Eigeninitiative, selbst gestaltete Abenteuer.

»Kinderleichte Bedienung bedeutet nicht, dass die Inhalte auch für Kinder geeignet sind.« (Thomas Rathgeb, Medienforscher an der Landesanstalt für Kommunikation Baden-Württemberg)

Eltern dürfen mehr erwarten

Für mich legt das Gesagte ein paar praktische Folgerungen nahe. Wenn virtuelle Medien angeblich zum pädagogischen Konzept eines Kindergartens oder insbesondere einer Krippe gehören – dann ist es angebracht, die ein oder andere Frage zu stellen und das gesamte Angebot unter die Lupe zu nehmen: Was läuft sonst mit den Kindern? Wie gestaltet sich der Alltag? Gibt es genug Zeit für freies Spiel? Genug »Auslauf«?

Ja, ich will das Thema Auslauf genau in diesem Zusammenhang thematisieren. Denn der derzeit auf Volltouren laufende Ausbau des KiTa-Angebots zeigt eines in drastischer Deutlichkeit: dass »draußen sein« oft gar nicht wirklich vorgesehen ist. Häufig scheitert das schon am architektonischen Konzept. Da kann die »frühe Bildung« schon mal zum willkommenen Rettungsanker werden – zumindest ist da der Platzbedarf nicht ganz so hoch. Und der Zeitaufwand auch nicht. Denn der natürliche Weg, auf dem Kinder zu den roten Bäckchen kommen, hat einen bedauerlichen Schönheitsfehler: Wir Großen müssen da mitmachen. Mit den Kleinen rausgehen. Sie einpacken. Mütze auf, Handschuhe an, Reißverschluss zu. Und das bei der ganzen Horde.

Dreckige Schuhe abbürsten, nasse Kleider wechseln. Ein müdes Kind auch mal tragen. Ein angeschlagenes Knie »verarzten«. Und ooups, ein kleiner Pipi-Unfall … Und dann auch noch den Schnuller vergessen! Alles mit Aufwand verbunden und vor allem mit vielen Handgriffen. Und das klingt – leider – fast schon wie eine Verschwörung gegen das gerade in vielen KiTas notgedrungen herrschende Effizienzprinzip: Wo bitte schön, sind denn da die vielen Hände? Jeder weiß, wie im echten Leben der Personalschlüssel in einer durchschnittlichen Krippe aussieht. Und dass die Hände, von denen da die Rede ist, zunehmend damit beschäftigt sind, den »Bildungserfolg« richtig zu dokumentieren, Entwicklungsbögen auszufüllen, Sprachfortschrittsberichte zu schreiben oder an »Portfolios« zu arbeiten. Zugegeben, ein »digitales Lerncenter« an einer KiTa wird ganz bestimmt nicht als Konkurrenz zu Wind, Sonne, Dreck und Schlamm geplant. Aber dass es zu einer solchen Konkurrenz wird, ist im echten, widersprüchlichen und widerständigen Leben nicht auszuschließen. Zumal wenn man auf die Abkürzung dann noch so ein wunderbares Wort kleben kann wie Frühförderung!

Irgendwie müssen wir dieses Rätsel ja erklärt bekommen. Nämlich, warum wir heute, wo wir zweifelsfrei wissen, dass die Versprechungen der letzten Medienwelle für die Kinder ein Reinfall waren, ein teuer bezahlter und in Wahrheit mit *Entwicklungseinbußen* bezahlter Spaß – warum wir also jetzt schon wieder an solch ein »Einstein«-Versprechen glauben. Ja, es kommt runderneuert und in anderem Gewand daher, aber es bleibt trotzdem dumm und primitiv.

Die wichtigste Entwicklungsressource für kleine (und übrigens auch große) Menschen sind funktionierende Beziehungen. In deren Rahmen können die Kinder das tun, worauf sie schon immer gebaut haben: lernen, wie sie mit sich, mit den anderen und mit der Welt klarkommen. Und auch wenn wir immer wieder neu darauf reinfallen: Kinder haben dazu alle Mittel an Bord. Man muss ihnen das nicht mit irgendwelchen Geräten aus der Nase ziehen.

Und die großen Kinder?

Kinder werden nicht plötzlich zu anderen Wesen, wenn sie in die Schule kommen – der »Innenausbau« läuft ja weiter, und dabei geht es weiterhin um Beziehungen, um Wirksamkeit, um neue Kompetenzen ... Und doch – die Kinder sind jetzt eben keine kleinen Kinder mehr. Sie haben es mit ihrer Sprache weit gebracht – auch mit ihrer inneren Sprache, ihren Emotionen. Sie haben sozusagen schon Wurzeln im Boden und Luft unter den Flügeln. Sie brauchen nicht mehr so oft die Begleiter und Übersetzer. Vor allem aber ist ihre exekutive Kontrolle deutlich stärker entwickelt. Unter bestimmten Bedingungen – und von diesen wird hier die Rede sein – können sie sogar das wichtigste Kunststück überhaupt schaffen: ein Spiel von sich aus beenden. Eine gute Grundlage, um allmählich auch die virtuelle Welt in Angriff zu nehmen.

Aber auch in diesem Neuland gelten – natürlich – die Grundregeln der kindlichen Entwicklung.

Primat des Fundaments

Kinder brauchen jetzt weiterhin Bewegung. Kinder brauchen jetzt weiterhin eine reichhaltige Beziehungswelt. Unmittelbare, elementare Erfahrungen. Die Gelegenheit zur Selbstorganisation unter anderen Kindern. Und in diesem Rahmen wird jetzt auch nach und nach die virtuelle Welt erforscht.

Und da gilt zunächst einmal, was für *alle* Medien gilt, ob holz- oder siliziumhaltig: Die Nutzung ist nicht nur eine Frage des Alters, sondern auch eine Frage des Maßes. »Niemand soll länger als 30 Minuten in der Badewanne liegen, sonst wellt sich die Haut«, sagt die Journalistin Tanja Dückers. Nun hängt die Wellenbildung der »Haut« in Sachen Mediennutzung natürlich auch vom Entwicklungsstand ab, aber dasselbe Prinzip gilt auch hier.

Und genauso gilt etwas Zweites: Die Bildschirme in diesem Neuland sind dick mit Honig bestrichen – wie ist das zu schaffen, dass das Kind – gerade im Grundschulalter – mit seinen Flügeln nicht daran festklebt?

Zum einen, wen wundert's: durch das, was sonst noch so im Leben läuft. Je spannender und reichhaltiger das Leben, desto eher können sich die Kinder über Microsofts Grenzen hinausstrecken. Ein reichhaltiges Angebot im RL (dem »real life«, wie die digitale Avantgarde das nicht virtuelle Leben nennt) gibt dem Finger die Kraft, wenn er sich dem Ausschalter nähert. Wo ein spannendes Leben geboten ist, ist die Honigschicht auf dem Bildschirm nicht ganz so klebrig.

Zum andern – indem die gleiche Strategie gewählt wird, die Kinder selbst beim Spielen wählen: Regeln benutzen. Besonders im Grundschulalter ist anders der Verkehr im Neuland nicht zu regeln. Dabei gilt es nicht nur die Frage nach der richtigen »Badezeit« zu beantworten (die ich je nach Art der Mediennutzung, Alter und Persönlichkeit des Kindes für so individuell halte, dass Sie hier keine konkreten Angaben lesen werden). Sondern auch: Wo steht der Bildschirm? Ist das Schlafzimmer des Kindes der richtige Ort? Ganz sicher nicht. Im Neuland erfolgreich zu navigieren erfordert manches, was ein Kind entwicklungsbedingt vielleicht noch gar nicht schaffen kann. Ein mit leckeren Spielen vollgeladenes Gerät einfach stehen zu lassen, um ins Bett zu gehen, schafft ein Kind erst, wenn es auch neben einer Tafel Schokolade einschlafen kann. Und braucht ein Kind im Grundschulalter ein internetfähiges Handy? Warum eigentlich?

Von den Beziehungen

Aber Regeln sind nicht alles. Denn damit Regeln langfristig funktionieren – und zwar auch nach dem Grundschulalter, wenn Kinder zu Recht auf eine Mitgestaltung pochen –, braucht es mehr: Beziehungen. Funktionierende Beziehungen.

Wirklich? Geht es jetzt, wo die Kinder ihren Spielraum austesten, nicht eher um mehr Grenzen? Deutlicher angesagte Regeln? Kann man das »Medienproblem« nicht so lösen, wie man das bei kleinen Kindern mit den Süßigkeiten macht – die Schokolade kommt in eine Schublade, den Schlüssel verwalten die Großen. Natürlich ist die Schlüssel-Option sehr effektiv, aber sie basiert letztlich darauf, dass der eine seine Macht nutzt und das aus seiner Sicht Richtige tut. Was aber passiert, wenn sich auch der andere Macht verschafft und dann eben *seine* Sicht der Dinge durchsetzt? Dann geht es in der Familie unweigerlich fast nur noch um die Frage, wer gerade besser gerüstet ist und am längeren Hebel sitzt. Und dass Kinder sich Macht verschaffen, ist Teil ihrer Entwicklung. Wer den Verkehr nur durch »Grenzen« regeln will, wird einmal gewinnen (vor allem, wenn die Kinder klein sind), dann aber verlieren (vor allem, wenn die Kinder groß sind, also schon ein paar Jahre später). Dann nämlich findet sich immer ein Schlupfloch: Die technische Filterfunktion wird geknackt, ein anderes Endgerät benutzt, bei den Freunden gespielt und, und, und. Und der Erwachsene wird auch in einer anderen Hinsicht verlieren – im täglichen Umgang miteinander nämlich. Wer immer nur mit Grenzen arbeitet, macht aus dem Familienleben nur allzu schnell ein Anstaltsleben.

Nein (und wie schon so oft hervorgehoben, weil es nämlich genau darauf ankommt!) – die wichtigen Dinge im Leben lassen sich nur auf der Basis von *Beziehungen* regeln. Wo Grenzen für das Zusammenleben nötig sind, funktionieren sie nur, wenn die Beziehungen funktionieren. Die Regeln, die man auf dieser Basis findet, taugen. (Natürlich werden die auch gebrochen, wir leben ja nicht in einem Heimatfilm, aber sie lassen sich dann wieder neu aufbauen. So ist das eben mit Beziehungen. Sie sind nicht immer ideal, aber mehr als daran arbeiten und uns redlich bemühen können wir nicht. Schon mal mit einem Menschen zusammengelebt?)

Wie entscheidend die Beziehungen als Leitplanken des Verhaltens sind, zeigt kein Beispiel besser als das Lügen. Alle Kinder lügen. Alle Erwachsenen auch (»Wie geht es Ihnen heute?« »Gut.« – Tatsächlich?). Nun war man früher der Meinung, Kinder seien von Natur aus Lügner und würden dann durch den von Eltern und Erziehern vermittelten Aufwind zur Ehrlichkeit erzogen. Man dachte über Moral überhaupt so: Die Kleinen seien »ohne«, sie müssten von den Großen das moralische Empfinden lernen. Dass dieser Ansatz insbesondere in Zeiten populär war, als die Großen vollauf damit beschäftigt waren, die Menschlichkeit in zwei Weltkriegen mit Füßen zu treten, darf als bittere Ironie gelten. Heute weiß man, dass es etwas komplizierter ist. Wie viel Kinder (und Erwachsene) lügen, hat nämlich etwas mit den *Kosten der Wahrheit* zu tun. Wenn ein Kind, das ehrlich zugibt, was es falsch gemacht hat, dafür mit Strafen zu rechnen hat (seien sie körperlicher, seelischer oder sozialer Art), wird es das nächste Mal nicht ganz so ehrlich sein – es ist ja nicht blöd. Und das lässt sich in vielen Studien auch gut nachweisen: Je mehr in einer Familie gestraft wird, desto eher wird gelogen. Auch unter erwachsenen Partnern ist das so. Je höher die zu erwartende »Strafe« (die ja bis zum Entzug der Beziehung führen kann), desto schwerer ist das mit der Ehrlichkeit.[18]

Nein, das mit den Beziehungen ist kein leeres Gerede. Ein Kind wird nicht deshalb zum sozialen Krüppel, weil es das Internet benutzt. Es bekommt dann Probleme, wenn es in seinem Beziehungssystem knirscht und wackelt. Fragt man Eltern, die sich über den exzessiven Medienkonsum ihrer Kinder beklagen, wie es ihrem Kind so eigentlich geht, was es so in seinem Leben macht und beschäftigt, so zucken viele die Achseln – sie wissen es einfach nicht. Genau das ist das Problem.

Und die Schulen?

Eine interessante Situation: Während manche Krippen meinen, sich als besonders modern und innovativ zu präsentieren, indem sie »elektronische Lerncenter« einrichten, schleppen sich die Schüler selbst an den weiterbildenden Schulen noch immer mit tonnenschweren Rucksäcken mit Dutzenden von (nicht selten veralteten) Schulbüchern ab, die alle längst auf einen einzigen Reader passen würden und dort per Touch von Auflage zu Auflage aktualisiert werden könnten. Und das, obwohl noch auf jedem Elternabend der strapazierte Rücken der Schüler *das* Thema ist. Und der Computerbestand ist oft ein Fall fürs Museum. Mediennutzung oder Informatik als qualifiziertes Unterrichtsfach? Wenn sich ein engagierter und kundiger Lehrer findet, vielleicht als AG.

Dabei wären die Ressourcen für einen qualifizierten Unterricht eigentlich da – die Schüler selbst nämlich. Unter denen gibt es eine Reihe von Spezialisten, gerade aus den älteren Klassen, da ließe sich ein wunderbarer Lernclub veranstalten. Auch in anderer Hinsicht wäre ein solches Fach eine gute Übung – die Lehrer würden einmal dort sitzen, wo sie eben auch manchmal hingehören: auf der Schulbank – und wahrscheinlich würden sie einiges von ihren Schülern in Sachen Computer dazulernen!

Dass in Deutschland Computer gerade dort *nicht* sind, wo ihre Vorteile genutzt werden könnten, muss schon verwundern. Dort in den

Schulen sind ja die Kinder mit schon halbwegs entwickelter Selbstkontrolle. Die, denen der Mediengebrauch nicht gleich die Freizeit wegsaugt. Hier hätten sie Begleitung, Austausch und die Möglichkeit zur Reflexion. Hier könnten sie die neuen Medien als effektive Arbeitsmittel kennen- und schätzen lernen. Und auch, wie man kreativ mit ihnen umgeht, indem man etwas Neues schafft, eine Grafik, einen Film, ein Spiel, einen Internetauftritt. Aber wenn selbst die Lehrer *darauf* nicht vorbereitet sind – wie sollen es dann die Eltern sein?

Das andere Neuland

Wie hat sich die Welt für die Kinder durch die Neuen Medien verändert – positiv oder negativ? Ist sie wirklich spannender geworden, freier, lebendiger? Das war ja unsere Frage am Anfang dieses Kapitels.

Ja und nein.

Ein uneingeschränktes Nein gilt für die kleinen Kinder – das Leben eines Kindergartenkindes wird durch die Neuen Medien weder reicher noch spannender. Im Gegenteil. Viele zu diesem Zeitpunkt unverhandelbare Entwicklungsschritte sind nur in einer dichten Beziehungsmatrix möglich. Diese kann durch die Neuen Medien nur allzu leicht aufgelockert werden. Es gibt deshalb keinen erdenklichen Grund, die Neuen Medien in Krippen und Kindergärten zum Programm zu machen. Und auch im Grundschulalter brauchen die Kinder vor allem eines: Körper, Hand und Herz – und direkte Erfahrungen auf Augenhöhe.

Bei den älteren Kindern gilt in Bezug auf die Neuen Medien Widersprüchliches.

Ja, sie können helfen, das Leben zu durchdringen, zu gestalten und »Sinn« daraus zu ziehen. Und sie sind mögliche Helfer, wenn es darum geht, Beziehungen zu pflegen – zu Personen, zu einem »Stamm«, zu einer Sache. Das kann gerade in einer Welt, in der der Aufbau von Bezogenheit und von Beziehungen immer schwieriger wird, wertvoll sein. Einen eigenen Blog zu unterhalten ist nun einmal eine wunderbare Form der Teilhabe, ja der Sinnstiftung. Sich mit anderen abzustimmen, ob per Facebook, per Mail oder Twitter kann Verbindungen schaffen.

Und manchen Kindern können die Neuen Medien durchaus Entwicklungswege öffnen, die ihnen früher verschlossen geblieben wären. So manches Kind, das früher Briefmarken sammelte, taucht heute in die Tiefen von Computersprachen oder -schaltkreisen. Ja, für manche Kinder ist die virtuelle Welt tatsächlich eine Erweiterung, die ihnen helfen kann, mit ihren Talenten und ihrer Persönlichkeit auch in der echten Welt besser »anzukommen«.

Und die Neuen Medien können Spaß machen, Freude bereiten. Wie die analogen Spiele auch – ja, vielleicht noch mehr.

Und *dagegen* ist eigentlich nichts einzuwenden, oder?

Das ist keine rhetorische Frage. Sie weist nämlich auf das eigentliche Problem. Es betrifft alle Spiele, in allen Medien.

Der ultimative Spielgewinn

Wenn Kinder ihre Spiele selbst organisieren, wenn sie also »frei« spielen, dann spielen sie nach einem uralten Programm. Natürlich, sie spielen, »um Spaß zu haben« – aber hinter diesem naheliegenden Grund, steht ein tieferer, ultimativer Zweck: Das Spiel hilft ihnen, die fundamentalen Kompetenzen des Lebens auszubilden. Es bereitet sie auf das Leben vor. Um es mit dem in Kapitel 3 benutzten Bild auszudrücken: Es zieht sie zu den Quellen der Entwicklung. Die Kinder erfahren Freiheit, Unmittelbarkeit, Widerständigkeit, Bezogenheit – und lernen daraus, mit sich selbst, den anderen und der Welt klarzukommen. Das ist die evolutionäre Wurzel und der angestammte Sinn des Spielens. Er erklärt, weshalb Kinder, wenn es nach ihrem Kopf geht, die ganze Kindheit über *alle* Energie im Grunde auf das Spiel (oder dessen Vorbereitung bzw. Absicherung) wenden. Spielen ist der Urgrund der Entwicklung.

Immer da, wo Kinder Spiele nur »nachspielen«, ihre Spiele also nicht selbst entwickeln und gestalten, besteht die Gefahr, dass der naheliegende Grund und der ultimative Grund des Spiels auseinanderdriften. Dass das »Spaß haben« eben nicht mehr der Lockstoff zum ultimativen Spielgewinn ist, sondern Selbstzweck. Dass der eigentlich hinter dem Spielen stehende Endzweck – der Zuwachs an Entwicklungs- und Lebenskompetenz – ein ungedeckter Scheck bleibt.

Nehmen wir als Beispiel nur einmal den Umgang mit Widerständen. Auch in der virtuellen Spielwelt sind Widerstände eingeplant – als Held muss man so manchen Gegner überlisten, um keine blutige Nase zu kriegen. Oft lässt sich der »Widerstand«, etwa die Schnelligkeit der Spielfiguren oder die Zahl der Gegner, auch frei einstellen. In der analogen Spielwelt dagegen sind die Widerstände gesetzt – je unstrukturierter das Spiel, desto unverrückbarer. Wer auf einer Fahrradtour ist, muss den Weg zurück nach Hause irgendwie schaffen – die Belohnung dafür gibt es erst im Nachhinein: Ich hab das geschafft! Wenn man beim analogen Spielen miteinander nicht klarkommt, muss man sich streiten – und trotzdem irgendwann wieder ein Spiel miteinander beginnen. Im virtuellen Raum ist das anders – wenn einem der Weg zu lang wird, klickt man sich woandershin. Wenn einem der andere zu nervig wird, klickt man ihn weg.

Ähnliches gilt für die Unmittelbarkeit der Erfahrungen. Auch wenn mit Playstation Move, Wii-Fit, Controller-Handschuhen und sogar Ganzkörper-Controllern der Körper und die Sinne in die virtuelle Spielwelt mit eingebracht werden sollen, ist dies immer noch ein Witz gegenüber dem, was beim Spielen in unstrukturierten Umwelten so alles passiert – wer schon mal ein Kind gesehen hat, wie es glücklich und erschöpft von einem Nachmittag draußen nach Hause kommt, weiß, was gemeint ist. Und das Gefühl der Verbundenheit mit Orten oder Personen entsteht auch heute noch durch Erfahrungen aus erster Hand – Gerüche, Geräusche, Stimmungen. Sinnliche Erfahrungen, die *Eindrücke* in der Seele hinterlassen. Da ist über den Austausch von Datenpaketen wenig zu holen.

Nun spielen Kinder ja von jeher nicht nur selbst entwickelte Spiele – sie nehmen gerne auch Spiele »von der Stange«, etwa Blindekuh, Himmel und Hölle, Verstecken etc. Nur: Anders als die kommerziell angebotenen Spiele wurden diese Spiele von Kindern entwickelt, von Kindern tradiert, diese Spiele sind wirkliche Kinderspiele. Kein Wunder, dass der dahinter stehende Kompetenzgewinn deutlich hervorschimmert: Zugewinn an Geschicklichkeit etwa. Oder Angstbewältigung. Das heißt nicht, dass Spiele, die als Marktangebot entwickelt wurden, grundsätzlich untauglich wären. Aber sie haben zunächst einmal eine andere Wurzel. Sie werden – in aller Regel – nicht von Kindern, sondern von Erwachsenen gemacht. Sie werden entwickelt, um kommerziell erfolgreich zu sein. Und dazu hilft ein simples Rezept: Der Spaß muss hoch konzentriert und leicht verdaulich sein. Ob dahinter jedoch die ultimative Belohnung – der Aufbau fundamentaler Lebenskompetenzen – steht, ist mehr als fraglich.

Das sollte uns gerade gegenüber dem Teil der Neuen Medien, der zurzeit mit der breitesten Brust auftritt – den elektronischen Spielen –, kritisch sein lassen (schon jetzt wird mit Computerspielen doppelt so viel Geld verdient wie mit Musikalben). Gerade da sammeln sich die meisten leeren Kalorien. Und der reduzierte Nährwert wiegt heute umso schwerer, als Kinder sowieso schon zu wenig Freiraum und Freizeit haben, um »selbst gemachte« Spiele zu spielen.

Der Trend im Bereich des Kinderspiels kann durchaus mit dem Trend in anderen Wirtschafts- und Lebensbereichen verglichen werden: Immer mehr ehemals selbst erbrachte Leistungen werden durch Angebote von der Stange ersetzt. Immer seltener wird das Essen selbst zubereitet. Immer seltener entwickeln aber auch Kinder ihre Spiele selber – die Spielforschung beobachtet, wie immer mehr von Generation zu Generation tradierte Spiele sozusagen aussterben.

Das Internet mag eine Verheißung sein, aber dann gehen die Fragen doch erst richtig los. Für wen? Wodurch? Unter welchen Umständen? Denn ob das Leben besser wird oder schlechter, liegt nicht an den Neuen Medien und auch nicht an neuen Techniken. Menschen werden nicht dadurch glücklicher, dass sie andere Geräte benutzen. Und deshalb hat die Frage, ob die Neuen Medien nun »gut« oder »schlecht« sind, Hunderte von Antworten, und sie sind alle individuell. Für jeden Einzelnen sehen die Chancen und Risiken anders aus – und eben *deshalb* lohnt es sich, auf das einzelne Kind zu achten, auf *seine* Entwicklung, *sein* Alter, *seine* Art, mit der Welt umzugehen, *seine* Situation.

Dass die Neuen Medien so allgegenwärtig geworden sind, liegt nicht nur an ihrer optimierten Sogkraft. Es liegt auch daran, dass wir eine Welt geschaffen haben, in der die Beziehungen unter Druck geraten sind. Medien an sich sind Scheinriesen – leben Kinder in einer beziehungsvollen Welt (mit den Eltern, den Freunden, den anderen Kindern), schrumpft deren Macht gewaltig.

Zurück zu den Geschichten

Fassen wir zusammen. Die Menschen (und mit ihnen die Kinder) mögen einen immer größeren Teil ihres Lebens im virtuellen Raum verbringen – die Quellen aber, aus denen sich die menschliche Entwicklung speist, sind nicht automatisch dort, wo es die Menschen mit ihren Geschichten gerade hinzieht.

Das heißt nicht, dass die großen Geschichten des Lebens nicht auch mit den Neuen Medien erzählt werden können. Aber sie funktionieren für die Kinder nur unter bestimmten Bedingungen, und es sind die gleichen Bedingungen, die auch für die »alten« Medien galten:

Nur ein Teil der Geschichten ist es wert, gehört zu werden – die Auswahl muss also passen. Auch das Maß muss stimmen – Kinder wollen ja nicht nur Geschichten erleben, sie wollen und müssen das Leben auch aus erster Hand erfahren. Und: Die Geschichten funktionieren nur, wenn sie die wichtigste Grundlage der kindlichen Entwicklung stärken und nicht schwächen: reichhaltige, lebendige Beziehungen.

Licht und Schatten also, eng beieinander.

Bellende Rehe – ein Kommentar zur Markteinführung eines digitalen Lesestifts

Wenn der 3-jährige Mario abends durch sein Bilderbuch blättert, öffnet sich ihm die Welt der Natur. Mit dem digitalen Lesestift, den ihm seine Eltern im Buchladen gekauft haben, kann Mario durch die bunten Pappseiten seines neues Buches streifen. Und schon sagt ihm die Stimme aus dem Stift, was es da alles sonst noch zu entdecken gibt! Auch wie die Dinge heißen, die er da sieht! Und welche Geräusche sie machen! Die Rehe etwa auf der Lichtung an der unteren Ecke des Bilderbuches, halb versteckt hinter langen Gräsern, geben ein seltsames Bellen von sich, sobald Mario seinen Stift auf sie hält, ein langes »Bauuu – bauuuu – bauuu«. Und die Frösche dort unten? Sie machen ein lustiges »Quak – quaaak«. Willst du ein Lied hören, wie das klingt? Heut ist ein Fest bei den Fröschen im See … erschallt es wie von Zauberhand.

Ab in die Welt des Wissens mit einer Extraportion Spaß! Kein Wunder, dass die so beworbenen digitalen Stifte immer öfter in Kinderzimmern zu finden sind. Da sind einfach mehr Anreize für die Kinder enthalten: mehr Informationen, mehr Wissen. Mehr Gelegenheiten, zu staunen und zu lernen!

Und doch geht die Hoffnung nicht auf. Die Hoffnung nämlich, dass der optimierte Input das Lernen der Kinder beflügelt. Dass das Mehr an Anregung wie Dünger wirkt und irgendwann zu einem reicheren Ertrag führt. Im Gegenteil: Kinder wachsen nicht schneller, indem sie mehr essen. Sie werden davon nur träge und dick.

Wir brauchen sie nur zu beobachten. Ja, sie sind Sammler, sie suchen die Welt ab nach Mosaikstückchen und Schätzen aller Art. Sie stellen alle Antennen auf, sobald ihnen etwas Neues begegnet. Oder etwas Unerwartetes. Aber was sie sich da zusammensuchen, sind nicht bloß Informationen. Es sind Eindrücke. Sinnliche Erfahrungen. Kinder setzen sich die Realität nicht wie eine Briefmarkensammlung zusammen: Stück für Stück, Information für Information. Nein, sie wollen sie erleben und in sich einbinden. Hinter den Fakten suchen sie Farben, Gefühle, Geschichten. Daraus bauen sie ihre innere Welt. Damit kleiden sie sie aus.

Für diese Art des »Stoffwechsels« brauchen Kinder – je kleiner sie sind, desto dringender – den Spiegel der anderen. Der Menschen, die ihnen in ihrem Leben etwas bedeuten. Sie brauchen sie, um das Erlebte zu deuten und – im wahrsten Sinn des Wortes – einzuordnen. Dass sie so aufgeregt »Guck mal, guck mal« rufen, sobald sie etwas Neues entdecken, hat einen guten Grund.

Wie Eindrücke verankert werden

Lesen wir einmal mit einem Kind zusammen in einem Bilderbuch. Es bemerkt das Tier, das sich da im Wald versteckt. Es deutet darauf. Und schon dreht sich sein Köpfchen zu uns und forscht in unserem Gesicht: Wie reagiert Papa? Was denkt er wohl über das Tier? Zieht er mit großen Augen die Luft ein – dann ist es ein gefährliches Tier! Da muss man vielleicht auch kurz das Buch zuklappen und sich Seite für Seite neu anschleichen … Oder das gefährliche Tier muss durch eine Geschichte gezähmt werden, die man in einem atemlosen Hin und Her ausspinnt ... Dass der Wolf ... gerade heute nicht auf Beute lauert ... weil er – vielleicht gerade Bauchweh hat! Und dieser Kauz in der linken oberen Ecke? Welche Geschichte trägt er zwischen den Flügeln? Mag er den dichten Wald, weil er da ein Nest für seine Kinder bauen kann? Gibt der Kauz damit nicht auch dem Wald ein Gesicht als schützender, nährender Ort?

Wie tief dringt ein Schrei?

Kinder – auch solche, die schon in die Schule gehen – lernen die Welt kennen, indem sie sich Geschichten über sie ausdenken und immer wieder neu fassen. Das machen sie zunächst im Wechselspiel mit ihren erwachsenen Bezugspersonen, später dann vor allem im Spiel untereinander. Wie die vielen Mosaikstückchen dort draußen faktisch zusammengehören – das ist für sie nicht so wichtig.

Wir zelten. In der Ferne der Waldrand. Der Sommerabend zieht herein. Mario sitzt mit uns am Feuer, eng bei seinem Vater. Da knistert es, Holz, Funken, Empfindungen, Einfälle, alles zusammen. Die Flammen winden sich ineinander, da sind orange, gelbe, violette Stränge, dazu die Gerüche, die Gesprächsfetzen. Da ist die Wärme, die uns entgegenstrahlt, am Rücken aber schon ein kühler Wind. Da sind die Ruhe und die Sicherheit innerhalb des Feuerscheins. Wo er aufhört, spüren wir aber auch unsere eigene Ängstlichkeit. Wir sind satt und müde, und doch ist da eine Spannung in uns. Wir ruhen, aber wir haben auch zu tun – das Feuer braucht Nahrung. Mitten im Sommer begegnet uns ein kommendes und ein vergehendes Jahr. Da sind so viele Geschichten. Geschichten, die uns zum Teil eine Menschheit lang begleitet haben.

Da sitzen wir mit unserem Kind. Und auf einmal ertönt in der Ferne dieser Schrei – ein heiseres »Bauu – bauuu – bauu«. Immer wieder. Wie ein Bellen. Eigentlich melancholisch, wie es hier draußen klingt, wo wir die Dunkelheit im Nacken haben. Aber auch aufgeregt. Auf jeden Fall ein Schrei, der unter die Haut geht.

Natürlich blickt das Kind in unser Gesicht. Sucht darin. Natürlich nimmt es wahr, wie alle innehalten. Natürlich sieht es, wie sein Vater horcht, und wie sein Gesicht irgendwie – staunt. Vielleicht merkt es, dass da auch ein bisschen Angst mitschwingt – welches Tier schreit denn da so bellend in der Dunkelheit? Und bestimmt nimmt das Kind erleichtert wahr, dass die Großen bald wieder fortfahren mit ihrem Reden, dem Essen, dem Gequatsche, dem Hin und Her von Lachen und Erzählen. Im Hintergrund immer noch ab und an dieses Bellen. Rehböcke, wie der Vater sagt. Sie wollen den Rehkühen gefallen.

Für das Kind ist das jetzt Teil einer Geschichte. Einer Geschichte, die entstanden ist, so wie ein Turm entsteht. Kleine Türme kann man bauen, indem man einfach Steine aufeinanderlegt. Richtige Türme aber brauchen ein Fundament, und sie sind nur mit einem Gerüst aufzurichten. Erfahrung für Erfahrung, Gefühl für Gefühl, alles auf der Grundlage sicherer Beziehungen.

So läuft die menschliche Entwicklung. So erklären sich Kinder die Welt.

GEDULD

In den Achtzigerjahren des vergangenen Jahrhunderts hat ein Psychologe in den USA ein sehr aufschlussreiches Experiment mit fünf- und sechsjährigen Kindern durchgeführt. Sie wurden alle in einer langen Reihe an einen Tisch gesetzt, auf dem an jedem Platz eine Süßigkeit, ein Marshmallow, lag. Und dann wurde den Kindern gesagt, dass diejenigen von ihnen, die nicht gleich zugreifen und das Marshmallow aufessen, sondern zehn Minuten warten, noch ein zweites Marshmallow bekämen.

So kam es, wie es kommen musste. Manche der Kinder konnten so lange warten, andere nicht. Das Verhalten der Kinder wurde dokumentiert und zwanzig Jahre später, als sie erwachsen waren, schauten die Forscher nach, was aus ihnen geworden war.

Das Ergebnis war sehr bemerkenswert: Diejenigen, die damals als Kinder das Marshmallow nicht gleich gegessen, sondern die zehn Minuten davorgesessen und gewartet und dafür ein zweites Marshmallow bekommen hatten, waren nun, als junge Erwachsene in jeder Hinsicht ihren damals ungeduldigeren Kameraden überlegen: Sie hatten bessere Ausbildungen durchlaufen, waren in anspruchsvolleren Berufen tätig, verdienten mehr Geld, hatten mehr Freunde, stabilere Partnerschaften und waren sogar weniger oft krank. Offenbar, und das zeigt ja diese Studie recht überzeugend, ist es sehr vorteilhaft für die gesamte weitere Entwicklung, wenn Kinder schon sehr früh das lernen, was die Hirnforscher »Impulskontrolle« nennen und was normale Menschen unter »Geduld haben« verstehen.

Im weitesten Sinne ist dieses »warten können« Ausdruck einer übergeordneten Kompetenz, einer sogenannten Metakompetenz. Und die heißt Selbstdisziplin oder auch Affektkontrolle. Dazu zählt neben der Impulskontrolle auch die Frustrationstoleranz, also die Fähigkeit, nicht gleich aufzugeben und alles hinzuwerfen, wenn etwas nicht so klappt oder so läuft, wie man es gern hätte. Auch das gehört zu dem, was wir unter Geduld verstehen.

Das können Kinder nicht von Anfang an. Über diese Metakompetenzen verfügt ein Kind erst dann, wenn die dafür erforderlichen sehr komplexen Nervenzellverschaltungen in seinem Frontalhirn hinreichend ausgebildet und stabilisiert worden sind. Aber das geschieht eben nicht von allein. Diese Vernetzungen in seinem Frontalhirn entstehen nur dann, wenn ein Kind möglichst oft Gelegenheit bekommt, die beglückende Erfahrung zu machen, wie schön es ist, wenn es nicht immer sofort das macht, was ihm gerade als Impuls aus den tiefer liegenden Bereichen des Gehirns »in den Kopf schießt«, wenn es also nicht immer alles bekommt, was es haben will, und macht, wonach ihm gerade der Sinn steht. Wenn also nicht gleich jedes Bedürfnis gestillt und jeder Impuls sofort umgesetzt wird.

Damit sich die für diese Selbstdisziplin erforderlichen Verschaltungen im kindlichen Gehirn herausbilden können, nützt es allerdings nichts, wenn es von außen, also durch seine Eltern, Lehrer und Erzieher diszipliniert wird. Wenn ihm also vorgeschrieben und gesagt wird, was es zu tun und zu lassen, dass es geduldig und brav zu sein hat. Die für die Fähigkeit zur Selbstdisziplin erforderlichen Verschaltungsmuster bilden sich erst durch die konkreten eigenen Erfahrungen heraus, die ein Kind mit dem »Geduld haben« macht.

Und wenn ein Kind die Erfahrung machen muss, dass es ständig diszipliniert und mit Druck dazu gebracht wird, sich so zu verhalten, wie das von ihm verlangt wird, so entwickeln sich in seinem Frontalhirn nicht solche Verschaltungen, die für Selbstdisziplin gebraucht werden. Dann entstehen bestenfalls solche Netzwerke, die für das verantwortlich sind, was es als Lösung für derartige Disziplinierungsmaßnahmen am geeignetsten findet: nämlich zu befolgen, was ihm gesagt, zu machen, was von ihm verlangt wird. Das aber hat mit Selbstdisziplin nichts zu tun, das ist Gehorsamkeit. Ein Kind, das gelernt hat, gehorsam zu sein, funktioniert einfach so, wie es soll. Es braucht gar keine Selbstdisziplin. Und das ist dann nicht so gut, weder für das Kind noch für sein Zusammenleben mit anderen.

Um diese Metakompetenzen zu erwerben, deren es zur Selbstdisziplin bedarf, und um die dafür zuständigen Vernetzungen im Frontalhirn herauszubilden, müsste ein Kind die Erfahrung machen, dass es, wenn es sich etwas vorgenommen hat, gut und hilfreich, ja sogar wunderbar ist, wenn es dabei bei der Sache bleibt, nicht jedem Impuls folgt und sich nicht von Fehlschlägen und Misserfolgen entmutigen lässt. Wenn es also geduldig ist. Wenn es anders als mit Geduld gar nicht ans Ziel kommt und deshalb auch nichts zustande bringt.

Es müsste also, statt diszipliniert zu werden, den Nutzen von Disziplin, von Selbstdisziplin, bei sich selbst erfahren. Dann würde es sich auch selbst darüber freuen können, dass es so geduldig gewartet und so tapfer bei der Sache geblieben ist. Und nur dann würden in seinem Gehirn auch die tiefer liegenden für diese Freude zuständigen emotionalen Bereiche mit aktiviert. Und nur wenn die dort liegenden Nervenzellen erregt werden, schütten sie an den Enden ihrer langen Fortsätze auch diese besonderen neuroplastischen Botenstoffe aus, die wie Dünger auf die für die Impulskontrolle und die Frustrationstoleranz zuständigen Nervenzellverschaltungen im Frontalhirn wirken.

Wer also Selbstdisziplin erlernen will, muss sich darüber freuen können, wenn es klappt. Sonst geht es nicht. Sonst lernt man nur, die Zähne zusammenzubeißen und durchzuhalten. Aber so wird kein Kind seine angeborene Freude am eigenen Entdecken und Gestalten bewahren und seine Talente und Begabungen entfalten können. Jetzt wird auch verständlich, weshalb sich all jene Kinder, die im Alter von fünf oder sechs Jahren dieses Marshmallow vor ihrem Platz nicht gleich aufgegessen hatten, so viel besser entwickelt haben als ihre ungeduldigen Altersgenossen.

So weit, so gut. Aber wo findet ein Kind möglichst viele Gelegenheiten, um den Nutzen von Disziplin zu erfahren? Welche Erfahrungsräume sind dafür besonders gut geeignet? Sie ahnen es schon, solche Gelegenheiten sind selten im Kinderzimmer zu finden, auch nicht unbedingt im Kindergarten oder in der Schule. Aber mit Sicherheit draußen, in der Natur.

Dort also, wo man nichts mitbekommt und nichts zustande bringt, wenn man nicht geduldig abwarten kann. Wo man darauf warten muss, bis die Vögel zum Futterhaus kommen, die Maus aus ihrem Loch herauskommt oder der Frosch im Teich seine Backen aufbläst und zu quaken beginnt. Wo man im Reiterhof sein Pferd erst geduldig putzen, ihm die Hufe reinigen und es satteln muss, bevor man damit losreiten kann. Wo man dem Fisch im Teich nicht befehlen kann, den Köder an der Angel zu schnappen, sondern still und ruhig darauf warten muss, dass er anbeißt.

Wo ein in die Erde gelegtes Samenkorn nicht auf Knopfdruck auskeimt und zu einer blühenden Pflanze wird. Wo man abwarten muss, bis die Kirschen und Äpfel an den Bäumen reif sind, wenn man süße Früchte essen und nicht Bauchkrämpfe und Durchfall von dem grünen Obst bekommen will.

Dort, draußen in der lebendigen Natur, lernt also jedes Kind das Schwierigste, was es für ein gelingendes Leben braucht, von ganz allein.

SECHS IST DIE NATUR DENN GEFÄHRLICH?

»Wo nichts passieren kann, passiert auch nichts.« MICHAEL GRASEMANN, SPIELPLATZ-ENTWICKLER

Mein Vater bestand auf das Wort »Schwingen«: »Schwalben haben Flügel, Kraniche haben Schwingen.«

Mit jedem Jahr, in dem die Kraniche durch unser Dorf zogen, wurde uns klarer, was er meinte. Heute würde keiner von uns mehr von Flügeln reden, wenn von Kranichen die Rede ist.

Wir haben auf sie gewartet Jahr für Jahr. Wir haben unsere Fenster geöffnet nach der Erntezeit. Wir haben von unseren Betten aus gelauscht, den kalten Wind des Herbstes in den Gesichtern. Vorsichtig atmend.

Sie kamen immer wie von Zauberhand geschoben. Und gleich wusste es das ganze Dorf. Wenn die Leute sich trafen, erzählten sie sich von den Kranichen.

Wie viele es waren. In welcher Formation sie flogen.

Wenn sie kamen, war da zunächst bloß ein feines Vibrieren in der Luft. Dann ein Rauschen, lauter, tiefer, kräftiger. Und dann dieses schwere Heben und Senken. Ein Reiten auf Wellen. Luftwellen, von denen feine, silberne Töne stoben. Ein Singen der Luft.

Aus der Nacht lösten sich ihre Hälse, lang wie Pfeile, einem Ziel zugewandt. Zwischen die Schwingen gelegt.

Hunderte von Hälsen. Die Nacht geteilt, zerpflückt, geriffelt, zerfleddert in kleine Wellen. Wellen, die noch lange in der Luft hingen, auch wenn die Kraniche längst vorübergezogen waren.

Wie schwer der Weg war dort oben, konnten wir Kinder nur erahnen. Es verging kein Jahr, dass nicht einer der Bauern einen Kranich auf dem Feld fand, ausgestreckt, die Federn gespreizt, als ritte er noch immer auf der Nacht.

Als könne er die Erde fortdrücken, so, wie er dort oben die Luft bezwungen hatte. Als könne er wieder aufschließen zu dem Schwarm, der die Lücke in der Formation doch längst geschlossen hatte.

Es gab Jahre, in denen sie zahlreich starben. Vom Himmel taumelten, erschöpft und ausgezehrt. Es gab Jahre, wo die Lücken schließlich bestehen blieben.

Es war ein solches Jahr, als einige der Kraniche in unserer Kreisstadt strandeten, in dem kleinen Park neben der Schule.

Bald waren sie in der Zeitung. Bilder von toten Kranichen. Große Vögel mit ausgespreizten Federn.

Zuerst war es eine Bürgerinitiative, die sich der Kraniche annahm, dann wurden sie zur Sache der Politik. Ein Programm wurde erarbeitet, zum Schutz der Kraniche. Forscher reisten an.

Später fuhren sie in die Brutgebiete der Kraniche, im Inneren Alaskas. Die Zeitungen richteten Spendenkonten ein, zur Finanzierung des Projekts, »Kraniche in Not«. Geld floss von überall her.

Als die Erntezeit im folgenden Jahr vorüber war, öffneten wir wieder die Fenster. Lagen und lauschten, aus Gewohnheit. Wir glaubten es zu hören, dieses Vibrieren in der Ferne.

Doch das Rauschen blieb aus, das Singen der Schwingen. Keine Hälse lösten sich aus der Nacht.

Stattdessen ein feines Brummen von Motoren. Das Vibrieren und Rumpeln von Lastwagen. Eine lange Kolonne, die die Kraniche von ihren Brutgebieten in den Süden brachte. Um sie vor den Gefahren des Weges zu bewahren.

Von Kranichen und Kindern

Zugegeben – ein vielleicht etwas weit ausholender Beginn, schließlich geht es in diesem Buch ja nicht um Kraniche. Trotzdem hat das Brummen der Motoren auch mit dem Thema dieses Kapitels zu tun. Denn wenn man die letzten Generationen im Zeitraffer vorbeiziehen lässt, so zeigt sich ein eindeutiger Trend: Die Kinder werden immer öfter von hier nach da transportiert – im konkreten wie im übertragenen Sinn. Ja, fast scheint es, als sei der ganze Clan von der Wildnis in den Zoo umgezogen. Weil die Sache dort draußen einfach zu gefährlich wurde.

Und in der neuen Welt ist für Kinder all das tabu, was den Erzählungen ihrer Eltern die schillernden Farben gibt: das Herumstromern mit den anderen Kindern, das Lagerfeuer auf einem vergessenen Bauplatz, die vielen Abenteuer gleich um die Ecke.

Die Gefahren des Weges

Aber ist das Leben dort draußen denn wirklich gefährlicher geworden?

Wenn man die Zahlen und Statistiken betrachtet, heißt die Antwort eindeutig: *Nein*, Kinder leben heute nicht gefährlicher als früher.

Heute werden nicht *mehr* Kinder entführt oder misshandelt als in den Generationen vorher, sondern deutlich weniger. Ein Statistiker hat berechnet, dass ein Kind selbst in der Großstadt 600.000 Jahre an einer Ecke stehen müsste, bis es von einem Fremden gegen seinen Willen mitgenommen wird! Selbst der Verkehr stellt für Kinder heute keine größere Bedrohung dar als früher – obwohl es heute deutlich mehr Autos gibt, sind fünfmal weniger Todesopfer zu beklagen als im Jahr 1970!

Das soll keineswegs heißen, dass da draußen keine Gefahren stecken. Sie sind real und ernst zu nehmen. Nur, was heißt das im konkreten Fall?

Nehmen wir die Zecken. Eine unter Eltern heftig diskutierte Gefahr, insbesondere wenn ein Klassenausflug oder der Aufenthalt im Schullandheim ansteht. Viele Eltern haben Angst, wenn ihre Kinder einen Nachmittag im Wald verbringen. Und die ist nicht aus der Luft gegriffen – schließlich können diese Insekten schlimme Krankheiten wie Borreliose oder die als FSME bekannte Frühsommer-Meningoenzephalitis übertragen, eine durch ein Virus bedingte Entzündung des Gehirns.

Allerdings zeigt sich an diesem Beispiel, wie leicht solche Gefahren aus den Proportionen geraten. Nehmen wir die FSME, die in Bundesländern mit großen Waldgebieten heimisch ist und gegen die seit vielen Jahren eine Impfung möglich ist – die von den Kassen auch brav bezahlt wird. (Da wir nun beim Thema Impfungen sind, gleich das vorneweg: Ich bin Impfungen gegenüber nicht grundsätzlich kritisch eingestellt und beileibe kein Impfgegner, was ich auch in meinem Eltern-Ratgeber »Gesundheit für Kinder« so vertrete.)

Kinderärzten fällt im Zusammenhang mit der FSME als Erstes auf, dass viele Eltern gerade ihre kleinen Kinder zur Impfung bringen. Nun ist die Gefahr eines komplizierten Verlaufs bei der FSME tatsächlich stark altersabhängig – allerdings in der Weise, dass gerade die kleinen Kinder am wenigsten zu befürchten haben. Bei ihnen kommen nur in ganz wenigen Ausnahmefällen schwere Verläufe (z. B. mit Beteiligung des Nervensystems) oder gar Komplikationen (z. B. Nervenausfälle) vor. Den Behörden werden in Deutschland pro Jahr von den Ärzten insgesamt etwa 400 FSME-Erkrankungen gemeldet. Nur zehn Prozent davon – also insgesamt gerade einmal 40 Fälle – betreffen unter 15-Jährige. Und nur bei jedem vierten von ihnen ist überhaupt das Nervensystem beteiligt – das sind insgesamt 10 Fälle in Deutschland pro Jahr. Bleibende Schäden sind bei Kindern unter acht Jahren eine Rarität, in Deutschland ist nur ein einziger solcher Fall bekannt (und der trat vor über 30 Jahren auf). Die FSME ist, wie diese Zahlen zeigen, für Kinder eine seltene Erkrankung, die zudem in aller Regel mild und praktisch immer ohne ernsthafte und bleibende Folgen verläuft.

Ähnliches gilt für die zweite durch Zeckenbisse übertragene Krankheit, die Borreliose. Sie ist deutlich häufiger als die FSME – immerhin bei jedem zwanzigsten deutschen Kind lässt sich nachweisen, dass das Immunsystem schon einmal mit Borrelien zu tun hatte. Allerdings: In neun von zehn Fällen wird der Erreger vom körpereigenen Abwehrsystem unschädlich gemacht, ohne dass überhaupt Krankheitszeichen auftreten. Bei denjenigen Kindern, bei denen es nach einem Zeckenbiss tatsächlich zu einer Erkrankung kommt (das ist bei jedem zweihundertsten »gebissenen« Kind der Fall) ist in über 95 % nur die Haut betroffen. Schwerwiegendere Verläufe (wie Gelenkentzündungen oder eine Nerven- bzw. Gehirnbeteiligung) sind selten und in aller Regel durch die Gabe von Antibiotika gut behandelbar.

Ich will damit nicht sagen, dass man sich um Zecken keine Sorgen machen muss. Nein. Sie können Krankheiten übertragen, und deshalb sollte auch ein abendlicher Zeckencheck im Sommer nach Wald- und Wiesentagen zum Programm gehören. Aber ich wehre mich gegen eine (von den Impfstoffherstellern mit allsommerlichen »Vorsicht Zecken!«-Kampagnen nach Kräften mitgeschürte) Hysterie, die für manche Eltern die Natur zu einer Art Kriegsfront macht.

Setzen wir die Zecken einmal in eine andere Relation: Immerhin jedes dreißigste Kind wird im Laufe der Kindheit eine Computer-Spielsucht entwickeln, jedes fünfzehnte Kind schweres Übergewicht und etwa jedes zehnte eine seelische Störung. Und immerhin 5.000 Kinder werden auch heute noch jedes Jahr im Autoverkehr schwer verletzt. Wir können – und diese Bitte wäre auch an die vielen zur Aufklärung berufenen Ämter, Ärzte und Behörden zu richten – die Kirche in Sachen natürlicher Gefahren in freier Wildbahn sehr wohl im Dorf lassen.

Die Bewertung von Risiken wird dadurch erschwert, dass viele Gefahren des alltäglichen Lebens zunächst einmal abstrakt sind. Sie lassen sich mangels »Umrechnungskurs« in der Praxis nicht so einfach mit möglichen Alternativen vergleichen. Sagen wir, eine schwere, oft tödlich verlaufende Krankheit könne durch eine Impfung verhindert werden. Ab wann würde sich eine solche Impfung »lohnen«? Wenn davon pro Jahr 10 Kinder betroffen sind? 100? 1.000? Oder vielleicht nur eines? In letzterem Fall würden möglicherweise mehr Kinder auf der Fahrt zum Impftermin durch einen Verkehrsunfall zu Schaden kommen. Oder an einer seltenen Nebenwirkung der Impfung erkranken. Und jeder Euro, der für einen Impfstoff ausgegeben wird, kann woanders nicht ausgegeben werden – etwa für sichere Fahrradwege. Die Gestaltung einer gefahrlosen Welt ist in der Tat eine komplexe Angelegenheit.

Warum haben wir so viel Angst?

Ein Grund ist ziemlich eindeutig und gut verständlich: Wir Eltern sind heute einfach näher dran an den Kindern. Wer glaubt denn, er hätte früher auf die höchsten Bäume klettern können, wenn seine Eltern da unten gestanden wären? (Natürlich hätte auch kein Kind die leckeren Erdbeeren beim Nachbarn geklaut, wenn Mama dabei gewesen wäre …). Kurz: In Wirklichkeit haben wir nur deshalb die vielen wunderbaren Sachen machen können, weil unsere Eltern nichts davon mitbekommen haben!

Es ist ja wirklich gar nicht so einfach, einem Kind zuzuschauen, wenn es seine Kunststückchen macht, gern auf einer (hohen) Mauer oder einer (steilen) Treppe. Wir Großen nehmen dann automatisch uns selbst zum Maßstab – und schon rutscht uns ein »Pass auf!« von den Lippen.

Aber Kinder haben – natürlich – ihre eigene Perspektive. Schauen wir doch einem Kleinkind beim Laufenlernen zu. Wenn es hinfällt, schlägt sein Knie nicht etwa aus 50 Zentimetern Höhe auf dem Boden auf, sondern aus vielleicht 20 Zentimetern. Und darauf drücken nicht 80 Kilo an Gewicht, sondern vielleicht 10. Die Fallenergie und damit auch das Verletzungsrisiko sind damit um ein Vielfaches kleiner. Nur: Wir, die wir dabeistehen, gehen natürlich von uns selbst aus. Wir müssen ja tatsächlich vorsichtiger sein als die Kleinen!

Und das umso mehr, je älter wir sind. Denn natürlich übertragen wir unbewusst auch unsere eigene Körpereinschätzung auf die Kinder. Sind wir selbst gute Kletterer, können wir unseren Kindern eher beim Klettern zuschauen. Vielleicht hat ein Teil dieser das Leben der Kinder immer weiter einschnürenden Angst ja tatsächlich auch damit zu tun, dass immer ältere Eltern mit entsprechend steifen Knochen mit den Kindern spielen und, na ja, »toben«. (Betrachtet man die Gesellschaft in den letzten 50 Jahren, so ist ein Trend ganz deutlich: Weil seither immer weniger Kinder geboren werden – heute sind es halb so viele wie 1964 –, ist der »durchschnittliche Erwachsene«, wenn man so will, immer älter geworden. Der Abstand zu den Kindern hat sich sozusagen in die Länge gezogen. Vielleicht ist das mit ein Grund, weshalb es uns manchmal so schwerfällt, uns auf die seltsamen Kleinen einzustimmen. Jedenfalls ist schon auffällig, dass die ätzendste Kritik an den Kindern meist von älteren Herrschaften geäußert wird, man denke nur an Bernhard Buebs »Von der Pflicht zu führen«.)

Ein anderer Blick auf das Risiko

Aber auch das kulturelle Klima hat sich verändert. Wenn es generell um unsere Lebensgestaltung, um Glück und Gesundheit geht, taucht unwillkürlich die Frage auf: Was könnte dabei alles passieren? Seit wir die möglichen Gefahren immer besser messen und verhindern können, verkürzt sich der Blick tatsächlich mehr und mehr auf die Frage: Wie lassen sich Risiken vermeiden? Und schon stecken wir mit unserer Perspektive beim Pathologischen fest, bei möglichen Krankheiten und auch bei Katastrophen. Das andere – das, was unsere Identität ausmacht, unsere Beziehungen, unsere Hoffnungen und Visionen – muss sich oft genug diesem Blickwinkel unterordnen. Davor schiebt sich, wie eine dichte, dunkle Wolke, die Angst.

Kein Wunder, dass wir uns immer öfter an die Wissenschaft wenden. Sie soll in immer mehr Lebensbereichen entscheiden, was denn gut und richtig ist. Sie ist unser Angstlöser geworden. Soll ich (darf ich?) meinen Säugling zu mir ins Bett nehmen? Darf ich ihn im Tragetuch tragen? Wir haben uns daran gewöhnt, dass wir solche Fragen nicht mehr aus dem Bauch heraus beantworten. Lieber überlassen wir solche Bewertungen der als objektiv empfundenen Wissenschaft, derzeit vorzugsweise der Hirnforschung, denn ihr trauen wir allgemeingültige Bewertungen zu. Die eher mit unserer persönlichen Lebensperspektive zusammenhängenden Fragen gehen da leicht unter oder klingen banal: Was ist »praktisch«? Was macht mir mein Leben leichter? Wie fühlt sich das für mich an? Oder: Welche Art von Beziehung ist mir wichtig? Oder gar: Welche Art von Leben will ich leben?

Was wir dabei gern übersehen: Die Antworten der Wissenschaft orientieren sich fast immer an den Fragen, die an sie gestellt werden. Fragen wir sie nach möglichen Gefahren, dürfen wir nicht erwarten, eine ausgewogene Antwort zu bekommen, die gleichzeitig auch möglichen Vorteilen oder gar unseren persönlichen Vorlieben und Vorstellungen von einem »richtigen« Leben nachgeht.

Fragen wir etwa streng wissenschaftlich, ob es sicher und ungefährlich sei, einen Säugling auf den Arm zu nehmen, dann gibt es darauf keine andere Antwort als: Nein, ist es nicht! Schließlich gibt es gut dokumentierte Fälle, in denen Säuglinge zu Schaden gekommen sind, weil sie auf dem Arm der Eltern getragen wurden – sie sind mit ihren (möglicherweise angeheiterten) Eltern die Treppe hinuntergestürzt, sind auch schon mal in einer Art Schicksalspaket von einer Leiter gefallen und, und, und … *Natürlich* ist das Tragen eines Säuglings ein Risiko! Gehen wir den Weg der Risikoperspektive konsequent weiter, so ist es nur eine Frage der Zeit, bis uns auch das von der Wissenschaft klar bewiesen wird (und die eine oder andere Fachgesellschaft daraus sogar eine »Leitlinie« entwickelt), die sich generell gegen das Tragen von Säuglingen ausspricht.

Was wir in unserer Wissenschaftsgläubigkeit manchmal vergessen ist, dass uns die Wissenschaft auf manche Fragen gar keine Antwort geben *kann*. Und zwar gerade auf jene Fragen, die mit unserem persönlichen Leben zu tun haben. Oder würden Sie einen Wissenschaftler, und sei er noch so hochkarätig, fragen, ob Sie sich von Ihrem Mann scheiden lassen sollen?

Für viele – auch für viele Wissenschaftler – ist es eine gewaltige Enttäuschung, wie sehr sich die Wissenschaft auf die Risikoperspektive eingelassen hat. Dahinter steht aber auch eine Gesellschaft, die zuerst eben nicht nach dem fragt, was Menschen stärkt, beflügelt oder beseelt, sondern nach dem, was Menschen möglicherweise schwächen, hemmen oder gefährden könnte. Tausende von Studien erklären, was uns alles krank machen kann (von Kaffee bis Alkohol), aber nur wenige Studien widmen sich der Frage, was uns hilft, ein gesundes und glückliches Leben zu führen – auch trotz möglicher Belastungen und Gefahren.

Die Daten sind eindeutig: »Durchschnittlich viermal in der Woche wird in Deutschland eine Frau von einem Familienmitglied, in der Mehrzahl der Fälle von ihrem männlichen Lebenspartner, getötet.« (Süddeutsche Zeitung vom 5.2.2013). Bewiesenermaßen ist der Lebensgefährte oder Ehemann der mit Abstand gefährlichste Mann im Leben einer Frau! Zeit für eine wissenschaftliche Leitlinie zur Prävention von Liebesbeziehungen?

Das Risiko-System

Tatsächlich hat sich dieser Blick aufs Risiko längst in den Alltag, in die Rechtsprechung, in die Richtlinien der Kindergärten, der Schulen – eben in das ganze »System« – eingefressen. In manchen englischen Parks werden den Bäumen die unteren Äste abgesägt – damit die Stadt keine Regresse zu fürchten hat, sollte sich einmal ein Kind beim Klettern verletzen. Typisch auch dieser Fall: In einer deutschen Talkshow über Erziehung brüstet sich einer der dort gern gesehenen Selbstdarsteller damit, dass seine Eltern mal seine Heimatstadt verklagt hätten, weil er sich an einer Rutsche den nackten Po verbrannt hätte. Natürlich erfolgreich. Das tut in der Tat weh.

Wie kommen wir weiter?

Wie kommen wir weiter? Wenn alles so verwoben und in gewisser Weise Teil auch unserer kulturellen Navigation geworden ist, wird das bestimmt nicht so leicht sein. Immerhin haben wir schon ein paar Wegbegleiter ausgemacht: die Schutzengel unserer Kinder. Sie wirken ja schon allein dadurch, dass Kinder kleiner sind, leichter und geschickter – die Kleinen können sich einfach mehr in die Kurven legen ohne auf der Nase zu landen ... Und auch ihr Körper ist zur Gegenwehr eingerichtet: Nie heilen Verletzungen schneller als im Kindes- und Jugendalter ...

Die Schutzengel wirken aber auch – wen wird es wundern? – auf eine zweite Art: über das *Lernen*. Tatsächlich steht der Umgang mit

Risiken auf dem Lehrplan der kindlichen Entwicklung. Sie brauchen dazu nur eines: eine komplexe, möglichst wenig durchstrukturierte Umwelt – »so wackelig, so vielfältig, so sinnesbeanspruchend wie möglich«, so der Wiesbadener Sportpädagoge Dieter Breithäcker. Indem sie sich nämlich den dort vorgefundenen Risiken nach ihrem eigenen Plan und Tempo stellen, bauen die Kinder das auf, was Kindheitsforscher »Erfahrungsangst« nennen – eine den möglichen Konsequenzen, also sozusagen der Fallhöhe, angepasste Angst. Die Kinder lernen dann auf Schritt und Tritt zu bewerten, was da auf dem Spiel steht.

Die Zähmung der Gefahr

Bei der Zähmung der Risiken gehen Kinder übrigens recht systematisch vor. Zum einen zieht es sie in ihrem Spiel genau dorthin, wo sie ihre Grenzen Schritt für Schritt ausloten können und sich somit ein Vertrauen in ihre eigenen Fähigkeiten aufbauen können. Die Entwicklungspsychologin Ellen Sandseter hat diese Entwicklungszone genau untersucht und sechs Felder identifiziert, die die Kleinen in ihrem Spiel besonders anziehen. Große Höhen etwa. Das Klettern, Abspringen, Balancieren, Sich-kopfüber-herunterhängen-Lassen, Schaukeln. Hohe Geschwindigkeiten (möglichst mit Seitenneigung). Wildes Toben und Raufen, ob mit Kissen oder mit »Waffen«. Sich verstecken oder in unbekanntes Terrain vorstoßen. Und dann natürlich: die Nähe zu Gefahrenstellen – Kinder spielen am liebsten an Abhängen, am Wasser, am Feuer. Und es zieht sie zu gefährlichen Gegenständen – sie versorgen sich mit selbst gemachten Bögen, Messern, Speeren – mit all dem, was den Eltern garantiert die Schweißperlen auf die Stirn treibt.

Das Spiel in diesem »Risikobereich« folgt dabei einem ganz bestimmten Drehbuch: Die Kinder haben den meisten Spaß bei jenen Aktivitäten, die *gerade unterhalb* ihrer Angstschwelle liegen! Dieser Belohnungsmotor drängt, nein: *zwingt* die Kinder förmlich immer wieder hin zu dieser Kribbelzone – und weil sie dort immer neue Kompetenzen aufbauen, wird die Angstdecke nach und nach angehoben.

::: Wie die Motorik-Tests des bundesweiten Kinder- und Jugendsurveys *KIGGS* gezeigt haben, können 35 % der Kinder und Jugendlichen auf einem 3 cm breiten Balken keine zwei oder mehr Schritte rückwärts balancieren. 86 % der Kinder und Jugendlichen können nicht eine Minute einbeinig auf einem 3 cm breiten Balken balancieren, ohne den Boden zu berühren. 43 % der Kinder und Jugendlichen erreichen nicht das Fußsohlenniveau beim Rumpfbeugen. Die mangelnde Körperkompetenz ist nicht nur ein Handicap für ein aktives Leben, sondern macht die Kinder auch anfälliger für Verletzungen. Wer seinen Körper nicht beherrscht, lebt gefährlich. (Wer jetzt das Klagelied über die heutige Jugend anstimmen will, sei daran erinnert, dass diese motorischen Defizite ihre Gründe nicht in den *Kindern* haben. Kinder bewegen sich, wenn sie die Gelegenheit dazu haben!)

Die Kinder begehen bei ihren Abenteuern also immer wieder eine Gratwanderung: das Hochgefühl auf der einen Seite (Ich hab das geschafft!), die Furcht auf der anderen (Schaffe ich das?). Nur so gewinnen sie Sicherheit, nur so wachsen sie langsam über sich hinaus. Und dieses eskalierende Spielverhalten ist gleichzeitig ihr größter Schutz – sie nehmen die nächste Höhe ja nur in Angriff, wenn sie das etwas niedrigere Mäuerchen geschafft haben.

Tatsächlich gibt es gute Hinweise, dass Kinder, die viel draußen sind (die also in dieser oben angesprochenen »komplexen, möglichst wenig durchstrukturierten Umwelt« spielen dürfen), nicht nur gesünder sind, sondern auch weniger verletzungsanfällig. Bei etwa drei Vierteln der Kinderunfälle spielen motorische Defizite eine Rolle. Gerade die schwersten Verletzungen häufen sich bei denen, die sozusagen ohne Schutzschild unterwegs sind. Die Schutzengel scheinen unter einer Glasglocke nicht wirken zu können.

Eine Leistung des *Kindes*

Eigentlich ist die Botschaft doch wunderbar: Kinder sind keineswegs Vollidioten auf Entdeckungsreise, die ihre Umwelt nur an der Hand der Eltern sicher und erfolgreich erforschen können! Im Gegenteil. Allein dadurch, dass sie sich ihrem inneren Lockprogramm hingeben und sich auf selbstbestimmte Weise immer wieder an Herausforderungen heranwagen, können sie sich ein Schutzschild bauen. Dessen Beschläge sind dann die vielen Kompetenzen, die Kinder in einem frei gestalteten Alltag erwerben: ihre wachsende Kraft, ihre zunehmende Geschicklichkeit, ihre immer größer werdende Widerstandsfähigkeit. Unter diesem Schutzschild nehmen sie es mit den Drachen der Gefahr auf. Sie selbst, wohlgemerkt, und nicht die Eltern.

Evolutionsbiologen weisen darauf hin, dass sich dieses vom Kind getriebene Zähmungsprogramm direkt aus den Entwicklungsbedingungen in der Menschheitsgeschichte herleitet. Wie schon im ersten Kapitel angedeutet, war das ursprüngliche soziale Habitat in der mittleren Kindheit die gemischtaltrige Kindergruppe. Die Begleitung oder Beaufsichtigung durch Erwachsene war eher lose oder zumindest lückenhaft. Gut also, wenn die Kinder ein Stück weit selbst dafür sorgen konnten, dass sie den Gefahren der Natur nicht unterliegen!

Der evolutionsbiologische Blick weist jedoch gleichzeitig auf ein Dilemma: Die moderne Welt hat nämlich ein Loch in ihr Schutzprogramm geschlagen. Denn das Spielen im gemischtaltrigen Kontext besaß noch eine zusätzliche Schutzfunktion: Die älteren Kinder lieferten nämlich nicht nur Ideen und sprachlichen Input, sondern auch ein sicherndes Gerüst. So ist aus Beobachtungen bekannt, dass in gemischtaltrigen Gruppen oft Sicherheitsregeln gelten, die die Kleineren in gewisser Weise vor ihrem eigenen Ehrgeiz schützen. Ein bestimmter als gefährlich bekannter Baum oder schwer zu erkletternder Ast etwa gilt da für die Kleinen als tabu. Umgekehrt weiß man, dass in den heute in der westlichen Sozialisation bevorzugten gleichaltrigen Spielgruppen leicht eine Art Dampfdrucktopf-Dynamik entsteht. So zeigen etwa gerade die 4- und 5-jährigen Kinder (die Jungs mehr als die Mädchen), wenn sie unter sich spielen, ein starkes Konkurrenzverhalten – jeder will der Größte, der Beste und Schnellste sein … Dabei spornen sich die Kinder nicht unbedingt zu einem adäquaten Risikoverhalten an, im Gegenteil: Sie treiben sich eher höher auf die Bäume … Auch aus dieser Sicht zeigt sich also, wie schade es ist, dass immer mehr »Vorschulkinder« aus den Kindergruppen herausgenommen werden.

Und noch eine Lücke lässt uns der evolutionsbiologische Blick erkennen: Kinder können sich sehr gut darin schulen, mit natürlichen Gefahren zurechtzukommen. Das liegt ihnen sozusagen im Blut. Aber bei manchen modernen Gefahren kann ihr eskalierendes Experimentierprogramm nicht greifen – man denke nur an den Strom in der Steckdose, an giftige Chemikalien oder das offene Fenster im dritten Stock. Die Kinder vor *diesen* Gefahren zu schützen, sollte in der Tat das Ziel elterlichen Eifers sein.

Seelische Verletzungen

Wie soll ein Kind lernen, Risiken einzuschätzen, wenn es keine Risiken eingehen darf? Das ist, wenn man es vom Kind aus betrachtet, schlicht und einfach *unmöglich*. Handeln und Üben, das ist das kindliche Schutzprogramm. Es läuft heute vielleicht nicht ganz ruckelfrei, aber die Eltern sollten es nutzen, so gut es geht.

Denn – und das ist vielleicht sogar seine wichtigste Stärke – genau dieses »Ausprobier-Programm« schützt die Kinder nicht nur vor körperlichen Schäden. Kinder, die immer nur darauf gepolt werden, Risiken zu vermeiden, erleben sich als ohnmächtig. Weil ihnen die vielen Erfolgs- und Kompetenzerlebnisse versagt bleiben, nach denen sie im Grunde lechzen, werden sie verzagt und ängstlich. Wer immer an einer Leine aus Warnungen und Verboten gehen muss, erlebt die Welt als einen Ort voller Gefahren, voller Bedrohung. Und sich selbst als schutzbedürftiges Opfer, nicht als aktiven Gestalter. Wenn sich ein solcher Pessimismus in die Seele einfrisst, ist das bestimmt schlimmer als ein paar blaue Flecken.

Ein Lernprozess auch für uns Große!

Wie viel Raum wir den Kindern für ihr natürliches Risikobegrenzungsprogramm geben können, hat viel mit der Perspektive zu tun, aus der wir das Leben unserer Kinder betrachten.

Dabei ist aber auch unser eigener Verstand gefragt. Wir müssen uns bewusst werden, dass die Risikovermeidung selbst ein Risiko darstellt. Realistisch betrachtet stellt das *Sitzen* heute eine weitaus gefährlichere Tätigkeit dar als das Spielen im Freien – schließlich lässt sich eindeutig zeigen, dass Bluthochdruck, Übergewicht, Diabetes und Herzinfarkt bei jenen deutlich häufiger sind, die sich in der Kindheit zu wenig bewegten. Wenn heute jemand zu Schaden kommt, dann eher dadurch, dass er sich als Kind *nicht* die Knie aufgeschlagen hat!

Und das gilt für viele Bereiche. Es ist bekannt, dass die durchschnittlichen Vitamin-D-Spiegel der Kinder und Jugendlichen wegen des rückläufigen Spielens im Freien seit Jahren sinken und inzwischen in einem Bereich liegen, bei dem die Kinderärzte ernsthaft darüber nachdenken, ob die bisher nur in den ersten zwei Lebensjahren empfohlene Gabe von Vitamin-D-Tabletten nicht besser weitergeführt werden sollte – schließlich sorgt das Vitamin D ja nicht nur für härtere Knochen, sondern auch für ein stärkeres Immunsystem. Und über was machen sich Eltern immer größere Sorgen? Dass die Haut durch die Sonne geschädigt werden könnte.

Rational betrachtet sind wir also schon eine ganze Weile auf der falschen Spur. Wir machen uns Sorgen, wenn unsere Kinder auf Bäume klettern, müssten uns aber eigentlich darüber sorgen, wenn sie das *nicht* tun. Wir machen uns Sorgen, wenn die Kinder im Kindergarten »nur spielen« (was könnten sie stattdessen alles *lernen*!), müssten aber eigentlich froh sein für jede Stunde, in der sie mit anderen Kindern frei und kreativ zugange sind.

Dass der Verstand da so wenig Durchschlagskraft hat, liegt ohne Zweifel auch daran, dass wir in Sachen Risikobewertung mit einem recht archaischen Navigationssystem dastehen. Wir sind hoffnungslos auf die alten evolutionären Gefahren gepolt, für die neueren Risiken haben wir einfach keinen inneren »Währungsrechner«. Nur eines von vielen Millionen der deutschen Kinder wird in seinem Leben einmal durch eine Schlange zu Schaden kommen. Und dennoch haben wir vor Schlangen eine Heidenangst. Eine deutlich größere Angst jedenfalls als vor Autos, die in Deutschland jedes Jahr 75.000 Menschen schwer verletzen oder gar töten. Noch weniger Angst haben wir vor unsichtbaren Gefahren wie etwa Bluthochdruck, der immerhin jeden fünften Mitteleuropäer betrifft und langfristig viele davon auch per Schlaganfall oder Herzinfarkt zur Strecke bringt. Doch gegenüber dem unter den Kindern grassierenden Spieldefizit-Syndrom sind wir wirklich angstfrei.

Wir reden von Selbstvertrauen und hätten gern Kinder, die das haben – aber woher sollen sie es nehmen, wenn wir selbst kein Vertrauen in sie haben?

Weg mit dem Türsteher!

Die Risikofrage steht wie ein Türsteher vor den Naturerfahrungen der Kinder – ein übergewichtiger, etwas kurzatmiger und auch nicht ganz glücklich dreinschauender Türsteher, wenn man ihn genauer betrachtet. Ein richtiger Spielverderber, im wahrsten Sinn des Wortes! Schon jetzt verlangen manche Eltern, dass die Kinder in den Schulpausen doch lieber drinnen bleiben sollen – die Verletzungsgefahr dort draußen sei zu hoch. Und manche Kinder werden – längst nicht nur in den USA – gar von ihren Eltern per GPS überwacht, einer Technik, die eigentlich für Straftäter entwickelt wurde. Sobald ihre Kinder von einem einprogrammierbaren Korridor abweichen, bekommen die Eltern eine Nachricht.

Auch von der öffentlichen Hand wird für die Sicherheit der Kleinen ein riesiger Aufwand betrieben. Laut »Handbuch Sicherheit auf öffentlichen Spielplätzen« müssen etwa Schaukeln für Kinder bis 4 Jahren »Schutz nach allen vier Seiten und zwischen den Beinen bieten und nicht bestiegen oder verlassen werden können ohne Hilfe eines Erwachsenen«. Auch die restlichen 70 Seiten des Handbuchs lesen sich wie eine Anleitung, wie ein Spielplatz am besten in einen Hochsicherheitstrakt zu verwandeln ist. Dabei wissen wir inzwischen, dass dieser Schuss nach hinten losgeht. Der Risikoforscher David Ball aus London untersuchte das Verletzungsrisiko auf Spielplätzen, auf denen ein neuer stoßdämpfender Sicherheitsboden eingezogen worden war. Das Resultat: Nach dem Umbau nahm die Zahl der Knochenbrüche nicht ab, sondern zu – offensichtlich verleitet der »sichere« Boden die Kinder zu riskanteren Sprüngen.

Vielleicht sind wir aber doch schon weiter, als wir denken. Denn die Statistiken sind auch in anderer Hinsicht eindeutig: Paradoxerweise lassen Eltern ihre Kinder durchaus Risiken eingehen – dort nämlich, wo es in den heutigen kulturelle Rahmen passt. Beim Wintersport etwa setzen Eltern ihre Kleinen offenen Auges Risiken aus, die nicht von Pappe sind – man muss beim freien Spielen draußen schon sehr viel Pech haben, bevor man sich etwa einen Kreuzbandriss oder einen Unterschenkelbruch zuzieht. In den Krankenhäusern der Wintersportgebiete sind das aber keinesfalls Raritäten. Und während die Wälder eher als Problemzone gesehen werden, haben viele Eltern kein Problem damit, ihre Kinder etwa zum Fußballtraining oder gar zum Leistungssport zu schicken. Dabei zeigen die Zahlen ganz eindeutig: Kinder verletzen sich viel eher beim Sport als beim Spiel in der Natur. Wo es vor allem ums Gewinnen geht, häufig befeuert von Trainern *und* Eltern, verlangen sich Kinder nun einmal deutlich mehr ab als beim Spielen …

Sollen wir wirklich den Kindern die wilde Blume der Kindheit aus der Hand nehmen, weil sie vielleicht Dornen haben könnte?

Auf die inneren Leitbilder kommt es an

Erhebungen zeigen, dass in der ja nicht gerade vormodernen Schweiz 80% der Kinder den Schulweg per Fahrrad oder zu Fuß bestreiten. Dagegen kommen in Deutschland nur 45% der Sechs- bis Zehnjährigen überhaupt täglich ins Freie. Damit die Kinder sicher in die Schule kommen, werden in der Schweiz gern Gehgemeinschaften gebildet und die Begleitung der Kleinen unter den Eltern abgesprochen. Hierzulande wird oft auf den Schutz einer Karosserie gesetzt. Und das setzt dann einen Teufelskreis in Gang: Wie sollen die Kinder denn lernen, den Schulweg selbst zu bewältigen, wenn sie nicht eine Weile auf dem Weg und im Bus begleitet werden? Es gibt kaum eine Gegend, in der Kinder nicht so weit die Regeln begreifen und erlernen können, dass sie den Weg zur Schule auch ohne Erwachsene schaffen. Wo das nicht möglich ist, wäre es an der Zeit, dort generell nach neuen Wegen zu suchen.

> Dein Kind sei so frei es immer kann.
> Lass es gehen und hören, finden und fallen,
> aufstehen und irren.
> J. H. PESTALOZZI

Von Kindern und Kranichen

Kommen wir aber noch einmal zurück zu den Kranichen. Eine verletzungsfreie Kindheit ist nur möglich, wenn gleichzeitig auch die Entwicklungsmöglichkeiten der Kinder beschnitten werden. Der Airbag, den wir gern einbauen würden, schützt nicht nur, er behindert auch. In gewisser Weise sind aufgeschlagene Knie also tatsächlich ein Kinderrecht. Welterkenntnis ist ohne ein paar Narben nicht zu haben. Das heißt nicht, dass wir als Eltern nichts tun dürften oder sollten, um aufgeschlagene Knie zu verhindern. Aber wir sollten dabei nicht über das Ziel hinausschießen und das Gewebe der Kindheit zerreißen.

Deshalb enthält die Geschichte von den Kranichen, so weit hergeholt sie dem einen oder anderen auch scheinen mag, einen ganz konkreten und alltagsrelevanten Kern: Kinder können nicht auf Freiheit verzichten. Sie ist unverhandelbar. Die Kinder brauchen sie, um ihrem Leben ein Fundament zu bauen. Und Freiheit und Sicherheit sind nun einmal von jeher Gegenspieler. Es gibt keine risikofreie Freiheit. Ja, wir können die Kinder sicher und verletzungsfrei zu ihren »Lebensgebieten« fahren. Aber werden sie dort auch wirklich *leben* können?

Der Masterplan des Lebens scheint Tränen nicht zu scheuen. Er hat sogar eine richtige Gemeinheit parat: Wenn wir versuchen, uns (oder unsere Kinder) vor jedem Risiko zu bewahren, bewahren wir uns auch vor dem Leben selbst.

VERTRAUEN

Die stärkste Kraft, die uns Menschen, auch schon als kleine Kinder, dazu zwingt, nach Lösungen zu suchen und diese einmal gefundenen Bewältigungsstrategien fest im Gehirn zu verankern, ist die Angst.

Angst ist ein Gefühl, das sich im ganzen Körper ausbreitet, das uns die Luft zum Atmen nimmt, die Kehle einschnürt, Bauchschmerzen und Herzrasen bereitet, die Haare zu Berge stehen lässt und die Knie weich werden lässt. Angst entsteht immer dann, wenn etwas passiert, was unser Leben bedroht, und es ist gut, dass unser Gehirn und unser ganzer Körper dann in einen Alarmzustand versetzt werden, dass wir die Angst bis in die Knochen spüren, denn sonst wären wir nicht in der Lage, eine Gefahr zu erkennen und uns aus dieser gefährlichen Situation wieder in Sicherheit zu bringen. Normalerweise findet sich ja jeder Mensch, auch schon als kleines Baby, gut in der Welt zurecht. Bis etwas passiert, also etwas wahrgenommen wird, was nicht in diese vertraute Welt passt.

Dann weiß man nicht, wie man reagieren soll, und wenn es nicht gelingt, im Gehirn ein zur Bewältigung der Angst geeignetes Reaktionsmuster zu aktivieren, entsteht dort eine sich ausbreitende unspezifische Erregung, also ein zunehmendes Durcheinander. Dann kann man nicht mehr klar denken und überlegt handeln. Wenn sich diese unspezifische Erregung in tiefer liegende Bereiche des Gehirns ausbreitet, entsteht auch in den für die Regulation körperlicher Reaktionen zuständigen Netzwerken ein gewisses Durcheinander. Das verursacht dann all diese mit der Angst einhergehenden körperlichen Veränderungen.

Gleichzeitig werden Stresshormone ausgeschüttet, die die Energiereserven des Körpers mobilisieren und ihn in die für die Angst typische Alarmreaktion versetzen.

Wenn dann immer noch kein Ausweg aus der Gefährdung gefunden wird, übernehmen schließlich die ganz unten im Gehirn, im Hirnstamm, angelegten und besonders robusten archaischen Notfall-Netzwerke die Handlungsführung.

Dann kommt es entweder zum Angriff oder, wenn das nicht geht, zur Flucht – und wenn weder Angreifen noch Fliehen als Lösung möglich ist, zu ohnmächtiger Erstarrung.

Dann ist man im Hirn im Fahrstuhl der Angst buchstäblich bis ins Kellergeschoss hinabgefahren. Das ist kein angenehmer Zustand, und lange kann man dort auch nicht bleiben, ohne krank zu werden.

Aber wieder hinauf in die oberen Stockwerke, also in die Bereiche des Gehirns, wo man bewusst Handlungen planen, umsichtig denken und handeln kann, geht es nur dann, wenn man etwas wiederfindet, was einem bei dieser Talfahrt in den Hirnstamm abhandengekommen ist: Vertrauen.

Zum Beispiel, indem man merkt, dass man doch über gewisse Kompetenzen verfügt, dass man auf bereits gelerntes eigenes Wissen und auf bereits erworbene eigene Fähigkeiten zurückgreifen kann, dass man sich auch in so einer schwierigen Situation irgendwie helfen, sich von der Angst befreien kann. Man müsste also das Vertrauen in sich selbst, das verloren gegangene Selbstvertrauen irgendwie wiederfinden.

Kindern fällt das meist schwerer als Erwachsenen, weil sie ja noch nicht so viel wissen und können. Deshalb finden Erwachsene meistens auch schneller als Kinder ihre Fassung zurück und tun irgendetwas, um die Angst zu besiegen. So gewinnen sie wieder Kontrolle über das Geschehen. Und diese Erfahrung, dass sich die Angst durch irgendwelche eigenen Reaktionen, durch eigenes Handeln überwinden lässt, wird als sehr erleichternd empfunden.

Im Hirn kommt es dann zur Aktivierung des sogenannten Belohnungssystems und zur Ausschüttung dieser neuroplastischen Botenstoffe, die eine Verstärkung all jener neuronalen Verschaltungen bewirken, die für das verantwortlich sind, was man das Selbstwirksamkeitskonzept der betreffenden Person nennt. So wird auch die innere Überzeugung gefestigt, dass sich die Angst durch eine bessere Kontrolle überwinden lässt.

Das ist einerseits gut, andererseits aber auch ungünstig. Denn wir leben ja alle in einer Welt, in der man nicht alles kontrollieren kann.

Häufig sind es ausgerechnet diejenigen Personen, die sich für besonders kompetent halten und alles im Griff zu haben glauben, die völlig ratlos werden und in Panik verfallen, wenn etwas passiert, was sich ihrer Kontrolle entzieht.

Deshalb ist es gut, wenn man schon als Kind möglichst oft Gelegenheit hatte, die Erfahrung zu machen, dass es durchaus passieren kann, dass man allein nicht mehr weiterkommt, und dass dann jemand da ist, der hilft und unterstützt und Mut macht. Das stärkt das Vertrauen, dass man mit seinen Problemen nicht alleingelassen wird, dass man sich, wenn es allein nicht mehr weitergeht, Hilfe holen, sich auf andere Menschen verlassen kann.

Wer auf diese Vertrauensressource zurückgreifen kann, verfällt nicht so leicht in die Ohnmacht der Angst. Aber noch besser wäre es, wenn man schon von früher Kindheit an nicht nur genügend Selbstvertrauen und ein möglichst festes Vertrauen in die Unterstützung durch andere Menschen entwickeln konnte. Weil Ersteres sehr leicht brüchig und Letzteres manchmal enttäuscht werden kann, wäre es günstig, wenn ein Mensch bereits während seiner Kindheit die Erfahrung machen konnte, dass er sich nicht nur auf sich selbst oder auf andere verlassen kann, sondern auch darauf, dass er in dieser Welt geborgen und sicher, sozusagen »zu Hause« ist, dass es etwas gibt, das ihn beschützt und trägt. Etwas, was größer und mächtiger ist als er oder sie selbst, auch verlässlicher und überall verfügbar. Das dafür sorgt, dass es – wie immer es kommen mag – wieder »gut wird«.

Dieses Vertrauen ist allerdings schwer zu gewinnen in einer Welt, in der die meisten Menschen glauben, alles sei machbar und alles sei von ihnen kontrollierbar. In der man sich für alles absichern, gegen alles versichern kann. In der alles so organisiert wird, »dass bloß nichts passiert«. In der alles so perfekt wie möglich geplant und durchgeführt wird. In einer solchen Welt kann man dann nur noch hoffen, dass irgendein Anführer und Oberplaner, wie immer er heißen mag, alles im Griff hat.

Dieses Urvertrauen in ihr »Gehaltensein und Beschütztwerden« in der Welt, in die sie hineinwachsen, bringen nahezu alle Kinder schon bei ihrer Geburt mit auf die Welt.

Aber je schneller wir sie glauben machen, alles auf dieser Welt sei irgendwie machbar und kontrollierbar, desto schneller verlieren sie dieses wunderbare kraftspendende und mutmachende Gefühl.

Und in dem Maß, wie dieses Urvertrauen dahinschwindet, wächst ihre Angst und zwingt sie, sich irgendwie in dieser Welt mit eigener Kraft und der Unterstützung durch uns zurechtzufinden. Und wie könnten sie das anders machen als wir: durch die Aneignung von Fähigkeiten und von Wissen, das es ihnen ermöglicht, die Welt, in die sie hineinwachsen, möglichst perfekt zu kontrollieren. Dann versuchen auch sie, alles perfekt in den Griff zu bekommen, es zu beherrschen. Für sie ist das noch anstrengender als für uns, und es ist dann schwer, aus diesem Hamsterrad auszubrechen. Damit Kinder solcherart Scheinsicherheit überwinden können, müssen wir ihnen möglichst viele Gelegenheiten bieten, um zu erfahren, dass man eben nicht alles kontrollieren und im Griff haben kann, dass man die Welt nicht einfach nach seinen eigenen Vorstellungen gestalten oder gar »produzieren« kann.

Wo anders könnten Kinder das erleben als in der freien, nicht von uns Menschen gemachten Natur. Wo man nicht auf einen Knopf drücken kann, wenn man will, dass der Vogel »Piep« sagt oder der Frosch quakt. Wo man auf einen Baum klettern kann, der keine ergonomischen Griffe und kein Sicherheitsgeländer hat. Wo man erleben kann, wie gut das Gänseblümchen inmitten all der anderen Pflanzen auf der Wiese gedeiht und die Bienen von den blühenden Kirschbäumen gefüttert werden. Wo alles, was lebt, ineinander verwoben und voneinander abhängig ist. Wo man nicht am Gras ziehen kann, wenn man will, dass es schneller wächst.

Dort, in diesem lebendigen Garten der Natur können sich Kinder geborgen und zu Hause fühlen. Und dort können sie erfahren, dass man die Welt entdecken, aber nicht machen kann.

Dort können sie auch dieses besondere Gefühl von Dankbarkeit entwickeln, dass sie Teil dieser lebendigen Natur sind. Und dort können sie begreifen, dass es etwas gibt, was widerspenstig ist und seinen eigenen Regeln und Gesetzen folgt. Und dass es gut so ist, wie es ist.

Dort erleben sie, wie die Sonne mit ihren wärmenden Strahlen im Frühling die Blumen zum Erwachen bringt, und wenn Kinder spüren, dass es etwas gibt, was immer wieder neues Leben hervorbringt, können sie dieses Gefühl entwickeln, das Menschen von jeher gegenüber der Natur empfunden haben und das bei den meisten Erwachsenen nur noch in einer verstaubten Rumpelkammer ihres Sprachzentrums abgelegt ist: Demut.

Wie kein anderer hat Albert Schweitzer mit einigen wenigen Worten zum Ausdruck gebracht, was uns Menschen in die Lage versetzt, die Verantwortung für die Aufrechterhaltung der Vielfalt unserer natürlichen Lebenswelt zu übernehmen: durch unsere Ehrfurcht vor dem Leben.

Die macht keine Angst. Die hilft Kindern und Heranwachsenden, sich mit dem Leben und der Natur zu verbinden. Ehrfurcht ist keine Angst, sie ist eine besondere Art Vertrauen. Aber diese Art Vertrauen erwirbt man nicht in einer von uns Menschen kontrollierten Welt, sondern indem man sich ihr aussetzt – auf eigenes Risiko.

SIEBEN WEGE IN DIE NATUR

Ich erziehe mein Kind jetzt in einem Online-Kurs – da wird es nicht immer so dreckig.

Wenn die Rede von Kindern ist, die heute so viel drinnen sind, kommt oft reflexhaft dieses »Raus mit ihnen!«. Und dann folgen auch schon die guten Vorschläge. Öfter mal mit ihnen spazieren gehen! Das neue Wildgehege soll ganz toll sein! Oder: Früher haben wir doch … Der Blick fällt dabei – natürlich – auf die Eltern: Worauf warten die noch?

Auf einfache Lösungen und allzu simple Zurufe ganz bestimmt nicht. Denn die einfachen Lösungen gibt es nicht. Kinder sind keine Hunde, die man einfach Gassi führen kann. Sie brauchen Gestaltungsmöglichkeiten, sie brauchen Freiheit, sie brauchen – und wenn nur *das* von diesem Buch in Erinnerung bleibt – ihren eigenen Raum. Der Wert der Natur für die kindliche Entwicklung liegt nicht einfach in der Natur selbst. Sondern darin, wie Kinder sie nutzen. Spannend wird es dort draußen erst, wenn die Kinder zu den Quellen gelangen können, von denen in diesem Buch schon die Rede war, nämlich Unmittelbarkeit, Freiheit, Widerständigkeit und Verbundenheit.

Hindernisse allüberall

Und spätestens da wird das »Raus mit ihnen!« doch ein bisschen komplizierter. Ja, wo sind denn die anderen Kinder, mit denen sie spielen könnten? Sie wurden entweder gar nicht geboren oder sie machen gerade Hausaufgaben. Sind auf dem Weg zu einem Kurs. Oder zum Therapeuten. Manche dürfen nicht mitspielen, weil das zu gefährlich ist.

Und wo sind die Räume für das große Abenteuer? Kinder lieben die nutzlosen Flächen. Aber gerade die passen den Erwachsenen nicht ins Konzept. Sie sind »saniert«.

Und sogar bei den Kindern hat sich etwas verändert. Manche sind gar nicht mehr wirklich spielfähig. Der Entwicklungsmotor der Kindheit – das spielerische Lernen – läuft bei ihnen nur noch stotternd. Weil sie von klein auf mit ihren Ideen an der Leine der Großen gehen mussten. Oder weil sie in ihren Beziehungen keine guten Erfahrungen gemacht haben. Tatsächlich braucht es für ein befriedigendes Spiel unter Kindern etwas ganz Besonderes. Entwicklungspsychologen nennen es »Doppelstrategie«. Kinder, die doppelstrategisch spielen können, können sowohl für sich selber als auch für die Gruppe sorgen. Sie setzen sich dafür ein, dass Regeln eingehalten werden. Sie organisieren die Spielabläufe. Sie sorgen dafür, dass das Spiel funktioniert. Überall dort, wo Kinder auf ihrem Entwicklungsweg zu wenig Gelegenheit hatten, sich auf die Gefühle anderer einzustellen, fehlt es an diesen Doppelstrategen. Kein Wunder, dass das freie Spiel dort nicht klappt, wo Kinder in verarmten Beziehungen aufwachsen. Erzieherinnen haben dann Gruppen, in denen ungeleitete Spiele zu aggressiv werden oder nur wenigen Kindern Spaß bringen.

Das freie Entdecken und Erforschen klappt aber auch dort nicht richtig, wo die Kinder zu stark nach Alter gesiebt werden. Gerade im Kindergartenalter sind die jüngeren Kinder ohne die älteren Kinder regelrecht aufgeschmissen. Die Größeren sind nun einmal die Hüter des kulturellen Feuers. Sie kennen die Regeln. Sie sind die Brückenbauer. Unter ihnen finden sich die meisten Doppelstrategen.

Und wo sind heute die älteren Kinder? Oft genug in eigenen »Vorschulgruppen« – damit sie rechtzeitig ihre Zahlen lernen.

Wo setzen wir also an, damit die Kinder wieder näher an die Quellen kommen?

Der Weg beginnt im Kopf

Zwischen den Ohren, das auf jeden Fall. Und zwar denen von uns Erwachsenen. Solange wir Großen im Kopf nicht klarbekommen, was denn die elementaren Entwicklungsbedürfnisse der Kleinen sind, werden wir die Kinder nicht freilassen können. Wir werden immer andere, wichtigere Gründe finden, die ihnen den Weg zu den Quellen verbauen. Im Grunde geht es um nichts weniger als um unser Menschenbild. Was macht den Menschen aus? Was ist sein Weg? Was ist Erfolg? Was ist für uns ein »gebildeter« Mensch? Auf was kommt es an beim Großwerden?

Der geheime Lehrplan

Ja, auf was kommt es an beim Großwerden? Genau hier müssen wir kurz innehalten. Denn diese Frage wird von jeder Generation anders beantwortet. Dabei wollen doch alle Eltern immer nur das Beste für ihr Kind! Warum erziehen sie die Kinder dann so unterschiedlich?

Betrachten wir einmal nur die letzten hundert Jahre. Unsere Urgroßeltern wünschten sich ein gehorsames, angepasstes und »wohlerzogenes« Kind. Da standen Selbstkontrolle, Abhärtung, Ordnung und Disziplin auf dem alltäglichen Lehrplan. Der Drill ging gleich nach der Geburt los: Schreienlassen sollte den Charakter stärken. Gestillt wurde nach der Uhr – das sei eine Voraussetzung für innere Ordnung und die spätere Pünktlichkeit. Von der frühen Kontrolle der Ausscheidungen – dem stundenlangen Auf-dem-Töpfchen-Sitzen schon im Säuglingsalter – erhofften sich die Eltern nicht nur weniger Überstunden in der Waschküche. Sondern vor allem, dass die Kleinen dadurch auch charakterlich zu »sauberen«, kontrollierten Menschen würden. Aus dem gleichen Grund zog man dann in der Pubertät gegen das größte aller Übel zu Felde: die Onanie. Wer seinen Trieben folgt – wie kann der denn sein Leben in den Griff bekommen!

Das klingt heute nach einer recht simplen Erziehungshaltung. Dass sie auch ungeheuer brutal war, erschließt sich dem, der etwa durch die damals populären Elterntagebücher blättert (für deren wissenschaftliche Auswertung der Konstanzer Historikerin Miriam Gebhardt sehr zu danken ist).[19] Da schreibt etwa eine Mutter anerkennend, dass sich »Klein Anna« morgens jetzt schon selbst den Patscher für die fälligen Schläge hole, wenn sie morgens nicht trocken aufwacht. Auch wenn das Einschlafen nicht klappen wollte, wurde »gezüchtigt«: »Du jammerst nun mit Grund und schläfst dann auch bald ein«, schreibt eine Mutter ihrer kleinen Waltraut ins Tagebuch. Und doch erschien diese Erziehung den Eltern damals *richtig*. Damit begegnet uns in der Erziehung ein Paradox: Die Erziehungspraktiken haben sich im Laufe der Zeit ständig geändert – nie aber die Überzeugung der Eltern, dass ihr Weg genau der richtige sei, um die Kinder auf das Leben vorzubereiten! Und auch etwas anderes zeigt sich bei der Lektüre der Elterntagebücher (oder auch im persönlichen Gespräch mit den eigenen Eltern oder Großeltern): Selbst hinter heute indiskutablen Methoden stand keineswegs mangelnde Liebe. Vielmehr lag ihnen eine überraschend klare, meist von Experten und Koryphäen wasserdicht begründete Vorstellung von der Natur und den Bedürfnissen des Kindes zugrunde.[20] Noch keine Erziehungsmethode wurde ja damit begründet, dass man Kinder eigentlich nicht verstehe oder nicht leiden könne.

Tatsächlich schimmert durch die Erziehung ein immer gleiches Leitmotiv: Es geht um die Vermittlung kultureller Kompetenz. Man könnte darin ein geradezu wunderbares System sehen – einen den Eltern nicht bewussten Lehrplan, der immer den gerade richtigen »Stoff« vermittelt – eben das, was es nach dem letzten Stand der Dinge braucht, um hier und jetzt in der Gesellschaft gut zu funktionieren! Die Eltern kennen schließlich die Welt – und erziehen die Kinder darauf zu. Wer würde bezweifeln, dass die Erziehung im deutschen Kaiserreich anders aussehen musste als die Erziehung heute! Schließlich hatten die meisten Kinder damals lebenslang in Befehlsketten zu funktionieren – sei es in den Fabriken, sei es im Militär oder (als Frau) in der Familie. Klar, dass die Kleinen da ein bisschen härter angefasst wurden.

Wir wissen heute, dass die unbewussten und damit sozusagen geheimen kulturellen Lehrpläne nicht unbedingt weise sind.

Fehlerhafte Vorhersagen

Zum einen hat sich gezeigt, dass die Annahmen der Eltern, wie die Bühne wohl aussieht, auf der ihr Kind einmal stehen wird, durchaus fehlerhaft sein können. So stand in den 1970er-Jahren auf einmal eine ganze Generation von Eltern und Erziehern reichlich ratlos da, weil sich die Gesellschaft schneller geändert hatte als die Lehrpläne im Kopf. In der jetzt immer mehr auf Eigeninitiative, Dienstleistung und Teamwork ausgerichteten Wirtschaft liefen die am vormaligen industriell-autoritären Modell geprägten Erziehungsziele glatt ins Leere. Kein Wunder, dass es dann auf einmal richtig Zoff zwischen den Generationen gab! Zumindest wäre damals kein Kind mit seinen Eltern in ein Popkonzert gegangen.

Und je schneller das Rad läuft, desto mehr Verwirrung scheint vorprogrammiert. Wer hätte vor 2010 schon vorhergesehen, dass die junge Generation in ganz Südeuropa einmal unter völlig anderen Bedingungen würde funktionieren müssen, als von deren Eltern erwartet? Dass die meisten von ihnen sich ein erfolgreiches Leben eben *nicht* in ehedem »normalen« Jobs werden aufbauen müssen? Sondern wo eigentlich? Wie eigentlich? Genau: Wir wissen es nicht.

Auch etwas anderes stimmt nachdenklich. Nämlich, dass der Stoff, der da vermittelt wird, eben nicht nur Kompetenzen vermittelt, sondern durchaus auch Nebenwirkungen mit sich bringt (sie fallen umso gravierender aus, je weniger »menschengerecht« eine Gesellschaft organisiert ist, aber das nur am Rande). Wie die Geschichte in der Erziehung ausgeht, zeigt sich immer erst, wenn die Karawane ein Stück weitergezogen ist. So fiel es erst den Nachgeborenen auf, dass die auf Disziplin und Gehorsam gedrillten Kinder der vorletzten Jahrhundertwende nicht nur in den Fabriken reibungslos funktioniert haben – sondern eben auch als Wärter in Konzentrationslagern. Dass die Abhärtung, die in der Erziehung praktiziert wurde, auch die Seele hart werden ließ. Dass die Kinder später vielleicht »funktionierten«, aber zu welchem Preis?

Und das führt uns direkt zu einer anderen Frage, die wir beim Thema Erziehung oft gar nicht auf dem Radarschirm haben – und zwar dazu, wie so ein geheimer Lehrplan eigentlich entsteht? Wer schreibt ihn? Wer flüstert den Eltern ein, dass die Erziehung so aussehen muss – und keineswegs anders? Auch da fällt beim Blick auf die letzten vier Generationen Denkwürdiges auf. Nämlich dass die gängigen Leitbilder für die Kindererziehung oft in gesellschaftlichen Bereichen entstanden und propagiert wurden, die mit Kindern eigentlich gar nichts zu tun haben. Dass es auch da um etwas ging, was man durchaus auch als Machtfrage bezeichnen könnte. Generäle hatten eine klare Vorstellung, wie kleine Kinder zu erziehen seien. Politiker wussten, was die Aufgabe von Müttern sei. Und die Fabrikbesitzer natürlich auch. Entgegen der Annahme vieler Eltern, sie selbst säßen in dem als privat und intim angesehenen Prozess der Erziehung am Steuer, zeigt die Geschichte etwas anderes: In der Erziehungsdebatte sitzen auch die mit am Tisch, die die Kinder nur in ihren zukünftigen *Funktionen* sehen – ob als Soldaten, Bewohner eines angeblich freien Raumes im Osten, als Fabrikarbeiter oder als spätere Fachkräfte, Forscher oder Programmierer. Und interessanterweise scheinen sich gerade diejenigen am lautesten zu äußern, die von dem, was sie da propagieren, am meisten profitieren!

Das Globalisierungsmodell

Auch bei unseren heutigen Erziehungszielen geht es – wie könnte es anders sein – um Kompetenzerwartungen. Und die haben in Kulturen wie der unseren, in der sich der gesellschaftliche Status vor allem über das Einkommen definiert, für die meisten Eltern etwas mit den beruflichen Aussichten zu tun. Was brauchen die Kinder, um einmal auf der Bühne des globalisierten Marktes eine gute Figur zu machen? Heute sind die Eltern nicht etwa stolz, wenn ihr Baby das gewünschte Resultat ins Töpfchen drückt oder als Kleinkind zum Gruß brav einen »Diener« macht – sondern wenn es mit den ersten Worten seine gehobene Intelligenz erkennen lässt. Sie freuen sich nicht deshalb, weil das Kleine endlich sein Löffelchen richtig halten kann (Zeigefinger oben, Daumen an der Seite), sondern daran, dass es »selbstständig« einschläft. Und wenn es dann seinen Zahlenraum noch im Kindergartenalter auf 100 aufpumpt, pocht das Elternherz in fester Gewissheit: Aus meinem Kind wird einmal ein erfolgreiches Mitglied der Gesellschaft. Jetzt muss es nur noch rasch mehrsprachig werden.[21]

Tatsächlich steht auf der Erziehungsagenda des bürgerlichen Mainstreams heute ganz oben das, was wir mit den materiell produktivsten Arbeitsplätzen der Zukunft verbinden: Selbstständigkeit etwa, Durchsetzungsfähigkeit. Kognitive Kompetenz, Individualismus (mit einem Schuss Teamfähigkeit). Und eben ganz viel Wissen.

Bildung zur Standortsicherung

Der geheime Lehrplan unserer Zeit stammt aus der Zeit der Globalisierungseuphorie des ausgehenden 20. Jahrhunderts. Damals, nach dem Fall der Mauer, schien die Systemfrage geklärt, der Kapitalismus stand als glorreicher Sieger fest. Mancher Historiker redete gar vom Ende der Geschichte. Die Freiheit, die da so glorreich obsiegt hatte, wurde jetzt zunehmend als Freiheit des einzelnen »Marktteilnehmers« gesehen – seine Freiheit bestünde darin, auf einem möglichst unregulierten Markt seine Vorteile zu suchen. Von diesem Denkmodell stammt ein guter Teil der Erwartungen, die wir bis heute an die Kinder richten.

Gleichzeitig lösten die rasanten Fortschritte in der Biotechnologie und vor allem der Informationsverarbeitung ungeheure Hoffnungen aus – die Dienstleistungsgesellschaft sei auf dem Weg in die Wissensgesellschaft. Mit dem neuen Rohstoff Wissen ließe sich das Kapital und die eingesetzten »Humanressourcen« immer effektiver nutzen, Waren immer billiger herstellen, Dienstleistungen immer schneller erbringen. Der goldene Weg zu unermesslichem Wohlstand!

Man staunt nicht schlecht, wie schnell gerade die Eltern und Erzieher für den neuen Masterplan gewonnen werden konnten. Ging es in den 1970er- und frühen 1980er-Jahren in den Kindergärten noch darum, ob denn Wasserpistolen okay seien und dass die Kleinen bloß ihre Schäufelchen gerecht teilen und sich kreativ »in die Gruppe einbringen«, wurden jetzt Bildungspläne gedruckt, in denen es vor allem um die kognitiven Kompetenzen der Kleinen ging. Spielen – wenn davon überhaupt noch die Rede war – wurde jetzt als Unterabteilung der Intelligenzentwicklung gesehen: »Intelligente Wissensspiele«, hießen auf einmal die Buchtitel: »Spielen macht klug!« Immerhin 20.000 KiTas sind inzwischen auf Initiative einer Stiftung der Unternehmensberatung McKinsey & Co als »Haus der kleinen Forscher« zertifiziert. Sie bieten den Kleinen »mathematische, naturwissenschaftliche oder technische Projekte« an, die ihre »Begeisterung für naturwissenschaftliche Phänomene und technische Fragestellungen wecken und langfristig zur Nachwuchssicherung der entsprechenden Berufsfelder beitragen«. Überhaupt lässt sich kaum eine Initiative zur frühen Bildung oder »Medienkompetenz« finden, in deren Hintergrund nicht irgendwo die

Global Players der Wirtschaft auftauchen, ob Dietmar Hopp Stiftung, Siemens Stiftung, Dieter Schwarz Stiftung, Autostadt-GmbH, Bertelsmann Stiftung – die einen bilden die Erzieherinnen weiter, die anderen liefern Unterrichtsmaterial, wieder andere sogar gleich die »pädagogisch-didaktischen Grundlagen« (wie etwa die Deutsche Telekom Stiftung). Und alle fordern sie von der Politik mehr Engagement für die Kleinen, und das mit großem Gestus: »Bildung und damit Humankapital ist die Voraussetzung für Innovation, Wachstum und Wohlstand. (...) Beginnen wir also, Kinder ernst zu nehmen. Beginnen wir, auf die kindliche Neugier und natürliche Lernbereitschaft zu vertrauen. Beginnen wir mit dem Lernen ab der Geburt und nicht erst in der Schule ...«, so der ehemalige McKinsey-Deutschlandchef Prof. Dr. Jürgen Kluge.

Seltsam. Spricht man mit Eltern, so sehen sie in dem, was sie ihren Kindern vermitteln wollen, eigentlich etwas ganz Persönliches. Etwas, das ihre ureigenen Werte und Ansichten widerspiegelt. Und genau dieselben Dinge, Werte und Ziele braucht es – welcher Zufall! – auch für die »Nachwuchssicherung«?! Genau dasselbe schafft auch »Humankapital« für das Wachstum der Wirtschaft? Wie durch Zauberhand scheint sich der Bedarf der Wirtschaft in die Köpfe der Eltern gemogelt zu haben – und steht auf dem geheimen Lehrplan nun ganz oben.

Ein Unbehagen

Womit ich überhaupt nicht sagen will, dass kleine Kinder nicht für Naturwissenschaft begeistert werden sollen und es auch durchaus denkbar ist, dass die Interessen der Wirtschaft mit den anzunehmenden Interessen der Kinder in mancher Hinsicht zusammenfallen. Trotzdem: Etwas befremdlich dürfte es sich für Eltern doch anfühlen, wenn sich die für unsere Kinder propagierten Bildungsziele letztendlich als Mittel zur Standortsicherung entpuppen.

Ist es nicht seltsam, wie rasch wir unser Bild vom Kind geändert haben? Wie radikal? Haben sich die Kinder etwa von heute auf morgen geändert? Nein, haben sie nicht – und doch sehen wir das, was sie (angeblich) brauchen, in einem völlig neuen Licht. Wer ändert die Beleuchtung, wer ändert unsere Perspektive? Welche Interessen stehen dahinter? Warum reden gerade die Wirtschaftspolitiker und die Wirtschaftsverbände heute so viel von »früher Bildung«?[22] Wir müssen diese Fragen stellen, und zwar aus einem naheliegenden Grund: Was da als »frühe Bildung« verkauft wird, sieht zwar Natur*wissenschaften* vor, aber keine Natur*erfahrungen*. Da geht es nicht um das freie Spiel, da geht es nicht um die Erfahrungen an den Quellen –, sondern um die Förderung der kognitiven Kompetenzen, mit denen schon die Kleinen die Bestandteile des Lebens *verstehen* sollen. Aber einfach draußen spielen und Kind sein?

Der Lehrplan auf dem Prüfstand

Damit kommen wir zu einer weiteren spannenden Frage: Warum geht es denn bei dem neuen Bildungsparadigma fast ausschließlich um die *kognitiven* Kompetenzen? Als Antwort ist zu hören, dass es schließlich die kognitiven Kompetenzen seien, die in der sich abzeichnenden Wissensgesellschaft nachgefragt würden. Diese Argumentation aber stimmt nicht. Die allermeisten Kinder werden auch in Zukunft *nicht* an hoch spezialisierten Wissens-Arbeitsplätzen arbeiten, sondern in ganz normalen (und deshalb nicht weniger wichtigen) Berufen im industriellen und konventionellen Dienstleistungssektor – oder wird die zukünftige Gesellschaft etwa ohne Zimmerleute, Altenpfleger und Lastwagenfahrer auskommen? Abgesehen davon bringen Kinder ein ureigenes Interesse mit auf ihren Weg durch das Bildungssystem: dass sie nämlich bei einer möglichst breiten Entfaltung ihrer menschlichen Potenziale unterstützt werden – sie können das nicht nur für den Beruf gut gebrauchen, sondern auch, und nicht zuletzt, für ein glückliches und verantwortliches Leben als Eltern, Partner, Nachbarn und Bürger. Ein Bildungssystem, das zunehmend die kognitiven Kompetenzen zum Dreh- und Angelpunkt des kindlichen Lernens erklärt, wird – das ist meine Sorge – für diese Bereiche am Schluss nur die Brotkrumen übrig haben.

Das zeichnet sich schon ab. Wer glaubt denn, dass Hauptschüler etwa deshalb auf einer Hauptschule landen, weil sie handwerklich besonders begabt wären? Sie landen dort, weil sie in dem auf kognitive Kompetenzen ausgerichteten Bildungssystem nicht mithalten können.

Sie sind wegen ihrer *Schwächen* dort, nicht weil jemand ihre Talente erkannt hätte, die nun endlich gefördert gehören. Das ist ein Systemfehler.

Wir sollten deshalb noch einmal zu der Frage der Machtverhältnisse zurückkommen. Bei der Neuorientierung der Bildungsinhalte in den KiTas ist eines auffällig: dass nämlich der neue Ruf nach früher Bildung nicht etwa von den Erzieherinnen ausging und auch nicht generell von »der Elternschaft«. Im Gegenteil: Diejenigen, die tagtäglich mit kleinen Kindern zu tun hatten, waren eher überrascht, als es Ende der 1990er-Jahre auf einmal hieß, die Kleinen würden beim Spielen in den Kindergärten verblöden. Wer das Konzept der frühen Bildung in Deutschland von Anfang am lautesten propagierte, waren vielmehr meist ältere Herren in Vereinigungen, die mit Kindern eigentlich nichts, aber auch gar nichts zu tun haben – wie etwa der Bund der Deutschen Industrie und die Bundesvereinigung der deutschen Arbeitgeberverbände. Nichts gegen dessen Expertise in anderen Dingen – aber wenn solche Verbände in regelmäßigen Abständen vehement »verbindliche Bildungsstandards« für KiTas fordern, muss man sich doch fragen, was sie auf diesem Terrain überhaupt zu suchen haben.

Wer also hat in Bildungsangelegenheiten eigentlich das Hoheitsrecht? Bei dem Druck hin zu Auslese und Spitzenförderung, der da vonseiten der Industrie aufgebaut wird, bei dieser immer deutlicheren Abwendung von einem ganzheitlichen, auf das kindliche und menschliche Miteinander gerichteten Bildungskonzept kommen einem doch sehr grundsätzliche Dinge in den Sinn: Offenbar treffen hier zwei Welten aufeinander. Da ist auf der einen Seite die ihren Bürgern verpflichtete Zivilgesellschaft. Auf der anderen Seite die (ihren in- und ausländischen Anteilseignern verpflichteten) Kapitalgesellschaften. Beide Seiten haben zum Teil ähnliche, zum Teil aber auch durchaus unterschiedliche Interessen. So zahlen Kapitalgesellschaften etwa lieber keine Steuern, wenn sie anderswo billiger wegkommen. Die Kosten ihrer Aktivitäten lassen sie dagegen gern von den anderen Steuerzahlern begleichen. (Oder wer sucht denn gerade nach einem Endlager für den Atommüll, die Aktionäre der Energiekonzerne etwa? Wer steht für die Schulden der Banken gerade?)[23]

In der gegenwärigen Bildungsdiskussion erleben wir derzeit denselben Interessenkonflikt mit den Verwertungsinteressen der Wirtschaft auf der einen Seite und den Interessen der Bürgergesellschaft auf der anderen. Ein Interessenkonflikt, wie er klarer nicht sein könnte: Denn sosehr die Wirtschaft sich ein Bildungswesen wünscht, das hoch gebildete Spezialisten selektiert, so sehr liegt das Interesse einer ihren Bürgern verpflichteten Zivilgesellschaft eben *nicht* auf Selektion – schon gar nicht nach sozialer Herkunft (wie wir sie hierzulande betreiben). Vielmehr stünde da statt Aussortieren die Chancengleichheit ganz oben, die *allen* Kindern eine breite Vorbereitung auf das Leben und eine Teilhabe am gesellschaftlichen Leben in allen seinen Facetten ermöglicht – Berufsleben inbegriffen.

Seit sich die Wirtschaft auf dem immer zugiger werdenden Weltmarkt immer mehr radikalisiert und ihre Rückbindung auf die Gesellschaft regelrecht abschüttelt, ist dieser Zielkonflikt eskaliert. Heutige Eltern stehen im Spagat inmitten von Fragen: Soll das Bildungssystem Menschen heranbilden, die ein Maximum an wirtschaftlich verwertbarer Leistung erbringen? Das Bildungssystem wäre dann an den Erfordernissen des Arbeitsmarktes zu orientieren, die Bildungsinhalte wären an dem auszurichten, was dem Menschen ein möglichst produktives (Arbeits-)Leben ermöglicht. Aufgabe des Bildungssystems wäre also in letzter Konsequenz, den jungen Menschen an den Arbeitsmarkt anzupassen. Dieses Modell (das implizit auch auf eine privatwirtschaftliche Struktur des Bildungswesens zielt) wird vor allem von wirtschaftsnahen Interessengruppen angepriesen – wie etwa der OECD oder den Unternehmensverbänden und deren diversen »gemeinnützigen« Stiftungen.[24]

Oder sollte Bildung – so wie man es mit einem fast schon nostalgischen Blick in den Verfassungen der meisten Bundesländer liest – dem Ziel einer gerechten Gesellschaft aus mündigen, verantwortlichen Bürgern dienen und damit der Persönlichkeitsbildung genauso wie dem Gemeinwohl verpflichtet sein?

Wie dieser Streit um den Bildungsbegriff (und damit auch die Organisation des Bildungssystems) in den nächsten Jahren ausgehen wird, hängt von der Bewertung einer tiefer liegenden Frage ab: Wie stark stimmen die Interessen der Wirtschaft mit denen der Gesellschaft überein? Wer hier einen positiven Zusammenhang sieht (oder meint, keine andere Wahl zu haben), wird weniger Probleme damit haben, Ökonomen darüber bestimmen zu lassen, was seine Kinder lernen sollen, als jemand, der dem globalisierten Wachstumsmodell skeptisch gegenübersteht.

Populäre Missverständnisse

Kommen wir zu einem zweiten Problem in den Grundannahmen des Konzeptes der frühen kognitiven Förderung. Die Verfechter der »frühen Bildung« gehen von einer spezifischen Lernfähigkeit in der frühen Kindheit aus. Je früher die Kleinen zum mathematischen, sprachlichen und naturwissenschaftlichen Denken angeleitet würden, desto eher blieben diese Kompetenzen haften und desto vollständiger würden später diese Domänen beherrscht. Dieses Konzept der »offenen Fenster« ist bei Eltern populär und dürfte mit erklären, weshalb sich das Ziel der »frühen Bildung« so rasch in allen gesellschaftlichen Schichten durchgesetzt hat.

Die Annahme einer besonders sensiblen Lernbereitschaft in der frühen Kindheit wird bis heute von der kindlichen Sprachentwicklung abgeleitet. Wie wir in Kapitel 5 gesehen haben, können sich kleine Kinder Sprache (ob Mutter- oder Fremdsprache) perfekt und ohne jede Anstrengung aneignen. Komplizierter wird es erst, wenn man sich die Bedingungen anschaut, unter denen dieses Lernen gelingt – es sind die gleichen, die für den Erwerb der Muttersprache gelten, und sie haben mit einem Lernen im didaktischen Modell nichts und rein gar nichts zu tun. Kleine Kinder »lernen« eine Fremdsprache, wenn diese a) sehr häufig und regelmäßig, b) von einer emotional zugewandten Bezugsperson, c) im normalen Lebenskontext (für Kinder ist das vor allem das Spiel) und d) in muttersprachlicher Sicherheit gesprochen wird. Ja, dieses Lernen fällt den Kindern leicht, aber anders als bis vor Kurzem noch von manchem »Bildungsexperten« angenommen, lernen Kinder Fremdsprachen nur im Rahmen funktionierender, verlässlicher, alltäglicher Beziehungen. Diesen Rahmen nutzen die Kinder für ein selbst initiiertes, selbst organisiertes Lernen – ein Selbststudium im wahrsten

Sinn des Wortes. Die Hoffnung, die Kinder im morgendlichen Stuhlkreis im Kindergarten auf den Weg zur Sprachkompetenz in Englisch oder Französisch zu bringen, ist leider unbegründet und durch keine einzige wissenschaftliche Studie belegt. Und auch der Systemvergleich der KiTas in Europa zeigt, dass »frühe Bildung« keineswegs zu besseren Ergebnissen führt. Am frühesten beginnen die Franzosenkinder zu rackern, am spätesten die Finnenkinder, und der Vergleich bedarf nicht einmal eines Kommentars. Es ist durchaus möglich, dass Franzosenkinder weniger mit Kuchen werfen, aber gescheiter oder gebildeter oder besser für das Berufsleben aufgestellt sind sie ganz sicher nicht. Kurz: Bei dem Versuch, nun schon in den KiTas die Kampfbrigaden für den globalisierten Wettbewerb zu rekrutieren, wurde einfach vergessen, *wie* Kinder in Wirklichkeit lernen.[25]

Primat des Fundaments

Stellen wir den geheimen Lehrplan auf den kulturellen Prüfstand, so zeigt sich: Er passt nicht zu den Kindern, und er taugt nicht für die Herausforderungen, vor denen unsere Gesellschaft steht. Er mag einzelne Kinder befähigen, in einem auf Konkurrenz ausgerichteten System die Oberhand zu gewinnen, aber zu welchen Kosten? In der Welt, der wir uns heute stellen müssen, kann Bildung ohne Fundament nicht funktionieren, sie muss immer Teil einer Menschenbildung sein. Es reicht nicht aus, auf die zukünftigen *Funktionen* der Kinder im Wirtschaftsleben zu schielen.

Ich will hier einen anderen Ansatz vorschlagen. Er hat einmal die Medizin geleitet, bevor auch das Heilen und Helfen mit Gewinnerwartungen verbunden wurde: *Primum non nocere* – zuerst soll es auch in der Bildung darum gehen, dass kein Schaden entsteht.

Mit diesem Ansatz sind wir wieder zurück bei den Kindern, wie sie *sind* – nicht wie wir sie uns je nach tagesaktueller Interessenslage zusammenreimen. Wir wissen ohne jeden Zweifel, was Kinder für eine gesunde Entwicklung brauchen. Wir wissen, dass sie ein solides Fundament brauchen, um glücksfähig, kreativ und innerlich stark zu sein. Wir wissen, dass sie dieses Fundament brauchen, um die Balance zwischen dem *Ich* und dem *Wir* zu halten, auf der das menschliche

Miteinander von jeher beruht. Und wir wissen, dass die Ausbildung solcher Grundlagen keineswegs im Widerspruch zu der Ausbildung wunderbarer Spezialisierungen steht. Im Gegenteil: Höhenflüge – ob kognitiver, kreativer, spiritueller oder anderer Art – sind auf der Basis eines sicheren Fundaments nicht weniger wunderbar. Und sie enden seltener in Abstürzen. Statt also die Kindheit mit einem geheimen Lehrplan zu füllen, von dem wir weder wissen, ob er wirklich zu den Herausforderungen der Zukunft passt, noch, welche Kosten er unseren Kindern aufbürdet, sollten wir die Kindheit ihrem fundamentalen Zweck überlassen: dass Kinder wachsen können, von unten nach oben.

KiTas neu denken

Wie können wir weiterkommen? Beginnen wir mit den Krippen und Kindergärten. Viele von ihnen arbeiten heute nach einer Art Zeitrafferprinzip: früh die Zahlen lernen, früh die Lese- und Schreibkompetenzen fördern, früh das naturwissenschaftliche Verständnis anregen. Die erreichten Kompetenzen regelmäßig messen und vergleichen. Den Entwicklungsstand kartieren und auf mögliche Lücken untersuchen.[26] Diese Lücken dann von entsprechenden Experten füllen lassen: Logopädie, Ergotherapie, Psychotherapie.

Dieses Konzept wurde aus Angst geboren – aus dem Schock nämlich, den die ersten internationalen Vergleiche der globalen Bildungssysteme in Deutschland hinterlassen haben. Man sprach vom »PISA-Schock« und hatte die Befürchtung, in der nun Schwung aufnehmenden Globalisierung wegen mangelhafter Bildung der deutschen Kinder abgehängt zu werden. Die Lehre aus PISA schien klar: Man kann mit der Schule nicht früh genug beginnen! Gut, dass wir darüber schon gesprochen haben: Denn das kann nicht die Antwort sein.

Aus Angst geboren

In der Tat ist Angst kein guter Ratgeber. Während immer mehr Kinder in den KiTas darauf verpflichtet wurden, die PISA-Scharte auszuwetzen, legten sich den Erzieherinnen und auch vielen Bildungswissenschaftlern immer tiefere Sorgenfalten auf die Stirn. Weder wurden die Kinder zu besseren Mathematikern, weil sie schon früh das Zählen übten. Noch änderte sich irgendetwas an dem Hauptproblem des deutschen Bildungswesens: dass es für den Schulerfolg weniger auf die Schule als vielmehr auf die soziale Herkunft ankommt. Gleichzeitig nahm aber die Zahl der Schulkinder, die bei der Schuleingangsuntersuchung nicht auf einem Bein hüpfen können, weiter zu. Heute findet sich praktisch kein namhafter Experte in Sachen kindliche Bildung und Entwicklung mehr, der das Konzept der »frühen Bildung« nicht kritisch hinterfragt. Dass sich dieses Konzept trotzdem wie Tinte auf Fließpapier immer weiter in die Krippen und KiTas einfrisst, zeigt einmal mehr, wer in der Bildungspolitik wirklich den Ton angibt.

Zumal der aus Angst geborene Trend weitere Angst verbreitet. Als in einer Stadtratssitzung in einer deutschen Kleinstadt über das Krippenangebot diskutiert wurde, sagte eine Mutter, dass sie ihr 2-jähriges Kind deshalb in die Krippe bringe, weil sie sich selber dessen »Bildung« nicht zutraue. Eltern trauen sich nicht mehr zu, ihren 2-Jährigen das zu vermitteln, auf was es ankommt? Na dann viel Spaß für die Zukunft.

Erwartungen statt Fatalismus

Aber immerhin ist die Diskussion eröffnet. So wie uns heute dieses »Hurra, Globalisierung!« nicht mehr ganz so flüssig über die Lippen kommt wie noch vor 10 Jahren, so hat sich auch in der Pädagogik viel getan. Und Eltern haben zunehmend die Wahl und dürfen – und sollen! – deshalb an die Einrichtungen, die ihre Kinder aufs Leben vorbereiten sollen, *Erwartungen* haben, nein, Forderungen stellen:

- Sie dürfen Konzepte erwarten, die über eine Vorverlegung des schulischen Lernens hinausgehen. Man kann heute in anderen gesellschaftlichen Bereichen, wie etwa in der Medizin, auch keine Heilmethoden mehr anbieten, die in der Fachwelt umstritten sind.
- Sie dürfen erwarten, dass den Erzieherinnen die Bedeutung des Spiels, der frei gestalteten Erforschung der Umwelt und auch die Bedeutung von Naturerfahrungen für die kindliche Entwicklung

bekannt sind. Diese Inhalte stellen in der Pädagogik kein Geheimwissen dar, das unter der Ladentheke gehandelt wird – jetzt ist die Umsetzung gefragt.

- Und weil der Wert des selbst organisierten Spielens unter Kindern heute zum pädagogischen Grundwissen gehört, müssen sich nicht etwa die Erzieherinnen rechtfertigen, die Kinder frei spielen lassen, sondern diejenigen, die dies *nicht* tun.
- Eltern dürfen auch erwarten, dass mit offenen Karten gespielt wird. Kindergärten und Krippen, die Naturerfahrungen und frei gestaltetes Entdecken nicht in ihrem pädagogischen oder baulichen Konzept unterbringen können, sollen dies den Eltern klar anzeigen. Möglicherweise können dann Elterninitiativen einspringen und entsprechende Spielgelände organisieren.
- Wenn Angebote im Freien etwa aus Personalgründen nicht gemacht werden können, sollte dies so kommuniziert werden. Das ist ehrlicher, als von nebulösen »Frühförderprogrammen« zu reden, die alle eines gemeinsam haben: dass sie drinnen stattfinden und nicht ganz so viel Personal binden wie das gemeinsame Entdecken im Freien. Vielleicht findet sich auch jemand bereit, bei Gruppenausflügen mitzuhelfen. Oder es findet sich eine Idee im Kopf, wie etwa die Kooperation mit einer Schule, durch die Schüler die Gelegenheit bekommen, in KiTas auszuhelfen und mitzugestalten. Für die Schüler jedenfalls wäre ein solches Projekt sinnvoller als so manches andere schulische »Bildungs«-Angebot.
- Und wenn eine KiTa meint, das sei alles schön und gut, aber wo bleibe dann die Zeit, um den Umgang mit Stiften, Schere und Papier zu üben … Ja, dann ist es an der Zeit, sich einmal in den Waldkindergärten dieser Republik umzuschauen. Jedenfalls sind bei den bisherigen wissenschaftlichen Auswertungen dieses Konzepts noch keinem Forscher irgendwelche feinmotorischen Defizite bei den dortigen Kindern aufgefallen.

Schön, wenn Kinder schon früh schreiben können, aber zuerst brauchen sie ein emotionales Alphabet.

Genauer hinschauen

Im Gegenteil. Werden »Naturtagesstätten« und normale KiTas verglichen, so zeigt sich – bei aller methodischen Unsicherheit, die solchen Vergleichen immer anhaftet –, dass sich die Kinder in den Ersteren besser konzentrieren können, seltener krank und sowohl grob- als auch feinmotorisch weiter entwickelt sind. Schließlich basteln sie ja auch, wenn sie draußen an einem Bach ein Spielfloß bauen oder eine Wassermühle.

Apropos Feinmotorik. Wir sollten nicht vergessen, dass das Ideal des »Bastelkindergartens« zu einer Zeit entstand, als die Kinder mehr als genug Zeit draußen verbrachten und zu Hause zudem wenige Materialien zur Verfügung standen. Wenn den Kindern heute etwas fehlt, dann sind es nicht so sehr das Ausschneiden oder die Erfahrungen mit Schere und Gabel, sondern die Erfahrungen mit den natürlichen Elementen und den anderen Kindern.

Insofern lohnt es sich, einmal genauer hinzuschauen, wo im pädagogischen Konzept in einer KiTa noch die alten Zöpfe hängen. Heute, wo viele Kinder eben *keine* Geschwister mehr haben und wo sie sich eben nicht mehr so einfach draußen auf der Straße treffen können, sind doch andere Fragen wichtig als selbst noch in den 1970er-Jahren, als viele Kinder allein auf dem Weg in die KiTa mehr Bewegung und Freiraum hatten als heute über den ganzen Tag verteilt. Wie kann die Selbstorganisation unter Kindern gefördert werden? Wie kann das freie Spiel besser gelingen? Wie können Kinder dabei unterstützt werden, dass sie zu Doppelstrategen werden – auch und gerade wenn es zu Hause vielleicht mit den Beziehungen nicht so wirklich klappt? (Wir hatten über den Begriff der Doppelstrategie auf Seite 196 gesprochen).

Primat der Beziehungen

Überhaupt die Beziehungen. Es ist nicht das erste Mal in diesem Buch, dass Sie das lesen: Der Flaschenhals in der kindlichen (und nicht nur dort!) Sozialisation sind die Beziehungen. Und das gilt auch für das Lernen. Ohne ein sicherndes Beziehungsangebot sind Kinder vor allem damit beschäftigt, irgendwie mit ihrem Stress klarzukommen, um emotional halbwegs zu überleben. Wie also können tragfähige Beziehungen in den KiTas gestaltet werden? Was unterstützt Erzieherinnen in dieser wichtigsten aller Fähigkeiten – ihrer Beziehungskompetenz? Wie kann ein achtsamer Umgang zwischen Erwachsenen und Kindern gefördert werden? *Darauf* müsste doch viel mehr der Fokus liegen – nicht auf Methoden, Programmen oder den neuesten Lerntechnologien.

In manchen KiTas wird so penetrant von den Synapsen im Gehirn der Kleinen gesprochen, die es jetzt angeblich mit Zahlen und Naturkonstanten zu füttern gilt (mit was denn sonst?), dass man sich fast schon nicht mehr als Schelm vorkommt, wenn man auch mal Böses denkt. Wie etwa Ulrich Renz, der Zwillingsbruder des einen Autors (*HRP*) in seinem Buch »Die Tyrannei der Arbeit« über das Konzept der frühen Bildung schreibt: »Da der Betreuungsschlüssel in vielen KiTas ohnehin nicht mehr ausreicht, die Kleinen nach draußen zu bugsieren, hat man gleich zwei Fliegen mit einer Klappe geschlagen: Die Kinder sind personalschonend beschäftigt, und das auch noch mit *Bildung!*«

Um es noch radikaler zu betrachten. Wenn wir uns in der Gesellschaft umschauen, so liegt für viele Kinder das Feld, auf dem sie grundlegende Lebenskompetenzen erwerben können, nicht mehr in der Familie. Wo lernen Kinder denn, mit anderen klarzukommen? Wo lernen sie denn, wie man Essen zubereitet? Wo erfahren sie, wie gut es allen tut, wenn man achtsam miteinander umgeht? Wenn man ernst genommen wird? Wenn sie es nicht in den Bildungsinstitutionen lernen, dann häufig nirgends. Vor diesem neuen Lehrplan kann sich keine KiTa drücken. Hier geht es um die Fundamente. Und die haben im Zweifelsfall Vorfahrt. Und dann erst kommen irgendwelche naturwissenschaftlichen Experimente.

Geht nicht

Also ein reicheres Beziehungsangebot. Mehr Freiraum, mehr Möglichkeiten, voneinander zu lernen – von größeren und kleineren Kindern. Mehr Spielen und selbst gesteuertes Erforschen. Aber wie das alles anpacken? Wie sieht eine KiTa ohne die alten Zöpfe aus?

Ganz anders, das war die Antwort einiger weniger Initiativen vor 20 bis 30 Jahren. Bauwagen in den Wald stellen. Sonst nichts. Doch: Gummistiefel und warme Kleidung. Die Idee zum Waldkindergarten war geboren.

Geht nicht – war die Antwort vieler Eltern – und auch vieler Erzieherinnen. Wir wissen es heute besser. Geht doch, und wie! Sogar das Schlafen klappt – da werden mittags die Schlafsäcke ausgerollt, gerne draußen unter freiem Himmel.

So wie manche Eltern glauben, Kinder bekämen von der Kälte Schnupfen, so glauben andere fest daran, dass sie dadurch ein starkes Immunsystem bekommen. Der Schlüssel nach draußen liegt zwischen den Ohren, wie gesagt. Und da geht es, das soll auch hier noch einmal betont sein, nicht nur um die Natur dort draußen – das Entscheidende und der Kern jeder »natürlichen« Pädagogik ist, dass Kinder ihren Freiraum für das eigene, selbst organisierte Spiel bekommen. Einen Raum, in dem es nicht um das Schaulaufen für die Eltern geht, nicht um die Vorbereitung auf die Schule, nicht um beständige Beobachtung und Dokumentation, nicht um das ganze heute so normal gewordene pädagogische Rumgefummele. Sondern um achtsame Beziehungen und um die *kindliche* Ideenwelt – alles Ansätze, die übrigens in der Frühpädagogik keineswegs neu und revolutionär sind, was sich etwa in der Schweizer Tradition der *Spielgruppen* und der österreichischen Tradition der *Kindergruppen* zeigt.

Sogar die Lehrer in der Grundschule staunen: Die Kinder aus Waldkindergärten, Spielgruppen, Kindergruppen und Co. sind nicht verwildert. Sie sind sozial kompetenter. Sie sind kreativer. Und sie lernen das Rechnen so schnell wie die anderen! Jeder KiTa-Träger und jeder Elternteil dieser Republik hat heute allen Grund, diese Konzepte näher kennenzulernen. Auch in der Stadt, wo die Natur ja nicht gerade hinter jeder Ecke lauert!

Geht nicht – war auch da die Antwort. Waldkindergärten in der Großstadt? Inzwischen haben viele Initiativen gezeigt, wie es geht: Brachgelände nutzen. Parks nutzen. Berlin etwa hat 2.500 öffentliche Grün- und Erholungsanlagen, meist in städtischem Besitz – warum können da die Kindergärten in der Nähe nicht mit dem Bollerwagen morgens einrücken? Schwedische KiTas schalten gleich den Gang rein – sie haben einen umgebauten Bus vor der Tür, mit Klo und Schlafplätzen und einer Kochecke, und dann kann die ganze Gruppe aus der Stadt morgens direkt in den Wald fahren. Oder zum Meer.

Aber zurück in die deutsche Großstadt: So mancher Bauernhof am Stadtrand, der mangels Fläche im Wettrennen der Agrarindustrie längst untergegangen wäre, hat heute einen Kindergarten geschaffen – Bauernhofkindergärten heißen diese Einrichtungen, in denen Kinder sozusagen inmitten von Tieren und dem täglichen Arbeiten in Gärten, Scheuern und Feldern leben und spielen. Und auch ihre Aufgaben übernehmen: die Hühner aus dem Stall lassen etwa und deren Eier sammeln. Oder beim Füttern der Tiere helfen.

Wenn wir den Kopf frei haben, geht mehr, als wir denken. (Was zum Beispiel alles möglich ist, haben wir auf einer eigenen Webseite zusammengetragen: http://www.lernwelt.at/projekte/wie-kinder-heute-wachsen/index.html. Hier sind Projekte und Ideen vorgestellt, die uns aus vielen Ecken und Gegenden bei der Vorbereitung dieses Buches erreicht haben. Herzlichen Dank an alle Impulsgeber!)

»Es waren einmal Häuser, in denen kleine Kinder von Menschen betreut wurden, die dafür ausgebildet waren, mit ihnen zu spielen, zu singen, zu feiern ... Die Kleinen bekamen Zeit, all diese Tätigkeiten auszuprobieren, und konnten ... Wurzeln fassen. Weil dies auch bei jungen Pflanzen so ist, bekamen diese Häuser den Namen Kindergarten.
Aber dann ... Plötzlich ging es den Riesen rund um die Kindergärten nicht mehr schnell genug ... Es wurde gedüngt mit mathematischer Früherziehung, musikalischer Früherziehung, Englischkursen. Die Pflänzchen wuchsen schneller. Aber die Wurzeln wurden kürzer ... Die Pflänzchen wurden anfälliger für Störungen, Krankheiten ... Und der Begriff Kindergarten? – Vielleicht sollte man ihn ablösen und (das Haus) Treibhaus nennen.«

LESERBRIEF VON RITA SAUER AUS DEM FRÄNKISCHEN TAG BAMBERG VOM 6.1.2005

Schulen neu denken

Geht nicht, hieß es schon vor etwa hundert Jahren, als im Zuge der gesellschaftlichen Reformbewegungen die Kritik an den damaligen Pauk- und Drillschulen immer lauter wurde. Wie können die Schüler denn ins Freie kommen, wie können sie die Welt durch eigene Anschauung verstehen lernen, wie sich als selbsttätig erleben, wie durch Handlung reifen?

Wie es geht, wurde über ein Jahrzehnt später klar, als verschiedenste Schulen auf einer Tagung in Süddeutschland erstaunt feststellten, dass sie auf eigene Faust alle in etwa dasselbe gemacht hatten: Wanderheime errichten oder pachten, mit den Klassen dort ein paar Tage verbringen, kochen, Sport treiben, die Natur beobachten und vor allem wandern. Die einen nannten das Schullandheim, die anderen Landschulheim, wieder andere Waldheim – und diese Einrichtungen haben bis heute eines gemeinsam: Sie liefern Kindern Erfahrungen, die garantiert haften bleiben.

Noch kein Kind hat im Schullandheim den Satz des Pythagoras kapiert oder sonst etwas, was im Lehrplan steht. Und doch ließen sich die Lehrer in der ersten Hälfte des 20. Jahrhunderts davon überzeugen, für diese Tage im Freien ein bisschen »Stoff« herzugeben. Gelebter Weitblick.

Wir brauchen einen solchen Aufbruch heute wieder. Nicht nur ist die Natur für die allermeisten Kinder noch weiter in die Ferne gerückt. Die Verstädterung fortgeschritten. Auch die Erfahrungen in »informellen« Kindergruppen (also dort, wo sich Kinder auf eigene Faust zum Spielen zusammenfinden, und sei es auf dem Schulweg) sind fast ausgedorrt, sodass die Zeit im Schullandheim leicht zu einem Inselerlebnis ohne dauerhafte Impulse für den Alltag wird – was übrigens auch für so manches schulische »Naturprojekt« gilt. Da wird der Pausenhof begrünt – und das ist gut so! –, aber das Bildungskonzept dort drinnen in der Schule läuft unabhängig davon immer einfach weiter, immer weiter …

Anderorts aber boomen die Ideen. Da werden Schulgärten eingerichtet, da werden im Rahmen der »Handlungspädagogik« dauerhafte, regelmäßige Kooperationen mit landwirtschaftlichen Betrieben aufgebaut. Andere Schulen organisieren ihre Bordmittel so um, dass dabei ein ganz neuer Umgang mit Lernen und Begabung und Persönlichkeit entsteht. Und viele von ihnen gewinnen dafür regelmäßig Schulpreise.

Tatsächlich – schüttelt und rüttelt man an diesem Baum der vielen Projekte und Versuche, so schälen sich schier unglaubliche Möglichkeiten für ein »natürlicheres«, also selbstbestimmteres, selbst organisiertes Lernen heraus. Diese Möglichkeiten sind gerade jetzt bei vielen Lehrern im Gespräch – weil sie sehen, dass sich der Trend zur Ganztagsschule nur dann kindergerecht gestalten lässt, wenn auch das Bildungskonzept sich breiter aufstellt und sich nicht nur am »Schüler«, sondern auch am »Kind« orientiert.

Legen wir die Früchte einmal zusammen und lassen uns von dem Duft zu einem Traum inspirieren. Dann wäre da eine Schule …

… in der Kinder auch und gerade in ihrer Persönlichkeit angesprochen werden – mit Hauptfächern wie »Verantwortung« oder »Herausforderung«, in denen die Klassen etwa ein Projekt von der Pike auf planen, sei es ein Musikfestival, eine Fahrradtour (mit allem Drum und Dran) oder ein Catering-Service (Abrechnung inklusive).

... eine Schule, in der den Kindern zugehört wird, weil ihre Stimme zählt – etwa in der Schulversammlung zu Beginn des Tages. Eine Schulversammlung übrigens, in der auch Lieder gesungen werden und jeder einen anderen loben darf – weil Lob guttut.

... eine Schule, in der auch Schreinerei und anderes Praktisches unterrichtet werden, wozu auch der Umgang mit den täglichen Ärgernissen gehört, vom Girokonto angefangen über Knopfannähen und Fahrradreifenflicken bis zum Firewalleinrichten ...

... eine Schule, die eine Art Außenposten unterhält – ein permanentes, selbst gemanagtes Schullandheim sozusagen, eine Parallelschule für das echte Leben! Mit Küche (in der Verantwortung der Kinder), Pflege der Umwelt (in der Verantwortung der Kinder), Reparatur der Baumhäuser (Verantwortung von wem wohl?), Gartenarbeit – und einem Bioimbiss für Besucher. Und alles wird von bestimmten Jahrgangsstufen eigenverantwortlich gemanagt und unterhalten.

... eine Schule, in der sich auch die Eltern wohlfühlen und sich mit ihren besonderen Qualifikationen einbringen – bei der Gestaltung der Schule, im Unterricht, in Projekten ...

... und dann gibt es auch das: Schüler machen selber Schule. Sie melden sich von der Regelschule ab und organisieren die Vorbereitung auf das Abitur selber. Dazu mieten sie Unterrichtsräume, unterrichten sich gegenseitig und stellen dort, wo sie Profis brauchen, Lehrer ein.

Wie gesagt, solche Schulen gibt es bereits, in den unterschiedlichsten Ausführungen und mit den unterschiedlichsten Schwerpunkten. Manche dieser Schulen sind Privatschulen, andere sind staatliche Regelschulen. Aber hinter allen steht ein bestimmter Geist des Aufbruchs. Leidenschaftliche, den Kindern und nicht nur der Schule verpflichtete Lehrer. Ohne diesen Geist geht *nichts*, auch nicht mit noch so viel Geld.

Zu jeder dieser Schulen sind umfassende Informationen erhältlich, sei es in Buchform oder auf DVD.[27] Jeder Leser sei eingeladen, sich damit zu beschäftigen. Und weil ich hier bestimmt mutwillig bei einer persönlichen Auswahl hängen bleibe, sei noch einmal auf die dieses Kapitel begleitende Webseite mit Ideen und Projekten rund um das Thema Kind und Natur verwiesen: http://www.lernwelt.at/projekte/wie-kinder-heute-wachsen/index.html

Auf den Hund gekommen

Ach ja, und dann wollte ich noch Monti vorstellen. Kein Banker, kein Politiker, sondern ein Hund – ein Lesehund in der St. Georg Schule Augsburg. Seine Aufgabe ist simpel – er hört einfach zu. Etwa wenn die Grundschüler vorlesen. Anders als ein menschliches Gegenüber macht das Kindern, die es mit dem Lesen nicht so leicht haben, keinen Stress. Sie verhaspeln sich seltener und haben mehr Freude dabei und lernen deshalb schneller lesen. Und noch etwas ist anders, wenn speziell trainierte Lese- oder Schulhunde mit in einer Klasse sind: Die Kinder sind achtsamer, denn sie berücksichtigen jetzt auch die Bedürfnisse des Hundes. Laut sein? Sie wissen, dass der Hund um ein Vielfaches besser hört und Lärm deshalb als schmerzhaft empfindet.

Jetzt aber zum traurigeren Teil: Alle diese Projekte sind, verglichen mit der breiten Masse der Schulen, Einzelfälle. Hoch gelobt und doch in der Minderheit. Und das hat möglicherweise etwas mit dem am Anfang dieses Kapitels beschriebenen geheimen Lehrplan zu tun, der nun einmal in eine ganz andere Richtung arbeitet. Es ist bestimmt leichter, Sponsoren und Stiftungen für die »Begabtenförderung« (begabt in was wohl?) oder für die technologische Aufrüstung der Klassenzimmer zu interessieren als für eine breitere, freiere, selbstbestimmtere Bildung.

An das Ziel einer für die kindliche Selbstorganisation offeneren Bildung müssen wir aber auch deshalb ran, weil wir sonst eines der auffälligsten Merkmale der menschlichen Kindheit ignorieren – nämlich dass Kinder im Laufe ihrer Entwicklung immer *verschiedener* werden. Die kindliche Entwicklung zielt ja gerade darauf, dass jedes Kind seine Individualität herausbildet (evolutionär betrachtet ist dies nicht weniger als der eigentliche Katalysator für komplexe kulturelle Gruppenleistungen und der Grund, weshalb der Versuch, menschliche Verbände nach Ameisenart zu organisieren, regelmäßig scheitert). Erziehung muss deshalb immer auch an den Eigenleistungen, Begabungen und Voraussetzungen des Kindes ansetzen – und wo Kinder mitreden und mitgestalten können, gehört diese Eigeninitiative mit zum Programm. Kinder auf *eine* Norm zu trimmen oder mit *einem* Maß zu messen würde ja bedeuten, sie beständig mit ihren Schwächen zu konfrontieren.

Also: Auch in der schulischen Erziehung geht es letzten Endes um unsere Auffassung von Kindheit. Wir müssen an die Schulen Fragen stellen, und viele Lehrer tun das – glücklicherweise – tagtäglich: Bieten die Schulen genug Raum für die kindliche Selbstorganisation? Laden sie die Kinder zu Mitgestaltung und Verantwortung ein oder führen sie nur das alte System der leistungsbezogenen Selektion und Konkurrenz nach immer dem gleichen Maß fort – vielleicht auch nur mit neuen Begriffen wie »Begabtenförderung«, »Bildungsoffensive« oder »mehr Bildungseffizienz«? Wer die Lehrerausbildung betrachtet, dem kommen ernste Zweifel – da geht es viel um den Stoff, der da irgendwie aus der Schublade in das Gehirn der Kleinen jongliert werden soll. Und wenig um die Kinder und wie sie eigentlich ihre Stärken aufbauen. Noch weniger um Beziehungen. Es ist zu bezweifeln, ob dieses System mit der Welt Schritt halten kann, so wie sie sich vor unseren Augen verändert und nach einem Wertewandel geradezu schreit.

Deshalb lohnt es sich auch da, dass wir Eltern in Ruhe nach neuen Wegen Ausschau halten. Und die gibt es – auch in den Staatsschulen, auch in freien Schulen, ja sogar dort, wo Familien das Lernen ihrer Kinder selbst organisieren.

Den Alltag gestalten

Man könnte es ja mal aus einer ganz anderen Perspektive betrachten. Da ist auf einmal eine neue Art auf die Rote Liste der bedrohten Arten gekommen! Beschreibung: Läuft auf zwei Beinen, mag kein Gemüse, dafür Schokolade, hat kein Fell, und deshalb sieht man etwa in der Mitte des Körpers diesen putzigen Bauchnabel. Für diese bedrohte Art gilt es ein geschütztes Habitat zu finden, so wie für Canis lupus, Castor fiber und Cricetus cricetus – also Wolf, Biber oder Feldhamster. Der kleine Homo sapiens muss unter Naturschutz gestellt werden! Er muss per Verordnung den Spielraum dort draußen bekommen, den er für sein Gedeihen braucht!

Als eine der ersten Kommunen hat die Stadt Lauffen diesen Ansatz verfolgt und bei der schon länger geplanten Renaturierung des dortigen Flüsschens Zaber gleich einen Abschnitt zum Spielen für kleine Homo sapiens ausgewiesen. Die Freude währte so lange, bis jemandem einfiel, dass in dem netten Reservat auch andere bedrohte Arten leben – und die haben Vorrang, weil sich der kleine Homo sapiens eben noch nicht zusammen mit Castor fiber und Co auf der offiziellen Roten Liste findet.

Auch wenn es an der Zaber nicht so richtig geklappt hat – es gibt inzwischen Hunderte, nein Tausende von Projekten, Initiativgruppen und Vereinen, die sich um die kleinen Weltentdecker kümmern. Pfadfinder treffen sich, zerfallende Bolzplätze werden von Bürgern neu eingesät und mit Toren bestückt. Umweltorganisationen wie der BUND träumen von der »bespielbaren Stadt« und haben mancherorts wunderbare Freiräume geschaffen (etwa die Kinderwildnis Bremen). In manchen Städten boomen kommunale Gärten – Kinder sind willkommene Kleingärtner und Käferretter. Tausende von Menschen sind auf Schatzsuche, heute Geocaching genannt – oft haben sie ihre Kinder im Schlepptau. Es gibt heute mehr Fahrradwege als jemals zuvor, und so manche gefährliche Straße wurde auf Druck der Eltern in eine Spielstraße umgewandelt. Eltern, die die organisierten, von professionellen Caterern und Vergnügungscentern ausgerichteten Kindergeburtstage satthaben, nehmen die Kleinen stattdessen mit in den Stadtwald, Picknick hinten in die Karre mit rein und dann einfach spielen lassen. Wem das zu spontan ist, kann sich mancherorts von Erlebnispädagogen unterstützen lassen. Ja, es gibt inzwischen Eltern, die ihre Kinder *regelmäßig* in den Stadtwald fahren und sich dafür mit anderen Eltern abwechseln – in manchen Städten bieten sogar Naturschutzgruppen eine Betreuung in sogenannten Waldclubs an! Oder die Großen und Kleinen gehen zusammen zelten. Oder auf Fahrradtouren. Oder Lagerfeuer machen. Wo gleichgesinnte Eltern zusammenarbeiten, kommt die Welt in Bewegung. Und das schon morgens – durch einen »Bus auf Beinen«

etwa. Da laufen die Kinder gemeinsam in den Kindergarten, statt dorthin gefahren zu werden, mit echten Haltestellen, um andere Kinder aufzunehmen. Und auch die Wissenschaft macht mit – etwa bei der Frage, wie in Städten Naturerfahrungsräume eingerichtet werden können – Freiflächen also, die möglichst naturbelassen von Kindern zum Entdecken und Spielen genutzt werden können. Oder, oder, oder …

Ich bin kein Fan von Listen. Denn der Flaschenhals sind nicht die Ideen, sondern es mangelt an Freiraum, sie umzusetzen. Und daran, dass in unserem Kopf so viele andere Ziele sind. Da müssen wir die Wildnis reinlassen, da müssen wir loslassen lernen. Und dann ergeben sich auf einmal die vielen kleinen Schritte im Alltag, und sie sehen für jeden ein bisschen anders aus.

Welche Natur?

Wenn wir bei den Wegen in die Natur sind, so fällt auf, dass manche Wege zwar in die Natur führen – die »Quellen« aber großräumig umgehen. Wie das? Ein solches Phänomen haben wir schon kennengelernt: Durchsucht man etwa die Orientierungspläne der KiTas oder die Lehrpläne der Schulen, so wimmelt es da von »Natur« – allerdings geht es da dann in aller Regel um Naturwissenschaft, Naturverständnis und Naturbeobachtung.

Kein falscher Ansatz! Nur sollten wir uns klar sein, dass das Besprechen von »Naturphänomenen« nichts mit Naturerfahrung zu tun hat. Man kann alles darüber wissen, wie ein Baum wächst, aber das heißt noch lange nicht, dass man dadurch die Schönheit und Macht eines ausgewachsenen Baumes zu spüren bekommt.

Das gilt auch für den Naturschutz. Natürlich ist es toll, die Kinder dafür zu begeistern. Aber es hat mit der Natur als Erfahrungsraum zunächst einmal nichts zu tun. Ja, manchmal landen wir mit unseren Sorgen und Ideen weit außerhalb des »Quellbereichs« – die Natur ist dann für die um die Natur besorgten Kinder eben nicht das Unmittelbare, Spürbare, das Eigene, sondern wird zu etwas Abstraktem: dem großen Schützenswerten dort draußen. Dem, wofür Greenpeace sich einsetzt. Auch hier will ich nicht missverstanden werden: Wir brauchen die Greenpeace-Aktivisten, und wir brauchen die Rainbow Warrior. Und es ist auch okay, wenn die Kinder und Jugendlichen sich mit Haut und Haar für den Regenwald einsetzen. Aber das sind Projekte, Ideen, Konzepte. Die Quellen selbst aber sprudeln erst so richtig, wenn wir wirklich dort in der Natur sind, ganz persönlich.

Ähnliches gilt für die vielen wunderbaren Angebote der Natur-, Wildnis- und Umweltpädagogik, die auch Kindern, Lehrern oder Eltern Brücken in die Natur bauen, die selbst wenig persönlichen Zugang zur Welt der Natur haben. Auch hier ist der Gewinn für die Kinder am größten, wenn sie da *selbst* aktiv werden können – nicht jeder »Lehrpfad« oder »Sinnesparcours« erfüllt dieses Kriterium. Gerade das zeichnet gelungene Natur- oder Wildnispädagogik ja aus: Die Kinder bekommen ein Gerüst aus Ideen, Vorbildern, Geschichten – um dann aber *selbst* darauf zu klettern. Natur ohne Freiheit funktioniert nicht. Die Natur öffnet sich dem Kind, wenn es dort *Kind* sein kann. Und womöglich nicht, wenn es dort Schüler sein muss, Forscher oder Anwalt der Zukunft.[28]

Die Wertschätzung von Natur ist wohl immer das Ergebnis beiläufiger, gelungener Erfahrungen in der Natur. Naturerfahrungen scheinen sich deshalb der Verzweckung zu widersetzen. Natur ist für die Kinder ein elementarer Entwicklungsimpuls – einfach so. Dafür braucht es keinen pädagogischen Vorwand und nicht einmal das Ziel der Rettung der Welt.

ACHTSAMKEIT

»Wer hat, dem wird gegeben« heißt ein häufig zitierter Satz aus der Bibel. In unserer gegenwärtigen, von ökonomischen Denkmustern bestimmten Lebenswelt wird er allzu leicht auf materielle Besitztümer bezogen. Dann dient er als Begründung dafür, dass es all jenen, die bereits sehr reich sind, besonders leicht fällt, noch reicher zu werden, und die Schere zwischen reich und arm zwangsläufig immer weiter auseinandergeht. Um aus dem Vermögen, was man schon hat, noch mehr Kapital zu schlagen, braucht man nur etwas wachen Verstand und ein gutes Händchen, also etwas Geschick, alles andere fällt einem von allein zu. Aber es könnte ja mit diesem Bibelspruch auch etwas ganz anderes gemeint sein. Denn neben all diesen materiellen Besitztümern, die vielen Menschen heutzutage so wichtig sind, gibt es auch noch eine ganz andere Art von Vermögen, nämlich das, was ein Mensch alles vermag, was er weiß und was er kann, was er zu sehen und zu begreifen imstande ist und wie gut er sein Leben und seine Beziehungen aus sich selbst heraus zu gestalten in der Lage ist. Hier geht es also um Fähigkeiten und Fertigkeiten, um Kompetenzen, um Wissen und Erfahrung, die ein Mensch im Lauf seines Lebens erwirbt. Aus neurobiologischer Perspektive geht es dabei um das Ausmaß und die Komplexität neuronaler Vernetzungen, die ein Mensch im Verlauf seines Lebens in seinem Gehirn herauszubilden imstande ist. Es geht um neuronale Konnektivität.

Die braucht man nicht so sehr, wenn man zu denen gehört, die primär ihre Scheckkarte benutzen, um sich im Leben zurechtzufinden. Die braucht man nicht als passiver Konsument, der auf das nächste Angebot wartet und auch nicht als braver Pflichterfüller, der darauf wartet, dass man ihm sagt, was er zu tun hat. Aber möglichst viel Konnektivität, möglichst komplexe Vernetzungen braucht man in seinem Hirn unbedingt, wenn man ein kompetenter Gestalter seines eigenen Lebens sein oder werden will.

Das Gehirn tut nicht mehr, als es muss. Von allein werden solche komplexen Vernetzungsstrukturen dort nicht herausgeformt. Um sie auszubilden, müsste man in eine Welt hineinwachsen und in einer Welt leben, in der es darauf ankommt, sein eigenes Denken, Fühlen und Handeln immer wieder neu an die jeweils auftretenden Herausforderungen anzupassen. In der man nicht für den Rest seines Lebens mit ein paar wenigen, meist schon in der frühen Kindheit gefundenen Bewältigungsstrategien zurechtkommt. Die man dann immer wieder auf die gleiche Weise einsetzt, um sich im Leben zurechtzufinden und seine Beziehungen zu gestalten. So lange und so erfolgreich, bis die diesen wenigen Denk- und Verhaltensmustern zugrunde liegenden neuronalen Verknüpfungen so stark gebahnt und gefestigt worden sind, dass sie wie Autobahnen funktionieren. Auf denen kommt man dann eine Zeit lang bestens voran, aber nur, solange alles so bleibt, wie es einmal war. Wenn sich diese Lebenswelt oder die bisherigen Gegebenheiten und Verhältnisse zu verändern beginnen, fällt es meist sehr schwer, von diesen wenigen Miniautobahnen wieder herunterzukommen. Und wenn man dann eine Abfahrt nach der anderen verpasst hat, muss man ewig so weitermachen wie bisher. Weil man über keine anderen Optionen verfügt. Weil das Ausmaß an Konnektivität im eigenen Gehirn zu dürftig entwickelt ist.

Dieses Unvermögen hat dann meist einen sehr hohen Preis. Angst, Verunsicherung, Ohnmacht und Hilflosigkeit sind die zwangsläufigen Folgen. Zwanghaftigkeit, Engstirnigkeit und Rechthaberei werden dann meist zu den letzten Rettungsinseln, auf die sich solche Menschen noch zurückzuziehen versuchen. Mangelnde Flexibilität, Kreativität und Gestaltungslust machen sie allzu leicht zu Opfern der Verhältnisse, und mit ihren ständigen Klagen gehen sie allen anderen auf die Nerven. Für ein glückliches Leben ist eine dürftig ausgebildete Konnektivität im Hirn also nicht so günstig.

Deshalb lohnt es sich, darüber nachzudenken, welche Erfahrungen Kinder und später auch Erwachsene machen sollten, damit das Ausmaß und die Intensität neuronaler Vernetzungen in ihrem Gehirn sich nicht so dürftig, sondern so komplex wie möglich entwickeln.

Die Antwort ist leicht: Es müssten möglichst komplexe Erfahrungen sein. Aber wie macht man die, und vor allem, wie macht man möglichst komplexe Erfahrungen in einer Welt, in der es darauf ankommt, dass man alles im Griff und alles unter Kontrolle hat? In der diejenigen scheinbar am schnellsten vorankommen und am erfolgreichsten sind, die sich am besten anpassen, die tun, was ihnen gesagt und was von ihnen verlangt wird?

Auch hierfür gibt es eine sehr einfache Antwort: indem man von Anfang an lernt, genau hinzuschauen, präzise wahrzunehmen und behutsam mit allem umzugehen.

Achtsamkeit also heißt das Geheimnis, das einen Menschen davor schützt, sich solche Autobahnen ins Hirn zu bauen und dann zeitlebens mit Scheuklappen herumlaufen zu müssen. Achtsamkeit ist das Gegenteil von Oberflächlichkeit, bei der man auf gar nichts achtet und einem alles egal ist.

Achtsamkeit ist aber auch etwas anderes als fokussierte Aufmerksamkeit, mit der man ein bestimmtes Ziel verfolgt und auf ein definiertes Ergebnis hinarbeitet. Der Zustand der Achtsamkeit zeichnet sich dadurch aus, dass man offen für alles ist, was um einen herum passiert, dass man nichts Bestimmtes im Sinn hat und deshalb alle Sinne gleichzeitig auf Empfang gestellt sind. Nur so kann man auch das wahrnehmen, was man sonst allzu leicht übersieht und überhört, was man nicht fühlen, nicht riechen und nicht spüren kann, wenn man nur auf das achtet, was zu dem passt, was man gerade tut oder denkt. Wer achtsam unterwegs ist, für den ist die Welt reicher als für jemanden, der nur auf das achtet, was zu dem passt, was er gerade tut oder denkt. Für den ist die Welt auch vielfältiger und bunter, und bei dem kommt dann auch mehr im Gehirn an, und dort, in den multimodalen assoziativen Bereichen des Gehirns, kann dann auch mehr von diesem komplexen »Input« miteinander verknüpft werden. Deshalb ist Achtsamkeit auch die entscheidende Voraussetzung für die Herausbildung möglichst komplexer Beziehungsmuster im menschlichen Gehirn. Jemand, der achtsam ist, bekommt einfach mehr mit von der Welt, in der er lebt.

Und wer schon als Kind gelernt hat, sich mit Achtsamkeit in der Welt zu bewegen, entwickelt von Anfang an in seinem Gehirn ein reichhaltigeres Spektrum an Verknüpfungen, der kann neue Wahrnehmungen auf vielfältigere Weise an bereits verankerten Sinneserfahrungen anknüpfen.

So jemand erlebt die Welt dann zwangsläufig als reicher, spannender und vertrauter. Und deshalb lernt er auch mehr und interessiert sich für mehr. Sehr wahrscheinlich ist es das, woran uns der Bibelspruch »Wer hat, dem wird gegeben« erinnern will. Es ist eine Erinnerung an etwas, was jeder Erwachsene im Grunde seines Herzens ohnehin weiß.

Denn am Anfang des Lebens haben wir uns ja alle genau in diesem Zustand von Achtsamkeit auf den Weg gemacht. Damals konnten wir ja noch nicht wissen, worauf es im Leben ankommt und auf was wir deshalb ganz besonders zu achten hatten. Damals war noch alles wichtig, haben wir noch auf alles geachtet und alles beachtet, was um uns herum geschah. Sonst hätten wir ja während der ersten Lebensjahre gar nicht so viel lernen können. Sonst hätten wir auch nicht als Vierjährige, wie die Entwicklungspsychologen jetzt nachgezählt haben, über vierhundert Fragen pro Tag stellen können. Achtsam zu sein ist also nicht etwas, was uns von Erwachsenen erst beigebracht werden muss. Achtsam sind wir schon auf die Welt gekommen. Nur dann, später im Leben, hat uns irgendjemand oder irgendetwas unsere Achtsamkeit geraubt. Irgendwie ist sie uns in der Welt, in die wir hineingewachsen sind, und bei den Menschen, die uns dabei begleitet haben, abhandengekommen. Manchen besonders rasch, anderen langsamer.

Wenn wir uns im Kreis unserer Freunde und Bekannten umschauen, finden wir Menschen, die sich noch viel von dieser ursprünglichen Achtsamkeit bewahrt haben. Andere haben sie vielleicht unterwegs verloren, doch nach einer Phase der Unachtsamkeit später wiedergefunden und sie zu einer bewussten inneren Einstellung und Haltung weiterentwickelt. Bei manchen ist in puncto Achtsamkeit, wie man so sagt, »Hopfen und Malz verloren«. Das sind meist diejenigen, die es in unserer gegenwärtigen Welt geschafft haben, sich besonders erfolgreich durchzuschlagen, mit besonders großen Scheuklappen und breiten Ellenbogen. Allerdings sind das meist nicht diejenigen, die besonders viel wissen und können, die sich besonders umsichtig und weitsichtig in der Welt bewegen, die an vielen unterschiedlichen Dingen interessiert und besonders offen für neue Erfahrungen oder gar besonders glücklich sind.

Wer seinen Kindern helfen will, später einmal nicht zu dieser Gruppe unachtsamer Zeitgenossen zu gehören, sollte also versuchen, ihnen so oft wie möglich Gelegenheit zu bieten, um diesen Zustand der Achtsamkeit als beglückende, bereichernde und die Lust am Leben steigernde Erfahrung zu erleben.

Vor dem Fernseher oder dem Computer geht das freilich nicht. In diese digitalen Medien werden die Kinder ja mit ihrer ganzen Aufmerksamkeit förmlich hineingezogen. Vor einem Monitor sitzend bekommen sie kaum noch mit, was um sie herum geschieht.

Überall dort, wo wir sie hinschicken, damit sie etwas lernen sollen, also in der Frühförderung oder in der Schule, geht das auch nicht. Dort darf man ja nicht achtsam, dort muss man aufmerksam sein und sich auf das konzentrieren, was im Unterricht passiert.

Zu Hause, im Kreis der Familie ginge es schon, aber nur dann, wenn dort alle Mitglieder selbst mit viel Achtsamkeit und Behutsamkeit miteinander umgehen. Und im Kreis der Gleichaltrigen, der Peergroup, geht es meist auch nicht, weil es dort auf ganz andere Fähigkeiten ankommt. Im Getümmel unserer Städte und im Gewühle von Fußball- oder anderen Veranstaltungen kommt man mit Achtsamkeit auch nicht weiter. Wo also findet man heutzutage noch einen Erfahrungsraum für Heranwachsende, der sie einlädt, ermutigt und inspiriert, achtsam zu sein und sich behutsam mit dem, was es dort zu entdecken und zu gestalten gibt, zu beschäftigen?

Sie ahnen es: im Wald, im Garten oder im Park, an einem Bachlauf oder einem kleinen Tümpel, auf blühenden Wiesen und sogar auf dem Balkon. Überall dort, wo es Leben gibt, das nichts anderes als leben will, in der freien, nicht von uns für bestimmte Zwecke benutzen und zurechtgestutzten Natur. Wo man aus dem Staunen nicht herauskommt und es überall etwas Neues zu entdecken gibt, wo die Welt nicht von uns Erwachsenen für die Kinder gemacht, sondern von ganz allein so bunt und vielfältig geworden ist, wie sie eben natürlicherweise ist.

ACHT NATURERFAHRUNGEN IN EINER BEDROHTEN WELT

»Was Kinder begeistert, ist schlicht das Einmaleins geglückter Humanität in ihrer ersten frühen Entfaltung. (…) Kinderfreude ist gelingende Entwicklung, von der Innenseite der Persönlichkeit erlebt.«
ANDREAS WEBER

Mancher mag sich beim Lesen gewundert haben.

Wir haben in diesem Buch über die Naturerfahrung des Kindes über weite Strecken gar nicht direkt von der Natur gesprochen. Wir haben stattdessen viel über die kindliche Entwicklung geredet. Über das Innenleben der Kinder, über den Weg, auf dem sie zu Persönlichkeiten werden.

Und wenn es um die Natur ging, dann ging es nicht nur um die Welt dort draußen, nicht nur um den Wald, das Grün oder die Landschaft unter freiem Himmel. Es ging uns besonders um die Erfahrungen in *unstrukturierten Umwelten* – und da gehört auch der Dachboden von Tante Lotte dazu, die Garage des Nachbarn oder die Skater-Halfpipe auf dem Bahnhofsvorplatz.

Und dann sind wir bei eigentlich jedem Thema, auch bei der Gesellschaft, gelandet, bei der Politik. Wir haben die Lehrpläne der KiTas und Schulen durchgeblättert, wir haben dazu sogar in die Menschheitsgeschichte geblickt. Natur, so scheint es, hat mit dem großen Ganzen zu tun.

Der Stoff des Lebens

Wenn man betrachtet, wie Kinder groß werden, wie sie widerstandsfähig werden, wie sie ihre Kompetenzen für ein erfolgreiches Leben ausbilden – dann wird eines klar: Menschenkinder sind in ihrer Entwicklung einem seltsamen Weg verpflichtet: Ja, sie brauchen die Eltern (und wie!), sie brauchen Hilfe (und wie viel!), sie brauchen Beachtung, Schutz und Leitung. Sie brauchen einen förderlichen Rahmen.

Aber innerhalb dieser Keimzone ihrer Entwicklung sind die Kinder selbst am Zug. Sie gestalten ihre Beziehungen von Anfang an mit, sie betreiben die Erforschung der Umwelt aus ihrem eigenen Herzen heraus, sie organisieren sich unter ihresgleichen *selbst*.

Förderung ist damit kein passiver Prozess, den die Großen veranstalten – der grundlegendste »Stoff« des Lebens muss von den Kindern selbst zutage gefördert werden. Förderung ist das, was der Begriff im Wortsinn bedeutet: in die Tiefe gehen und etwas nach oben bringen – einen Schatz, Erz oder Gold. Oder eben den Stoff des Lebens. So etwas taugt nicht zum Lehrfach. Niemand kann ein Kind *lehren,* empathisch zu sein. Niemand kann einem Kind *vermitteln,* sozial kompetent, widerstandsfähig oder selbstständig zu werden. Diese Schätze müssen vom Kind selbst gehoben werden. Es braucht dazu die *Freiheit,* selbst zu suchen, selbst zu gestalten. Zu irren und zu scheitern. Risiken auf sich zu nehmen. Abenteuer zu bestehen. Sich zu streiten und sich zu versöhnen. Den Emotionen des Lebens zu begegnen. Dem Glück und dem Leid. Das Kind muss sich an *Widerständen* erproben, um seine Kraft zu spüren und sein Rückgrat aufzubauen. Es muss *elementare Erfahrungen* machen können, um seine Sinne, seinen Körper und seinen Geist zusammenzuführen. Und es muss *Bezüge und Verbindungen* spüren können, um sich beheimatet zu fühlen. Um die Welt als einen sicheren, gebenden Ort kennenzulernen.

Wir haben das die Quellen der Entwicklung genannt, und sie haben eines gemeinsam: Kinder stoßen auf sie überall dort, wo sie in unstrukturierten Umwelten selbstorganisiert spielen und Entdeckungen machen können. Das sind die Naturerfahrungen, von denen wir reden. Kein Wunder, dass Kinder diesen Erfahrungsraum *suchen*. Dass sie ihn mit jeder Faser ihres Körpers und ihres Herzens anpeilen.

Der Rahmen der Entwicklung

Blicken wir noch einmal kurz auf die kindliche Entwicklung. Wenn wir da von Begriffen wie Selbstwirksamkeit oder Selbstorganisation reden, könnte leicht ein Missverständnis aufkommen. Etwa: Die Kinder bräuchten im Grunde nur sich selbst. Sie bräuchten nur den richtigen Boden, den richtigen Dünger. Und dann entfalteten sie sich wie Pflanzen. Aus sich heraus. Rousseau etwa dachte ein bisschen in diese Richtung – auch für ihn war ja die Natur ein wichtiger Bezugspunkt. Das freie Aufwachsen in der Natur, so meinte der Philosoph, lasse das unverbildet Natürliche im Menschen zutage treten (ganz so einfach machte es sich aber auch Rousseau nicht, er gab seinem Modell-Kind *Émile* im gleichnamigen Entwicklungsroman immerhin noch einen Hauslehrer mit in die freie Natur).

Auch ein anderes Missverständnis könnte bei der Lektüre dieses Buches entstehen, dass nämlich Kinder aus sich heraus immer nur das Gute und Wertvolle schaffen. Wenn sie nur frei und »wild« spielen können, wenn ihre Kindheit ihnen Raum zur Selbstorganisation lässt, fänden sie einen für das Zusammenleben tauglichen Weg. Nichts könnte weniger zur menschlichen Entwicklung passen als eine solche Hoffnung. Das Kinderspiel ist kein »Naturprodukt«, seine Matrix ist nicht irgendeine Idealwelt, sondern die Welt, in der die Kinder leben. Kinder spielen und lernen *mitsamt* ihren Beziehungserfahrungen, *mitsamt* ihren kulturellen Prägungen, *mitsamt* ihren Eindrücken von der sozialen Welt. Entwicklung ist auch in dieser Hinsicht kein Selbstläufer. Man konnte es in Abwandlung einer Aussage der Entwicklungspsychologin Judith Harris auch ganz brutal ausdrücken: Auch Kinder, die dicht an den »Quellen« aufwachsen, können grausame Kriege führen!

Nein. Weder leiten wir Großen die Entwicklung der Kinder an. Noch entwickeln sich Kinder einfach aus sich heraus. Menschen entwickeln sich auf der Basis von *Beziehungen*. Wir haben das an vielen Stellen dieses Buches konkret betrachtet – etwa als es um die Sprachentwicklung ging: Die Substanz und Qualität der kindlichen Beziehungswelt bildet die Matrix der Entwicklung. [29]

Diese Matrix wird tagtäglich neu ausgelegt – von den Eltern, den anderen Erziehungs- und Betreuungspersonen und von den Kindern selbst. Sie spiegelt die frühkindlichen Erfahrungen wider, aber auch die Welt als Ganzes, wie das Kind sie immer wieder neu erfährt.

Auf Gedeih und Verderb

Und hier, wo wir von den Beziehungen reden, müssen wir auch die Reise zu Ende führen, die wir im ersten Kapitel begonnen haben – als Reise in die Menschheitsgeschichte. Sie leitet uns nämlich zu einem Dilemma, das wir heute in seiner ganzen Tragweite erst allmählich erkennen. Wir Menschen sind von der Evolution auf ein einmaliges Fortpflanzungsmodell festgelegt. Wir haben den »teuersten« Nachwuchs im Tierreich: Wir gebären die unreifsten Kinder, und die brauchen ein Viertel ihres Lebens, bis sie schließlich für sich selbst sorgen können – und das können sie nur, wenn sie diese lange Zeit effektiv nutzen können, um zu *lernen*.[30] Zu lernen, wie man mit sich klarkommt, mit den anderen klarkommt und mit seiner Umwelt klarkommt.

Für dieses intensive Entwicklungsmodell braucht es allerhand: Kalorien (tagaus, tagein – bis das Kleine selbst für sich sorgt), Schutz (tagaus, tagein …), und vor allem: funktionierende Beziehungen, vom ersten Tag an. Dieses aufwendigste aller Modelle (das von Evolutionsbiologen auch als »kooperatives Aufzuchtmodell« bezeichnet wird) ist auf Gedeih und Verderb darauf angelegt, dass viele Hände mit anpacken, viele Schultern mittragen, viele Helfer sich um die Kleinen kümmern (und sich gegenseitig den Rücken stärken). Ja, selbst deren Beziehungsangebot ist auf Helfer im Hintergrund ausgerichtet: Nur wer sich selbst wohl, sicher und eingebunden fühlt, kann feinfühlige, verlässliche Beziehungen unterhalten, ob zu Kindern oder zu Erwachsenen. Eltern sind da keine Ausnahme.

Beziehungskrisen

Aber wir sind dabei, die Welt immer radikaler in eine ganz andere Richtung umzugestalten. Auf der Suche nach mehr Reichtum, Bequemlichkeit und Sicherheit haben wir einen Geist aus der Flasche gelassen, der mit unserem evolutionären Fortpflanzungsmodell kaum in Einklang zu bringen ist – den Geist von Konkurrenz, Gewinnstreben, Zweckhaftigkeit, beständiger Leistungssteigerung, Individualismus, ja, Egoismus. Dieser Geist hat uns geholfen, die Ressourcen der Umwelt immer effektiver zu nutzen – wir sind im historischen Maßstab tatsächlich unermesslich reich geworden (wobei es sich hier durchaus lohnt, das »Wir« zu qualifizieren: Einige wenige haben es geschafft, das Hundert-, ja, das Tausendfache von dem zu »verdienen«, was die meisten anderen besitzen). Aber dieser Geist, in dem wir unser gesellschaftliches Leben bis ins immer Privatere organisieren, sorgt auch dafür, dass das, was die kindliche Entwicklung eigentlich vorantreibt, immer seltener im Angebot ist: feinfühlige, verlässliche, authentische *Beziehungen*. Denn das braucht Zeit, das braucht Gelassenheit, das braucht Zuversicht. Und es braucht vor allem Helfer, die den Eltern im Alltag den Rücken stärken. Eine Welt, in der Stress, Vereinzelung und Zeitdruck herrschen, taugt nicht für Beziehungen. Sie taugt nicht für Kinder. Kein Wunder, dass die Abstimmung mit den Eierstöcken so ausfällt, wie sie ausfällt.

Wir Großen sind am Zug

Und kein Wunder auch, dass der Zugang zur Natur, der über Hunderte von Generationen Teil der Kindheit war, nicht mehr funktioniert. Kein Wunder, dass die Kinder dieses wunderbare Entwicklungsangebot immer weniger nutzen. Denn auch der Zugang zur Natur ist im Grunde eine Beziehungsfrage.

Zum einen eine Frage der Beziehungen zwischen Kindern und ihren Eltern bzw. Erziehern. Wie viel kann das Kind da mitgestalten? Kinder zieht es zu den Quellen – aber die drängelnden Kleinen müssen dann auch losgelassen, freigelassen werden. Wie viel Vertrauen bringen wir ihnen entgegen? Wie sehr drehen sich unsere Beziehungen nur um einen reinen *Zweck*?

> »Wer Kinder verändern möchte, muss sich zunächst selbst verändern. Wer Kindern bei ihrer Entwicklung helfen will, muss zunächst die eigene Entwicklung ins Augenmerk nehmen.« ARMIN KRENZ

Auch hier geht es also um die Frage nach der richtigen Förderung. Darum, was Förderung denn wirklich bedeutet. Ja, es ist wichtig, dass wir den Kindern helfen, ihre besonderen Talente auszuleben und zur Entfaltung zu bringen. Aber kein Kind wird auf diesem Weg Freude und Erfolg haben, wenn es nicht gleichzeitig seine grundlegenden Lebenskompetenzen ausbilden kann. Wer Kinder wirklich fördern will, darf ihnen die Triumphe des Kindseins nicht vorenthalten.

Zum anderen aber ist der Zugang zur Natur auch eine Frage unserer eigenen Beziehung zur Natur. Denn auch da haben wir viele Verbindungen gekappt. Die Landwirtschaft ist dafür nur ein Sinnbild. Dort, wo im wahrsten Sinne des Wortes ohne die Natur auf lange Sicht nichts zu gewinnen ist – ist das Ziel genau das: dass eben *keine* Natur im Weg steht. Mit industriellen Methoden wird die totale Kontrolle über das Wachsen, Keimen und Blühen angestrebt. Pflanzen werden am Reißbrett entwickelt, der Stoffwechsel der Tiere mit Medikamenten gesteuert. Die Landschaft wird begradigt, vereinheitlicht, für einen besseren Nutzwert – ja, verwüstet. Das Netz des Lebens wird sinnlos belastet, an vielen Stellen auch zerrissen. Wer bestäubt die Pflanzen? Wollen wir auch das jetzt selber regeln? Mit einer neuen, patentierbaren Technologie?

Zurück zur Natur?

Und hier ist es nun auch an der Zeit, dass wir ein mögliches Missverständnis an den Hörnern packen: dass es die Kinder früher – weil mehr in der Natur – *besser* hatten. Dass sie besser aufgestellt waren im Leben. Dass wir dahin wieder *zurück*sollen.

Darum aber geht es nicht in diesem Buch. Die Kinder früher hatten *ihre* Probleme, und was für welche! Da waren Kriegs- und Nachkriegswirren, da waren traumatisierte Eltern, da herrschten Zwang und Erniedrigung in der Erziehung.[31] Missbrauch und Misshandlung waren beileibe nicht auf Klöster und Schulen beschränkt. Wir *haben* Land gewonnen in den letzten ein, zwei Generationen, Beziehungs-Land. Die Kinder sind heute sicherer und selbstsicherer und die meisten jungen Menschen auch bindungsfähiger als die Kinder früherer Generationen, Scheidungsstatistiken hin oder her. Und drei von vier Kindern wachsen auch heute noch mit Geschwisterkindern auf. Die heutigen Eltern haben – im Durchschnitt – nicht weniger, sondern mehr Zeit für ihre

Kinder, trotz ihrer beruflichen Belastungen. Ich wehre mich ausdrücklich gegen diese dumpfen Untergangsvorstellungen, nach denen die heutigen Kinder dumm, verhaltensgestört, respektlos oder was weiß ich seien.

Das heißt nicht, dass in der heutigen jungen Generation keine Probleme anzutreffen wären – nein, sie fallen ins Auge: eine zunehmende Ausgrenzung der Kinder aus Unterschichtsfamilien etwa, die soziale Diskriminierung von Ausländerkindern – wer landet denn in den »schlechteren« Stadtvierteln, den »schlechteren« Kindergärten? In den »schlechteren« Schulen? Etwa 20 % der Kinder tragen genau die Lasten auf den Schultern, von denen in der Presse ständig die Rede ist, und zwar gleich im Doppel-, Dreifach- oder Mehrfachpack: Übergewicht, Suchtprobleme und Verhaltensstörungen. Ja, natürlich! Aber es gibt keinen Grund für pauschale Urteile. Generation Porno? Nein – noch nie sind junge Menschen insgesamt verantwortungsvoller und rücksichtsvoller mit Sexualität umgegangen. Eine Generation undisziplinierter Tyrannen? Es gibt tatsächlich einen Grund, weshalb diese Vorstellungen vor allem bei älteren Herren so populär sind – und der liegt nicht bei den Kindern, sondern bei ihnen selbst. Ich glaube nicht einmal daran, dass unsere Kinder insgesamt hyperaktiver sind als früher. Und neuerdings rauchen sie sogar weniger als jemals in den letzten hundert Jahren.

Ja, wir hätten sogar noch mehr Gründe, die junge Generation von ihren Chancen her zu sehen. Wir leben in der längsten und stabilsten Friedenszeit seit Jahrhunderten. Wir haben einen noch nie da gewesenen materiellen Wohlstand. Wir haben mit dem in den 1968er-Jahren eingeleiteten Wertewandel ein kulturelles Erbe, das uns freier gemacht hat von dumpfen Autoritäten und Hierarchien – wir haben mehr Freiheitsgrade im Denken und im Gestalten unseres Lebens.

Und doch sind wir gerade dabei, diese Chancen zu verspielen. Anstatt unseren Überfluss zu nutzen, unsere Gesellschaft gerechter zu machen und möglichst viele Menschen teilhaben zu lassen, lassen wir zu, dass die Menschen sich wieder aufspalten in Herren und Knechte. Statt die Zuwanderung aus anderen Weltgegenden als Chance zu ergreifen, grenzen wir die neu Angekommenen und ihre Kinder aus.

Statt unsere Freiheit und unser Wissen zu nutzen, um unsere Lebensbedingungen zu verbessern, benutzen wir sie, um noch mehr Waren, noch mehr Unterhaltung zu produzieren – noch mehr von all dem, von dem wir längst *wissen,* dass es unser Leben nicht besser macht.

Vor allem aber: Um auch unsere Kinder auf dieses Modell einzuschwören, geben wir das preis, was wir mit einer entspannteren, wertschätzenderen und kindgerechteren Erziehung in den letzten ein, zwei Generationen gewonnen haben. Wir errichten wieder ein im Grunde »beziehungsloses« Leitmodell der Erziehung. Weil diese wunderbare Generation im PISA-Test die Kreuzchen nicht dort gemacht hat, wo sie sollte, wird die Kindheit umgebaut, neu vermessen und eingehegt. Im Namen der Angst geben wir die Beziehungsdividende wieder preis. Aus Furcht vor der Zukunft zeichnen wir an einem Kinder- und Menschenbild, in dem wieder die Funktionalität, die Verwertbarkeit im Mittelpunkt stehen. Bei dieser Optimierungsoperation, bei dieser Radikalisierung der Erziehung, nehmen wir Einschnitte vor, die der kindlichen Seele gefährlich nahe kommen. Meine Sorge ist schlichtweg die, dass wir den »kindlichen« Kern der Kindheit, die unverhandelbare Voraussetzung einer gesunden Entwicklung, erneut verletzen könnten – mit besten Absichten.

Und ich fürchte, dass wir damit genau das gefährden, was uns Menschen ausmacht, und auch das Einzige, das uns angesichts der in der Tat beängstigenden Veränderungen in der Welt hoffen lässt: dass wir neue Leitmodelle finden, neue Wege – gerechtere, nachhaltigere, leisere, teilhabendere, beziehungsvollere. Dazu brauchen wir ein »Zurück zur Natur«, in der Tat. Aber ein wohlverstandenes, »heutiges« Zurück – ein Zurück zu einer freieren, von den Kindern aktiv und selbsttätig mitgestalteten Sozialisation.

Raus mit uns!

Es reicht deshalb nicht, wenn wir die Kinder rausschicken. Wenn wir wollen, dass die Kinder die Natur entdecken, müssen wir über den Geist reden, in dem wir leben wollen. Über den Geist, der den Geist aus der Flasche ersetzen soll. Dann müssen auch wir Erwachsenen unsere Freiräume zurückerobern, das Fundament unseres eigenen Lebens ernst nehmen und stärken. Wir müssen das, was uns am meisten am Herzen liegt, unter Naturschutz stellen – unsere Beziehungen, unsere »Heimat«, in allen ihren Bedeutungen. Haben dort das Kindliche und die Kindheit keinen Platz, so taugt sie auch für uns Große nicht.

Unsere Kinder laden uns regelrecht dazu ein, das mit ihnen zusammen anzupacken. Sehen wir doch nur, mit welcher Freude und Begeisterung sie an ihrem Fundament bauen, wenn sie das dürfen. Lassen wir uns anstecken. Wir Großen haben so viel Zauber, so viele Farben aus unserem Leben gestrichen. Es ist an der Zeit, uns selbst wieder neu zu beleben – im Namen unserer Kinder, aber letzten Endes doch für uns selbst. Beides ist ja untrennbar verbunden.

BEHARRLICHKEIT

Schon immer gab es herausragende Persönlichkeiten, die in ihrem Leben etwas geleistet haben, was wirklich außergewöhnlich war, die irgendetwas völlig Neues entdeckt oder erfunden haben, die ihrer Zeit weit voraus waren und Dinge umgesetzt oder geschaffen haben, von denen die meisten ihrer Zeitgenossen kaum zu träumen wagten. Schaut man sich ihre Biografien an, so stellt man fest, dass es nicht so sehr ihre Schulbildung oder gar universitären Abschlüsse waren, die diese Personen zu solchen besonderen Leistungen befähigt hatten, sondern etwas anderes. Sie waren Menschen, die sich durch etwas auszeichneten, was man in der Schule weder unterrichten noch lernen kann: Sie wussten, was sie wollten, und haben ihre Vorstellungen mit einer inneren Einstellung verfolgt, die wir Beharrlichkeit nennen. Sie waren auch mutig, haben sich über die Denkmuster ihrer Zeitgenossen hinweggesetzt, haben eigensinnig nach Lösungen gesucht, waren Musterbrecher und Eigenbrötler, manchmal auch ziemlich verrückte Tüftler und Erfinder, aber sie haben sich einfach nicht von ihren Vorstellungen und Ideen abbringen lassen. Auch wenn sie dabei gelegentlich gescheitert sind. Sie haben das, was ihnen wichtig war, mit unglaublicher Beharrlichkeit immer weiterverfolgt und umgesetzt. Mahatma Gandhi zählt zu diesen besonderen Menschen, auch Johannes Kepler, Henry Ford oder Martin Luther King. Und zu ihnen gehören noch viele andere Männer und Frauen, die wir noch heute für das, was sie geleistet haben, bewundern.

Die das, was sie machten, nicht deshalb gemacht haben, um dafür bewundert zu werden. Ihnen ging es nicht um Ruhm und Anerkennung, sondern um die Lösung eines Problems. Und das lag ihnen so sehr am Herzen, dass sie es mit größter Beharrlichkeit verfolgten.

Und dadurch unterscheiden sich diese Menschen von allen anderen, die in ihrem Leben nichts oder nicht viel zustande bringen: Weder eine vernünftige Ausbildung noch irgendeine bemerkenswerte Leistung, meist nicht einmal eine verlässliche Freundschaft oder eine tragfähige Partnerschaft. Beharrlichkeit scheint also eine sehr wichtige Voraussetzung für ein gelingendes Leben zu sein.

Aber wie lernt man diese Beharrlichkeit, die man braucht, damit einem etwas im Leben gelingt? Zu Hause? Im Kindergarten? In der Schule?

Vielleicht, vielleicht aber auch nicht. Es kommt offenbar nicht darauf an, wo man die entscheidenden Lernerfahrungen sammelt, sondern um was für Erfahrungen es sich handelt, die man unbedingt machen muss, damit sich im Frontalhirn diese besonderen Vernetzungen herausbilden können, die man braucht, um seine Ziele mit Beharrlichkeit verfolgen zu können.

Wenn alles immer so abläuft, wie man es sich wünscht und wie es am bequemsten ist, geht das sicher nicht. Wenn ständig irgendwie absehbar ist, was als Nächstes passiert und was auf einen zukommt, braucht man auch keine Beharrlichkeit zu entwickeln. Da reicht es völlig aus, abzuwarten und einigermaßen günstig zu reagieren. Wenn alles geplant und bis ins letzte Detail vorbereitet und organisiert ist, braucht man auch keine Beharrlichkeit. Da lässt sich alles lösen, indem man das, was auf einen zukommt, der Reihe nach abarbeitet.

Beharrlichkeit braucht man überall dort, wo es nicht so läuft, wie man es erwartet, wo man auf Widerstände trifft, wo das Leben nicht optimal durchgeplant und organisiert werden kann, sondern richtig widerspenstig ist. Wo die Dinge nicht so laufen, wie man es gern hätte. Wo es immer wieder anders kommt, als man sich das vorgestellt hatte.

Genau solche Erfahrungen braucht ein Kind, damit es das entwickeln kann, was wir Beharrlichkeit nennen. Die Frage ist nur, wo Kinder heutzutage solche Erfahrungen noch machen können. Wohl kaum mit all den technischen Geräten, die ja immer so konstruiert sind, dass alles so funktioniert, wie es soll.

Auch nicht mit irgendwelchem Spielzeug, das sich in vorhersagbarer Weise verwenden lässt. Wer würde schon gern mit einer Modelleisenbahn spielen, die aus unerfindlichen Gründen immer wieder stehen bleibt, oder mit einer Puppe, die sich nicht anziehen lässt, weil sie in unvorhersagbarer Weise mal größer und mal kleiner wird, mit den Armen und Beinen strampelt oder ständig wegrennt?

Wer soll in der Schule den Nutzen von Beharrlichkeit erfahren, wenn sie oder er genau weiß, was man zu tun hat, um dort gute Zensuren zu bekommen? Dort kann man bestenfalls Ehrgeiz und Durchhaltevermögen entwickeln, nicht aber Beharrlichkeit.

Anders ist es draußen, in der freien Natur. Überall dort, wo Kinder auf eine Welt treffen, die nicht von uns Menschen gemacht ist, wo das Leben noch immer nach den gleichen Regeln und Gesetzmäßigkeiten abläuft, die es auch schon damals gab, als noch gar nicht an uns zu denken war. Wer einen Auerhahn bei der Balz beobachten, eine Forelle im Bach angeln oder einen Grashüpfer auf der Wiese fangen will, wird das nie schaffen, wenn er nach den ersten zwei, drei Versuchen schon resigniert aufgibt. Der braucht Beharrlichkeit. Der muss bereit sein, Misserfolge einzustecken, muss sich immer wieder neue Strategien ausdenken, um doch noch ans Ziel zu kommen, der muss auch bereit sein, Umwege zu gehen, wenn der direkte Weg nicht dorthin führt, wohin man gerade will.

Kleine Kinder machen uns noch vor, wie es geht. Wie oft landen sie auf dem Hosenboden, bevor sie endlich auf ihren eigenen Beinen dorthin laufen können, wohin sie wollen. Mit welcher Beharrlichkeit üben sie immer und immer wieder, sich auf ihrem Roller oder später auf ihrem Fahrrad in der Balance zu halten, bevor sie endlich frei und aus eigener Kraft damit fahren können.

Aber dann, wenn sie älter werden und in die Schule kommen, wenn sie nicht mehr lernen dürfen, was sie selbst lernen wollen, sondern das lernen sollen, was dort unterrichtet wird, verlieren die meisten von ihnen ihre ursprüngliche Beharrlichkeit nur allzu schnell. Dort haben es sogar diejenigen besonders schwer, die noch weiter beharrlich versuchen, ihre eigenen Ideen zu verwirklichen und ihre eigenen Ziele zu verfolgen. Sie werden zu Außenseitern gemacht und als eigensinnige Störenfriede abgestempelt.

Das halten nur wenige aus. Deshalb gibt es auch nur so wenige Menschen, die später als Erwachsene ganz besondere Leistungen vollbringen und dafür so viel Anerkennung finden, dass sich alle anderen oft noch über Generationen hinweg an sie erinnern und sich an ihnen orientieren. Wir könnten mehr davon brauchen, und es würden auch ganz von allein mehr werden, wenn wir unseren Kindern häufiger Gelegenheit bieten würden, den Nutzen von Beharrlichkeit zu erfahren. Kein Maulwurf könnte seine unterirdischen Gänge graben und kein anderes Tier wäre in der Lage, in der freien Natur zu überleben, sich zu paaren und seine Jungen aufzuziehen, wenn es nicht das besäße, was wir Beharrlichkeit nennen. Insofern ist die lebendige Natur ein geeigneterer Lernort als eine Schule, in der es statt auf Beharrlichkeit auf Durchhaltevermögen ankommt. Das braucht man im Leben auch, zumindest als braver Pflichterfüller, nicht aber als kreativer Gestalter.

DANKSAGUNG

Beim Dankesagen treffen wir uns ausgerechnet ums Feuer herum. Ja, wir hatten eine Feuerstelle – wir, das sind eine Bande in einem süddeutschen Dorf im Wirtschaftswunder-Deutschland und eine in Thüringen, als das noch in der DDR lag. Dieser Platz war der wunderbarste Fleck der Erde. Er gehörte uns durch ein uraltes, ungeschriebenes Gesetz. Er gehörte uns durch die dort gesammelten und erfahrenen *Eindrücke*.

Dieses Buch ist deshalb unseren Eltern gewidmet. Dafür, dass sie uns rennen ließen. Dass sie nicht fragten, wozu die Streichhölzer in der Tasche sind. Dafür, dass sie nicht an Krebs durch Feuerrauch glaubten.

Den Ball übers Gras rollen lassen, sommerlang. Auf Bäume klettern. Auf *unsere* Bäume, Ast um Ast. Wenn man auf die schwäbische Bande schaut, dann fällt der Blick auf einen, der da eigentlich immer mit dabei war – Herberts Zwilling: Ulrich. So wie wir uns da höhergetrieben haben, so war es auch mit diesem Buch. Ohne ihn wäre aus diesem Buch nichts geworden. Danke dafür.

Nein, wir waren dort draußen nicht verwahrlost, denn wir wurden geliebt. Wir lebten – irgendwie – in einem sichernden Netz. Einem Netz von Bezügen und von Beziehungen. Wir waren frei.

Danke.

HRP
GH

LITERATURNACH- UND -HINWEISE

Geleitwort

Zitat Peter Handke, aus: *Die Stunde der wahren Empfindung*. Suhrkamp, 1975

Kapitel 1

S. 11: Kalorienverbrauch in der Kindheit: Kaplan, H.: Evolutionary and Wealth Flows Theories of Fertility: Empirical Tests and New Models. *Population and Development Review 20(4)*: 753–791, 1994

S. 12: Zitat Rainer Maria Rilke: aus: Wikipedia

S. 12: Zitat John B. Watson, aus: Watson, J. B.: *Behaviorism* (revised edition). University of Chicago Press, 1930, S. 82

S. 14: Beziehungskompetenz als Grundlage des positiven Vorbilds in der Erziehung: siehe etwa die Arbeiten von Wendy Grolnick, Robert Epstein, Eirini Flouri oder Melissa Sturge-Apple. Deren Forschungen zeigen auch, dass Erziehung immer auch widerspiegelt, wie gut Erwachsene mit ihren Partnern und sich selbst klarkommen.

S. 15: zum Einfluss positiver Emotionalität bei der Vorbildfunktion (am Beispiel des Essenlernens): Benton, D.: Role of parents in the determination of the food preferences of children and the development of obesity. *Int. J. Obes. Relat. Metab. Disord. 2004 Jul*; 28(7): 858–69; sowie: Hendy, H. M., Raudenbush, B.: Effectiveness of teacher modeling to encourage food acceptance in preschool children. *Appetite. 2000 Feb*; 34(1): 61–76

S. 16: Zitate Heinrich von Kleist, aus: *Heinrich von Kleist: Aufsätze und kleine Schriften*, tredition classics, Hamburg 2012, Kapitel 8

S. 16: zum Konzept der Selbstwirksamkeit: siehe z. B. das Lebenswerk von Mechthild Papoušek, etwa: Papoušek, H., Jürgens, U., & Papoušek, M. (Hrsg.) (1992): *Nonverbal vocal communication: Comparative and developmental approaches*. Cambridge University Press. Weitere Literatur online auch bei www.papousek.de. Zusammenfassende Darstellung bei Karl Gebauer: Klug wird niemand von allein, online bei: http://www.erziehungskunst.de/fileadmin/archiv_alt/2007/0907p003Gebauer.pdf

S. 17: Linksseitenbevorzugung beim Tragen von Babys: Bourne, V., Todd, B.: When left means right: an explanation of the left cradling bias. *Developmental science, Jan 2004*

S. 17: verlässliche Bindung unterstützt die Exploration: Schieche, M., Spangler, G.: Individual differences in biobehavioral organization during problem-solving in toddlers: the influence of maternal behavior, infant-mother attachment, and behavioral inhibition on the attachment-exploration balance. *Dev. Psychobiol. 2005 May*, 46(4): 293–306

S. 18: Selbstorganisation unter Kindern: Where Is the Child's Environment? A Group Socialization Theory of Development. *Psychological Review, Band 102, Nr. 3*, S. 458–489 sowie Burdette H. L., Whitaker R. C.: Resurrecting free play in young children: looking beyond fitness and fatness to attention, affiliation, and affect. *Arch. Pediatr. Adolesc. Med. 2005 Jan*, 159(1): 46–50

S. 18: Hole-in-the-wall-Experiment: http://www.hole-in-the-wall.com

S. 18: kindliches Lernen im Hole-in-the-wall-Experiment: Mitra, S.: Self organising systems for mass computer literacy: Findings from the »Hole in the Wall« experiments. *Int. J. of Devel. Issues, Vol. 4*, No. 1 (2005): 71–81

S. 20: altersgemischtes Spielen und Lernen: z. B. Gray, P.: The Special Value of Children's Age-Mixed Play. *Am. J. of Play, 2011*, volume 3, number 4. – Online unter: http://www.journalofplay.org/sites/www.journalofplay.org/files/pdf-articles/3-4-article-gray-age-mixed-play.pdf; sowie Gray, P., Feldman, J.: Playing in the Zone of Proximal Development: Qualities of Self-Directed Age Mixing Between Adolescents and Young Children at a Democratic School, *Am. J. of Education, 110* (2004), 108–145; sowie Mounts, N. S., Roopnarine, J. L.: Social-Cognitive Play Patterns in Same-Age and Mixed-Age Preschool Classrooms. *Am. Ed. Research J., Vol. 24, No 3*, Fall 1987: 463–476

Kapitel 2

S. 35: Zitat Malte Roeper, aus: Roeper, M.: *Kinder raus: Zurück zur Natur: Artgerechtes Leben für den kleinen Homo sapiens*. Südwest 2011, S. 99

S. 37: Marjorie Shostak: http://de.wikipedia.org/wiki/Marjorie_Shostak

S. 39: gemischtaltrige Gruppe aus evolutionärer Sicht: Lamb, M. E., Hewlett, B. S.: *Hunter-Gatherer Childhoods: Evolutionary, Developmental, and Cultural Perspectives* (Evolutionary Foundations of Human Behavior), Aldine Transaction 2005; sowie: Gray, P.: Play as a Foundation for Hunter-Gatherer Social Existence, *Am. J. of Play, 4* (2009), 476–522

S. 39: kindliche Sozialisation aus Sicht der evolutionären Verhaltensforschung: Konner, M.: *The Evolution of Childhood: Relationships, Emotion, Mind*. Belknap Press of Harvard University Press, 2011; sowie Panter-Brick, C.: *Hunter-Gatherers: an interdisciplinary perspective*, Cambridge University Press; 2001 sowie Blaffer Hrdy, S.: *Mütter und Andere: Wie die Evolution uns zu sozialen Wesen gemacht hat*, Berlin Verlag 2010

S. 39: Zitat »weil dort die Steckdosen sind«: Richard Louv: *Leave no child inside*, online unter: http://www.orionmagazine.org/index.php/articles/article/240/.

Siehe auch: Louv, R., *Das letzte Kind im Wald? Geben wir unseren Kindern die Natur zurück!* Beltz Verlag 2011, S. 25 ff.

S. 40: Rolle des Spiels in der kindlichen Entwicklung (populärwissenschaftliche Übersicht): Brown, S.: *Play: How it Shapes the Brain, Opens the Imagination, and Invigorates the Soul.* Avery Trade 2010

S. 40: Rolle des Spiels (Übersichten mit Literaturhinweisen): Pellegrini, A.D.: *The Role of Play in Human Development*, Oxford University Press 2009; sowie Ginsburg, K.R., MD, MSEd and the Committee on Communications and the Committee on Psychosocial Aspects of Child and Family Health: The Importance of Play in Promoting Healthy Child Development. *Pediatrics Vol. 119*, No. 1, January 2007, pp. 182–191, online unter: http://aappolicy.aappublications.org/cgi/content/full/pediatrics;119/1/182

S. 41: intuitive Mathematik: gute Zusammenfassung bei: Sarama, J., Clements, D.H.: Building Blocks and Cognitive Building Blocks – Playing to Know the World Mathematically. *Am. J. of play, 1*, 313–337, online unter: http://www.journalofplay.org/sites/www.journalofplay.org/files/pdf-articles/1-3-article-building-blocks-cognitive-building-blocks.pdf

S. 41: intuitives physikalisches Verständnis: Shayer, M., Ginsburg, D.: Thirty years on – a large anti-Flynn effect? (II): 13- and 14-year-olds. Piagetian tests of formal operations norms 1976–2006/7. *Brit. J. of Ed. Psych. (2009), 79*, 409–418

S. 41: Zitat »Ich beobachte ein dreijähriges Kind…«: aus: Pohl, G.: *Kindheit – aufs Spiel gesetzt: Vom Wert des Spielens für die Entwicklung des Kindes*, Dohrmann-Verlag 2011, S. 36/37. (Springer Spektrum 2014)

S. 42: Spielverhalten von Kindern in natürlichen Umwelten: zusammenfassende Darstellung inklusive Literaturliste bei: Gebhardt, U.: *Die Bedeutung von Naturerfahrungen in der Kindheit.* Online unter: http://www.wildnisschule-waldkauz.de/Texte/ArtikelGebhard.pdf

S. 48: Zitat »Die Spannweite von Naturerfahrungen …«: Gebhard, U.: *Kind und Natur: Die Bedeutung der Natur für die psychische Entwicklung.* VS Verlag, 2009, S. 98

S. 49: kreative Denker und Naturnähe: Cobb, E.: *The Ecology Of Imagination In Childhood.* Spring; Reprint edition, 1998; sowie Chawla, L.: Ecstatic Places. *Children's Environments Quarterly 7(4) (1990)*: 18–23 – online unter www.ucdenver.edu/academics/colleges/ArchitecturePlanning/discover/centers/CYE/Publications/Documents/chawla%20-%20Ecstatic%20Places.pdf

S. 49: Gruppenhierarchie in künstlichen versus natürlichen Spielgeländen: Taylor, A.F., Wiley, A., Kuo, F.E. & Sullivan, W.C. (1998). Growing up in the inner city: Green spaces as places to grow. *Environment & Behavior, (30)1*, 3–27.

S. 51: Zitat Heinrich Dickerhoff, aus: *Märchen für die Seele*. Königsfurt-Urania, 2010. www.welt.de/debatte/kommentare/article6070396/Die-Wahrheit-der-Maerchen.html

S. 52: Zitat Sybille Kalas, aus: *Abenteuer - Kinder brauchen sie,* in: bergauf, das Magazin des Österreichischen Alpenvereins 2/2012, online unter http://www.alpenverein.at/bk/bergauf/bergauf2012/Bergauf_2_2012/index.php, S. 12

S. 52: disziplinierende Erziehung in der frühen Kindheit: Bueb, B.: *Lob der Disziplin.* Ullstein 2006. Darin werden Behauptungen aufgestellt wie diese (auf Seite 55). »[Babys] mangelt es an Kultur, Einsichtsfähigkeit und Disziplin. Zu ihrer Kultivierung bedarf es einer klaren Autorität und der Bereitschaft, Unterordnung zu fordern.«

S. 53: Zitat Andreas Weber, aus: Weber, A.: *Mehr Matsch! Kinder brauchen Natur.* Ullstein 2012, S. 49

S. 59: Zitat Alexander Mitscherlich, aus: Mitscherlich, A.: *Die Unwirtlichkeit unserer Städte.* Suhrkamp, Frankfurt/M., 1965, S. 24

S. 59: Zitat Januscz Korczak, aus: *Wie man ein Kind lieben soll.* Vandenhoek & Ruprecht 2012, S. 3

S. 67: a fool with a tool ... Dieser Spruch wird dem Softwareentwickler Grady Booch zugeschrieben.

S. 67: Zitat Edward Reed, aus: Reed, E.: *The necessity of experience*, Yale University Press, 1996. In: Louv, R., *Das letzte Kind im Wald?* Beltz Verlag, 2011, S. 90

S. 68: Zitat Günter Beltzig, aus: *Wirbelwind Spezial, 2012, JAKO-O Familienmagazin*

S. 69: IQ und beruflicher Erfolg: von Stumm, S., Hell, B., & Chamorro-Premuzic, T.: The hungry mind: Intellectual curiosity as third pillar of academic performance. *Perspectives on psych. Science, 6/2011*, 574–588

S. 70: Reportage von Michael Obert aus Mogadischu: Obert, M.: Der Bürgermeister der Hölle, Süddeutsche Zeitung Magazin vom 20.4.12: http://sz-magazin.sueddeutsche.de/texte/anzeigen/37385

Kapitel 3

S. 77: lernendes Immunsystem: Renz-Polster, H.: Geburtsmodus und Allergien: Wie »lernt« das Immunsystem? Dt. Hebammen-Zeitschrift, 6/2012, S. 31

S. 79: Zitat Lise Eliot, aus: Eliot, L.: *Was geht da drinnen vor.* Berlin Verlag, 2002, S. 393

S. 79: gestillte Kinder entwickeln seltener eine Zöliakie: Ivarsson, A. et al.: Breast-feeding protects against celiac disease. *Am. J. Clin. Nutr. 2002 May;* 75(5): 914–21; sowie Silano, M., Agostoni, C., Guandalini, S.: Effect of the timing of gluten introduction on the development of celiac disease. *World J. Gastroenterol. 2010 Apr 28*; 16(16): 1939–42

S. 80: Bewegung und Spieltrieb: http://www.ene-mene-fit.de/wissenswertes/elternkurs-bewegung

S. 81: Bewegung beflügelt den Geist: Trudeau, F., Shephard, R. J.: Physical education, school physical activity, school sports and academic performance. *Int. J. of Beh. Nutrition a. Physical Activity, 5*/2008, 10

S. 82: Vitamin D stärkt das Immunsystem: Urashima M., et al.: Randomized trial of vitamin D supplementation to prevent seasonal influenza A in schoolchildren. *Am. J. Clin. Nutr. 2010 May;* 91(5): 1255–60

S. 83: Tageslicht schützt vor Kurzsichtigkeit, Spiegel online: http://www.spiegel.de/wissenschaft/mensch/kinder-studie-tageslicht-schuetzt-vor-kurzsichtigkeit-a-599720.html; sowie French, A. N., et al.: Time outdoors and the prevention of myopia. *Exp. Eye Research, 2 May 2013;* sowie Donovan L., et al.: Myopia progression in Chinese children is slower in summer than in winter. *Optom Vis Sci. 2012 Aug*; 89(8): 1196–202; sowie Sherwin J. C., et al.: The association between time spent outdoors and myopia in children and adolescents: a systematic review and meta-analysis. *Ophthalmology. 2012 Oct*; 119(10): 2141–51

S. 85: Wurzeln der inneren Zufriedenheit: Selbstbestimmungtheorie von Deci und Ryan: Deci, E., & Ryan, R. (1993). Die Selbstbestimmungstheorie der Motivation und ihre Bedeutung für die Pädagogik. *Zt. f. Pädagogik, 39*, 223–238; ähnliches, auf die Gesundheit bezogenenes Konzept Salutogenese: Antonovsky, A.: *Salutogenese. Zur Entmystifizierung der Gesundheit*, dgvt, 1997

S. 85: Kinder, die draußen sind, schlafen besser: Harrison, Y.: The relationship between daytime exposure to light and night-time sleep in 6–12-week-old infants. *J. Sleep Res. 2004 Dec*; 13(4): 345–52

S. 86: Draußensein und Konzentration: Wells, N. M.: At Home with Nature: Effects of »Greenness« on Children's Cognitive Functioning. *Env. & Behavior. Vol. 32*, No. 6, 775–795

S. 86: weniger Fehler, wenn Vegetation angeschaut wird oder Pflanzen im Zimmer sind: Bringslimark, T., Hartig, T., & Patil, G. G.: Adaptation to windowlessness: Do office workers compensate for a lack of visual access to the outdoors? *Env. & Behavior, 43/2011*, 469–487; sowie Doxey, J. S., Waliczek, T. M.: The Impact of Interior Plants in University Classrooms on Student Course Performance and on Student Perceptions of the Course and Instructor. *Hortscience, 2009; 44*: 384–391

S. 86: Krankenhauspatienten erholen sich schneller: Ulrich, R. S.: View through a window may influence recovery from surgery. *Science 224/1984*: 420–421

S. 86: zusammenfassende Darstellung der körperlichen und psychischen Effekte von Naturerfahrungen: Lohr, V.: Greening the Human Environment: The Untold Benefits, online unter: http://www.hort.purdue.edu/newcrop/acta/lohr.pdf

S. 87: ADHS, mögliche Veränderungen des Gehirns und weitere Auffälligkeiten: Ducharme, S., et al.: Decreased regional cortical thickness and thinning rate are associated with inattention symptoms in healthy children. *J. Am. Acad. Child Adolesc. Psychiatry. Jan 2012*; 51(1): 18–27.e2; sowie Zainab, P.: Contractor: Pediatric Attention Deficit Hyperactivity Disorder. http://emedicine.medscape.com/article/912633-clinical

S. 87: ADHS und Pestizidbelastung: Bouchard M. F. et al.: Attention-deficit/hyperactivity disorder and urinary metabolites of organophosphate pesticides. *Pediatrics 2010 Jun;* 125:e1270

S. 87: ADHS und frühkindliche emotionale Probleme: Hemmi, M. H., Wolke, D., Schneider, S.: Associations between problems with crying, sleeping and/or feeding in infancy and long-term behavioural outcomes in childhood: a meta-analysis. *Arch. Dis. Child 2011;96*: 622–629

S. 87: ADHS und Passungsprobleme: Elder et al.: The importance of relative standards in ADHD diagnoses: Evidence based on exact birth dates. *J. of Health Economics*, 2010; sowie Morrow, R. L., et al.: Influence of relative age on diagnosis and treatment of attention-deficit/hyperactivity disorder in children. *CMAJ.* 2012 April 17; 184(7): 755–762

S. 88: ADHS, diagnostische Unsicherheit: Bruchmüller, K., Margraf, J., Schneider, S.: Is ADHD diagnosed in accord with diagnostic criteria? Overdiagnosis and influence of client gender on diagnosis. *J. of Cons. & Clin. Psych. 2012*

S. 88: ADHS, Zitat Adam Alfred aus: »Es kann ein Segen sein«, *Süddeutsche Zeitung* vom 2./3. Februar 2013, online unter: http://www.sueddeutsche.de/gesundheit/adhs-medikament-ritalin-es-kann-ein-segen-sein-1.1589508

S. 88: ADHS und Naturerfahrung: Kuo, F. E., Taylor, A. F.: A Potential Natural Treatment for Attention-Deficit/Hyperactivity Disorder: Evidence From a National Study. *Am. J. Public Health. 2004 September*; 94(9): 1580–1586; sowie Faber Taylor, A., Kuo, F. E.: Children with attention deficits concentrate better after walk in the park. *J. Atten. Disorders 12/2009*: 402–409

Kapitel 4

S. 95: Zitat von Carl Honoré aus: Honoré, C.: *Under Pressure*, HarperOne 2002, S. 4

S. 100: schwindender Spielraum der Kinder: nach Frank Furedi, in: Furedi, F.: Paranoid Parenting, New York, A Capella Books 2002, S. 13 – online auch unter: http://www.frankfuredi.com/articles/parenting-20010425.shtml

Kapitel 5

S. 113: Zitat Sibylle Berg: Die Dummheit der Alten, *Spiegel online* vom 29.9.2012. Online unter: http://www.spiegel.de/kultur/gesellschaft/sibylle-berg-verbloedete-jugend-und-die-dummheit-der-alten-a-858482.html

S. 117: Zitat Geert Loovink, aus: Ich blogge, also bin ich, *DIE ZEIT*, 19.12.2007, Nr. 52, online unter: http://www.zeit.de/2007/52/Interview-Geert-Lovink

S. 118: Zitat Susan Greenfield, aus: *Süddeutsche Zeitung*, 11./12.8.2012

S. 119: Leserbrief »Ich warte nur darauf …« aus: »Fortbildung im Computerspiel«, *FAZ*, 27.4.2009, S. 8

S. 119: Medienkonsum und problematische Persönlichkeiten: gute Zusammenfassung in: Dornes, M.: *Die Modernisierung der Seele: Kind-Familie-Gesellschaft.* Fischer 2012

S. 122: Daten zum süchtigen bzw. problematischen Internet- und Computergebrauch: Petersen, K. U., et al. (2009). Pathologischer Internetgebrauch – Epidemiologie, Diagnostik, komorbide Störungen und Behandlungsansätze. *Fortschr. Neurol. Psychiat., 77,* 263–271

S. 123: Computerspiele und Intelligenz: Kühn, S., The IMAGEN Consortium: The neural basis of video gaming. *Translational Psychiatry* 1/2011, e53

S. 125: Computerspiele und Behandlung von Depressionen: Merry S. N., et al.: The effectiveness of SPARX, a computerised self help intervention for adolescents seeking help for depression: randomised controlled non-inferiority trial. *BMJ.* 2012 Apr, 18; 344: e2598

S. 125: Computerspiele zur Behandlung der Legasthenie: Franceschini, S., et al.: Action Video Games Make Dyslexic Children Read Better. *Current Biology,* 2013

S. 126: analoge Freizeitgestaltung wichtiger als Internet: Dworschak, M., 2010: Null Blog. Online verfügbar unter: http://www.spiegel.de/spiegel/print/d-72462721.html

S. 128: je mehr »Einstein«, desto schlechter das Vokabular: Zimmerman, F. J., Christakis, D. A., Meltzoff, A. N.: Associations between Media Viewing and Language Development in Children under Age 2 Years. *J. of Pediatrics 151* (4): 364–368

S. 129: schnellere Sprachentwicklung in Haushalten mit reichem Wortschatz: Hart, B., Risley, T. R.: *Meaningful Differences in the Everyday Experience of Young American Children.* Brookes Publishing, 1995

S. 129: fehlende Kommentarsprache und Sprachentwicklung: Keller, H., Otto, H.: The cultural socialization of emotion regulation during infancy. *J. of Cross-Cultural Psych.,* 40/2009, 996–1011

S. 130: Spielen mit lebenden Personen und Segmentation: Kuhl, P. K., Tsao, F.-M., Liu, H.-M.: Foreign-language experience in infancy: Effects of short-term exposure and social interaction on phonetic learning. *Proc. Natl. Acad. Sci. USA. 2003 July* 22; 100(15): 9096–9101; sowie Jusczyk, P. W.: How infants begin to extract words from speech. *Trends Cogn. Sci. 1999* Sep; 3(9): 323–328

S. 130: Erkennen von Wortbedeutungen: Werker, J. F., Yeung, H. H.: Infant speech perception bootstraps word learning. *Trends Cogn. Sci. 2005 Nov;* 9(11): 519–27

S. 131: Sprachentwicklung, Rolle der Sprechspiele: Goldstein, M. H., Schwade, J. A. Social feedback to infants' babbling facilitates rapid phonological learning. *Psych. Science 2008, 19:* 515–23

S. 131: Sprachentwicklung, Abstimmung auf die Möglichkeiten des Kindes: Tamis-LeMonda C. S., Bornstein M. H., Baumwell L.: Maternal responsiveness and children's achievement of language milestones. *Child Dev. 2001 May-Jun;* 72(3): 748–67

S. 131: Sprachentwicklung, Baby Talk: http://en.wikipedia.org/wiki/Baby_talk

S. 132: Sprachförderung unter Kindern: Bailey, D. B., Burchinal, M. R., McWilliam, R. A.: Age of Peers and Early Childhood Development, *Child Development 64 (1993):* 848–62

S. 133: Evaluation »schulender« Sprachförderung: Hofmann, N., Polotzek, S., Roos, J., Schöler, H.: *Sprachförderung im Vorschulalter – Evaluation dreier Sprachförderkonzepte. Diskurs Kindheits- und Jugendforschung*, online unter: http://www.ph-heidelberg.de/wp/schoeler/datein/hofmann-ua_disk308.pdf

S. 135: Zitat Wassilios Fthenakis, aus: *»Digitale Medien auch in der frühkindlichen Bildung«*, Prof. Fthenakis im Interview, online unter: http://www.digital-lernen.de/nachrichten/netzpolitik/einzelansicht/artikel/digitale-medien-gehoeren-auch-in-die-fruehkindliche-bildungprof-fthenakis-im-digital-lernen.html

S. 136: Zitat Andreas Weber aus: Weber, A.: *Minima Animalia – ein Stundenbuch der Natur.* Think Oya-Verlag, 2012, S. 16

S. 139: Zitat des kleinen Bastian, aus: Pohl, G.: *Kindheit – aufs Spiel gesetzt: Vom Wert des Spielens für die Entwicklung des Kindes*. Dohrmann-Verlag 2011, S. 40

S. 140: Entwicklung von bei Menschen aufgezogenen Primaten: Kosseff, L.: Primate use of language, online unter: http://www.pigeon.psy.tufts.edu/psych26/language.htm

S. 140: Washoes Zeichensprache: http://en.wikipedia.org/wiki/Washoe_%28chimpanzee%29, siehe auch: Fouts, R. und Mills S. T.: Unsere nächsten Verwandten. Von Schimpansen lernen, was es heißt Mensch zu sein. Limes Verlag 1998

S. 141: Zitat Hermann Hesse, Königskind. In: ders., Sämtliche Werke, Bd. 10, Suhrkamp Verlag 2002.

S. 142: Kinder und Puppen: Das gilt sogar für andere Primaten: Kahlenberg, S. M., Wrangham, R. W: Sex differences in chimpanzees' use of sticks as play objects resemble those of children. *Current Biology, Volume 20,* Issue 24, R1067-R1068, 21 December 2010

S. 144: Zitat Malte Roeper, aus: Roeper, M.: *Kinder raus: Zurück zur Natur: Artgerechtes Leben für den kleinen Homo sapiens*. Südwest 2011, S. 96

S. 151: Zitat »Ein kompetenter Umgang mit der vernetzten Medienwelt ist zunehmend untrennbar…« aus: Theunert, H.: Medienaneignung in frühen Stadien der Kindheit, *TPS 3/2013*, S. 16, online unter: http://www.erzieherin.de/assets/files/paedagogischepraxis/TPS_3_13_16-21.pdf

S. 154: Zitat Tanja Dückers, aus: http://www.zeit.de/gesellschaft/2012-10/kinder-computerspiele

Kapitel 6

S. 171: Zitat Michael Grasemann, aus: *Oya Magazin 15/2012*, online unter: http://www.oya-online.de/article/read/739.html

S. 173: Buch »Gesundheit für Kinder«: Renz-Polster, H., Menche, N., Schäffler, A.: *Gesundheit für Kinder: Kinderkrankheiten verhüten, erkennen, behandeln: Moderne Medizin – Naturheilverfahren – Selbsthilfe*. Kösel 2012

S. 173: FSME, schwere Fälle bei Kindern: Stellungnahme der Deutschen Akademie für Kinder- und Jugendmedizin, online unter: http://dgpi.de/go/wp-content/uploads/2012/12/FSME_rev_Stellungnahme.pdf

S. 174: Borrelienkontakt bei Kindern: Robert Koch Institut: Epidemiologisches Bulletin 10.4.2012, online unter: http://www.rki.de/DE/Content/Infekt/EpidBull/Archiv/2012/Ausgaben/14_12.pdf?__blob=publicationFile

S. 174: Borrelienkontakt und Erkrankungswahrscheinlichkeit: Robert Koch Institut: Epidemiologisches Bulletin 29.3.2010, online unter http://www.rki.de/DE/Content/Infekt/EpidBull/Archiv/2010/Ausgaben/12_10.pdf?__blob=publicationFile

S. 176: Bueb, B.: *Von der Pflicht zu führen: Neun Gebote der Bildung*. Ullstein Tb 2009. Eine Kostprobe daraus: »Der Lohn dafür, dass einer sich der Führung eines Mächtigeren anvertraut und bereit ist, dessen Willen zu erfüllen, muss der Schutz sein, den der Mächtige bietet. (…) Das (daraus resultierende) Gefühl von Sicherheit steigert die Arbeitskraft.«, S. 76

S. 179: Gefahr durch männliche Lebenspartner nach: Hans Holzhaeider, *Süddeutsche Zeitung*, 5. Februar 2013; sowie http://de.statista.com/statistik/daten/studie/152753/umfrage/verteilung-der-opfer-tatverdaechtigen-beziehung-bei-mord-und-totschlag

S. 181: Verletzungs- und Krankheitsanfälligkeit bei draußen spielenden Kindern: Health benefits to children from contact with the outdoors and nature, zusammenfassende Darstellung bei: http://eclkc.ohs.acf.hhs.gov/hslc/tta-system/teaching/eecd/nature-based-learning/Research/health-benefits-from-outdoor.pdf

S. 186: »Handbuch Sicherheit auf öffentlichen Spielplätzen«: zitiert nach: Graw, A.: Hochsicherheits-Spielplätze verunsichern Kinder. *Die Welt*, 19.7.2011, online unter: http://www.welt.de/vermischtes/article13496149/Hochsicherheits-Spielplaetze-verunsichern-Kinder.html

S. 186: riskantere Sprünge auf sicherem Untergrund nach: Tierney, J.: Can a Playground be too safe? *New York Times* 18.7.2011, online unter: http://www.nytimes.com/2011/07/19/science/19tierney.html?_r=0

S. 187: wie viele Kinder täglich ins Freie kommen: Ergebnisse der Kinder- und Jugendgesundheitsstudie KiGGS, Zusammenfassung von Beiträgen im Bundesgesundheitsblatt Mai/Juni 2007, online unter: http://www.rki.de/DE/Content/

Gesundheitsmonitoring/Studien/Kiggs/Basiserhebung/Pressemappe_2007/Zusammenfassung.pdf?__blob=publicationFile

Kapitel 7

S. 196: kindliche »Doppelstrategie«: Roseth, C. J., et al.: Preschoolers' bistrategic resource control, reconciliation, and peer regard. *Social Dev. 20/1,* February 2011, 185–211

S. 198: Kompetenz als Leitmotiv der Erziehung: Keller, H.: Socialization for competence. Cultural models of infancy. *Human Development, 46(5),* 2003, 288–311

S. 200: Erziehung als gesellschaftliche Machtfrage: Manz, F.: *Wenn Babys reden könnten!: Was wir aus drei Jahrhunderten Säuglingspflege lernen können.* Rademann 2011; sowie Chamberlain, S.: *Adolf Hitler, die deutsche Mutter und ihr erstes Kind: Über zwei NS-Erziehungsbücher.* Psychosozial-Verlag 2010; sowie Gebhardt, M.: *Die Angst vor dem kindlichen Tyrannen: Eine Geschichte der Erziehung im 20. Jahrhundert.* Deutsche Verlags Anstalt 2009

S. 201: Ziele der Initiative »Haus der kleinen Forscher«: http://www.haus-der-kleinen-forscher.de/de/ueberuns/die-stiftung/

S. 202: Engagement der Deutschen Telekom Stiftung: … z. B. mit ihrem Projekt »Bildungsqualität stärken«, online unter: http://www.natur-wissen-schaffen.de/startseite/index.php

S. 202: Zitat Prof. Dr. Jürgen Kluge aus: *KiTa aktuell NRW, Nr. 01/2006,* S. 13–16, online unter: http://www.kindergartenpaedagogik.de/1132.html

S. 204: frühe Bildung, von Industrieverbänden propagiert: siehe dazu etwa die Pressemeldungen: http://www.dradio.de/dlf/sendungen/campus/1508005/ sowie http://www.bda-online.de/www/arbeitgeber.nsf/res/Fay_PG20110719.pdf/$file/Fay_PG20110719.pdf

S. 206: Rahmenbedingungen für ein erfolgreiches vorschulisches Fremdsprachenlernen siehe: Sarter, H.: »Frühes Sprachenlernen in Kindergarten und Grundschule«, online unter http://www.blk-bonn.de/papers/forum-bildung/band13.pdf

S. 207: frühes schulisches Lernen und spätere Schulleistung: Marcon, R. A.: Moving up the grades: Relationship between preschool model and later school success. *Early Childhood Research & Practice, 4(1)* 2002; sowie Puhani, P. A., Weber, A. M.: Does the Early Bird Catch the Worm? Instrumental Variable Estimates of Educational Effects of Age of School Entry in Germany. *IZA Discussion Paper No. 1827,* October 2005, online unter: ftp://ftp.iza.org/dps/dp1827.pdf

S. 209: Schulerfolg und soziale Herkunft: … in den Worten des Bundesministeriums für Bildung und Forschung daselbst: http://www.bmbf.de/de/6549.php

S. 209: motorische Kompetenz der Kinder: Bös, K., et al.: Das Nationale Motorik-Survey, online unter http://www.sportwissenschaft.de/fileadmin/img/gremien/ad_hoc/motorischetests/giessen_2007-01-26-boes2.pdf

S. 209: Mutter traut sich die Bildung ihrer Zweijährigen nicht zu nach: http://schortens-langt-zu.de/?p=216

S. 211: Waldkindergärten und Entwicklungsstand: Kiener, S.: zum Forschungsstand über Waldkindergärten, *Schweiz Z. Forstw. 2004*

S. 212: Buch meines Zwillingsbruders Renz, U.: *Die Tyrannei der Arbeit: Wie wir die Herrschaft über unser Leben zurückgewinnen*. Ludwig Buchverlag 2013

S. 214: österreichische Kindergruppen, schweizerische Spielgruppen: http://www.kindergruppen.at/ sowie http://www.spielgruppe.ch

S. 214: Bauernhofkindergarten, zum Beispiel: www.vierfelderhof-bauernhof-kindergarten.de

S. 214: Handlungspädagogik: http://www.handlungspaedagogik.org/

S. 217: Schüler organisieren ihre Schule selbst z. B.: www.methodos-ev.org

S. 218: Lesehund: siehe den Artikel: »Wer regelmäßig zum Lesehund geht, liest besser«, *Süddeutsche Zeitung, 5.2.2013*, online unter: http://www.sueddeutsche.de/bildung/hunde-als-lernhilfe-lesen-frei-schnauze-1.1590699-2 sowie http://www.lesehund.de/

S. 218: Entwicklung der Individualität: Harris, J.: *Jeder ist anders. Das Rätsel der Individualität*. DVA 2007

S. 220: Kinderwildnis Bremen: http://www.bund-bremen.net/themen_und_projekte/kinder_jugend/kinderwildnis/

S. 220: Kinder als Kleingärtner: http://www.ene-mene-fit.de/kindergaertnerei/die-idee

S. 220: Kindergeburtstage draußen, Beispiel: http://www.bund-bremen.net/themen_und_projekte/kinder_jugend/kindergeburtstage_und_feste/

S. 220: Waldclubs, Beispiel: http://www.bund-bremen.net/themen_und_projekte/kinder_jugend/wald_und_wildnisgruppen/waldclub/

S. 220: Lagerfeuer mit Kindern, Beispiel: http://www.ene-mene-fit.de/am-lagerfeuer/die-idee

S. 220: Bus auf Beinen, Beispiel: http://www.ene-mene-fit.de/bus-auf-beinen/die-idee

S. 220: Einrichtung von Naturerfahrungsräumen: http://de.wikipedia.org/wiki/Naturerfahrungsraum http://www.bfn.de/fileadmin/MDB/documents/service/skript230.pdf http://naturerfahrungsraum.de/pdfs/kinder_u_natur_in_der_stadt.pdf http://www.landschaft.tu-berlin.de/fileadmin/fg218/Forschung/Naturerfahrungsraeume_Berlin_Vorstudie.pdf

Kapitel 8

S. 229: Zitat Andreas Weber, aus: Weber, A.: *Mehr Matsch! Kinder brauchen Natur*. Ullstein 2012, S. 50

S. 232: »kooperatives Aufzuchtmodell«: die wohl beste Zusammenfassung zu diesem Thema liefert das Buch von Blaffer Hrdy, S.: *Mutter Natur.* Berlin Verlag 2000

S. 233: Zitat Armin Krenz aus: Krenz, A.: *Kinder brauchen Seelenproviant.* Kösel Verlag 2008

Literatur zu den Anmerkungen

S. 255: zu Kap. 3, Anmerkung 4: Whitehouse A. J., et al.: Maternal serum vitamin D levels during pregnancy and offspring neurocognitive development. In: *Pediatrics. 2012 Mar*; 129(3): 485–93. doi: 10.1542/peds.2011-2644. Epub 2012 Feb 13

S. 255: zu Kap. 4, Anmerkung 5: Gola, U.: *Iss was, Deutschland? Ernährungsumfrage des Forsa-Instituts*, online unter: http://www.tk.de/tk/050-publikationen/studien-und-umfragen/studienband-zur-ernaehrungsumfrage/498466

S. 256: zu Kap 5, Anmerkung 6 (motionese): Iverson, J. M., Goldin-Meadow, S.: Gesture paves the way for language development. *Psych. Science, 16 (2005)*, 367–371

S. 256: zu Kap. 5, Anmerkung 8: Eskalierend nachteilige Wirkungen des Medienkonsums bei Problemkindern: Petzold M.: *Die Multimedia-Familie. Mediennutzung, Computerspiele, Persönlichkeitsprobleme und Kindermitwirkung in Medien.* Leske + Budrich 2000

S. 257: zu Kap. 5, Anmerkung 2: McAllister, A., Peterson, C.: A Longitudinal Study of Child Siblings and Theory of Mind Development. *Cognitive Development 22 (2007)*, 258–70; sowie Ruffman, T. et al.: Older (But Not Younger) Siblings Facilitate False Belief Understanding. *Devel. Psych., 34 (1998)*, 161–74

S. 259: zu Kap. 7, Anmerkung 22: mit der Rolle der Ärzte hat sich Friedrich Manz intensiv auseinandergesetzt: Manz, F.: *Wenn Babys reden könnten!: Was wir aus drei Jahrhunderten Säuglingspflege lernen können.* Rademann 2011

S. 259: zu Kap. 7, Anmerkung 22 (Zitat »Damit Deutschland im internationalen Wettbewerb …): Klös, H.-P.: *»Bildungsarmut und Humankapitalschwäche in Deutschland«.* Institut der deutschen Wirtschaft, Köln 2006

S. 260: zu Kap. 7, Anmerkung 23 (Studie ETH Zürich): Vitali, S., Glattfelder, J. B., Battiston, S. (2011): The Network of Global Corporate Control. PLoS ONE 6(10): e25995, online unter http://www.plosone.org/article/info%3Adoi%2F10.1371%2Fjournal.pone.0025995

ANMERKUNGEN

Kapitel 1

1 Die beiden Gehirnhälften des Menschen arbeiten zwar eng zusammen, sind aber doch auf unterschiedliche Fähigkeiten spezialisiert. Ganz grob kann man für die meisten Menschen davon ausgehen, dass die linke Seite stärker der Logik dient, der Sprache, der systematischen Analyse, der rationalen Entscheidung. Die rechte Seite ist eher auf »Gefühlserkennen« eingestellt – hier werden Gefühle unbewusst erkannt und intuitiv verarbeitet, und zwar in winzigen Zeitfenstern. Im Umgang mit einem Baby, mit dem wir ja eher über unser Feingefühl und unsere Sinne kommunizieren, ist das rechte Gehirn bei den meisten Eltern die stärker angesprochene Instanz. Um die Erklärung abzurunden: Die von der linken Körperseite kommenden Sinneseindrücke landen wegen der im Gehirn sich kreuzenden »Datenautobahnen« in der *rechten* Hirnhälfte.

2 Wer sich mehr mit dem Zusammenhang zwischen Bindungssicherheit und Selbstwirksamkeit befassen will, sei auf meinen Artikel »Wie verwöhnt man Kinder?« verwiesen: http://www.kinder-verstehen.de/images/verwoehnung.pdf

Kapitel 2

3 Mit diesem Thema habe ich mich in anderen Büchern intensiv auseinandergesetzt. Für einen Einstieg: www.kinder-verstehen.de

Kapitel 3

4 Neuerdings wird sogar die Vitamin D-Versorgung der Mutter in der Schwangerschaft mit einer besseren geistigen Entwicklung des Kindes in Zusammenhang gebracht.

Kapitel 4

5 Man dürfte hier durchaus auch fragen, was die Erwachsenen von diesem Programm haben. Bei einer Forsa-Umfrage gaben zuletzt 50 % der berufstätigen Menschen an, sie hätten keine Zeit, um in Ruhe zu essen. Wie bitte? Essen, Schlafen, Beziehungen pflegen, Lieben – geht uns auch *dafür* jetzt die Zeit aus?

6 Tatsächlich sind wir mit der straffen didaktischen Führung unserer Kinder in einer paradoxen Situation. Die Eltern und Erzieher haben sich ab-

gewandt von den autoritären Vorgaben der Vergangenheit. Sie haben sich gelöst von der Last einer Zeit, in der die Erziehung nur als ein Lenken und Formen von oben nach unten denkbar schien. Doch auch wenn die Vorzeichen heute ganz andere sind – in der Erziehung geht es auch heute wieder um Kontrolle. An die Stelle der autoritären Steuerung ist die pädagogische Steuerung getreten. Und da haben die Erwachsenen sich wieder eine Art Gewaltmonopol verschafft – die freie Sozialisation der Kinder untereinander gibt es ja praktisch nicht mehr. Von wegen weniger Autorität.

Kapitel 5

7 Das Statement von Frau Greenfield ist vor allem deshalb erwähnenswert, weil sie sich im gleichen Atemzug als glühende Verfechterin eines anderen Mediums outet, des Lesens. Von dem sagt die Forscherin nämlich nicht weniger als das: »Heute wissen wir, dass Lesen eines der wunderbarsten Dinge ist, die ein Kind für sein Gehirn tun kann.« Interessant also, wie sie ihre fundamentale Ablehnung »des Bildschirms« dann weiter begründet: »Mir geht es nicht so sehr um den Bildschirm, sondern darum, dass jede Stunde, die wir vor ihm verbringen, auch eine Stunde ist, die wir nicht damit verbringen, die Sonne auf dem Gesicht zu spüren oder jemanden zu umarmen.« Gut, dass man Bücher auch draußen lesen kann. Und dass die neueren Bildschirme eine Hintergrundbeleuchtung haben.

8 Tatsächlich zeigt die Medienforschung, dass Problemverhalten beim Medienkonsum eng an psychosoziale Vorbelastungen gebunden ist. Bei entsprechend vorgeschädigten Kindern wirkt der exzessive Medienkonsum oft eskalierend nachteilig, etwa indem Aggression verstärkt oder brutalisiert wird. Die Medien per se »schaffen« also nicht die Entwicklungsstörungen, sie können sie aber unter bestimmten Bedingungen verstärken.

9 Manche Intelligenzforscher behaupten sogar, dass der in den Industrieländern zu beobachtende Anstieg der durchschnittlichen Intelligenz auch auf Computerspiele und Fernsehen zurückzuführen sei. [Zusammenfassung bei Steven Johnson: »Neue Intelligenz«. Warum wir durch Computerspiele und TV klüger werden. Aus dem Amerikanischen von Violeta Topalova. Kiepenheuer & Witsch Verlag, Köln 2006 (Verlagswerbung: »Was Jugendliche ihren Eltern nicht verraten: Wir amüsieren uns und werden klug« …)]

10 Vieles spricht dafür, dass die Vorlieben eines Menschen nicht einfach über die aufgenommenen Reize (ob medial oder real) konditioniert werden. »Die Persönlichkeit sucht sich die zu ihr passenden ›Reize‹ stärker, als dass die Reize die Persönlichkeit (ver)formen«, sagt der Psychoanalytiker Martin Dornes dazu und weist in Bezug auf die Sexualität darauf hin, dass »die Struktur des sexuellen Verlangens bereits in der Vorpubertät durch nicht sexuelle Beziehungserfahrungen ausgebildet wird.« (Dornes, M.: Die Moder-

nisierung der Seele, Fischer Tb, S. 35). Dazu passt, dass die freie Verfügbarkeit »harter« Pornografie im Internet zwar den Konsum von Pornos unter Jugendlichen insgesamt gesteigert hat, dass sich aber auch hier bei den allermeisten Jugendlichen kein grundsätzlich anderer Zugang zu Sexualität im echten Leben gebildet hat. Weder ist ihr Sexualverhalten brutaler, noch ist es riskanter geworden. Auch hier scheint zu gelten, was für die Aggression gilt: dass sich der exzessive Konsum vor allem auf vorbelastete Jugendliche beschränkt, deren Sexualität sich dann noch weiter entdifferenziert und brutalisiert.

11 Versuche weisen sogar darauf hin, dass zu viel Sprache kontraproduktiv sein kann – dann nämlich, wenn sie nicht auf die »inneren Fragen« des Babys abgestimmt ist. Wer ständig seine Kinder mit Wörtern anflutet, erhöht das Risiko, dass Wörter »falsch etikettiert« werden – dass das Kind also etwa »Teller« hört während es einen Löffel hält – und *das,* so lassen die Experimente vermuten, bringt den Worterwerb ins Schleudern.

12 Überhaupt scheint die Gestik beim Spracherwerb eine wichtige Rolle zu spielen (das verwundert nicht, wenn man bedenkt, dass die Lautsprache evolutionär aus der Kommunikation über Mimik und Gestik hervorging). So bewegen Babys unwillkürlich ihre Arme und Beine, wenn man sie direkt anspricht. Das hilft möglicherweise bei der Verankerung der Spracheindrücke. Auch die Gestik des Sprechenden stellt intuitiv eine Art Lerngerüst bereit – je reichhaltiger das soziale Umfeld eines Kindes, desto eher wird darin auch gestikuliert! Eltern bewegen etwa intuitiv Objekte (etwa den Schlüsselbund) in der Hand, solange sie mit einem Kind unter 15 Monaten darüber reden (eine im Englischen auch als »motionese« bezeichnete Sprechlernhilfe). Und sie begleiten ihre Sprache beständig auch mit ausschmückenden Gesten. Das erklärt sich vielleicht damit, dass das menschliche Gehirn Gesten in derselben Hirnregion verarbeitet wie Sprache. Der Satz der Sprachwissenschaftlerin Goldin-Meadow ist also gar nicht so weit hergeholt: »Beim Spracherwerb bahnen die Hände den Wörtern den Weg.« Das gilt sogar bei älteren Kindern, wenn es um das Verständnis von mathematischen Formeln geht. Unterlegt der Lehrer seine Erklärungen mit Gesten, so verstehen die Schüler die Zusammenhänge besser.

13 Und damit wird auch klar, warum Kinderärzte die Sprachentwicklung als eine »Unterabteilung« der Sozialentwicklung ansehen – je reichhaltiger und unbelasteter die sozialen Bezüge eines Kindes sind, desto leichter hat es das Kind mit dem Spracherwerb (das heißt – wohlgemerkt – *nicht,* dass es deshalb im individuellen Fall schneller ist als die anderen – die Geschwindigkeit, mit der ein Kind aus seinem Verständnis dann auch Worte produziert, ist von Kind zu Kind sehr unterschiedlich!).

14 Dieser Aufbau läuft umso leichter, je mehr Gelegenheit die Kinder haben,

sich in ihren täglichen Beziehungen mit der Denkwelt anderer Menschen auseinanderzusetzen. Da wundert nicht, dass Kinder Vorteile haben, wenn sie in einem gelungenen »Bindungssystem« aufwachsen (also feinfühlige, verlässliche Beziehungen zu ihren Bezugspersonen unterhalten können), und auch, wenn sie etwa mit Geschwistern aufwachsen.

15 Der Primat der Fantasie, der Ideen und Spieleinfälle in diesem Alter erklärt vielleicht auch, warum die Sorge mancher Eltern ins Leere läuft, ihre Kinder seien in der Gruppe unten durch, wenn sie nicht die neuesten Sachen oder das neueste Computerspiel hätten. Ob ein Kind als Spielpartner attraktiv ist, hängt davon ab, ob es gute Einfälle hat und ob es gut für die Gruppe und die Spielabläufe sorgen kann. Das hat nichts damit zu tun, ob es tolle Spielsachen anschleppt.

16 Der flexible Umgang mit Regeln ist für ein produktives und befriedigendes Spiel gerade in gemischtaltrigen Gruppen ganz entscheidend. Je nach Spielsituation und Alter der Mitspieler werden die Regeln so modifiziert, durchbrochen oder neu gestaltet, dass alle mitspielen können, die mitspielen sollen. Bei dieser flexiblen Regelsetzung müssen die Möglichkeiten und Begrenzungen der anderen verstanden werden. Da muss verhandelt und erklärt werden. Diese intersubjektiven Leistungen sind es, die die Kinder voranbringen, nicht die Regeln per se.

17 Und genau das ist der Grund, warum manche »alten Medien« für die Kleinen besser funktionieren als insbesondere die neuen Video-Applikationen. Tatsächlich lässt sich bis heute nichts besser nach dem Rezeptionsbedarf eines kleinen Kindes ausgestalten als das älteste aller Medien: die mündliche Erzählung. Je nach kindlicher Reaktion kann man ergänzen, variieren, abkürzen. Die Geschichte wird sozusagen auf die Welt, das Tempo und die psychische Verfasstheit des Kindes zugeschnitten, und nicht umgekehrt. Auch die anhand von Bildern erzählten Geschichten (ob auf Pappe oder auf Tablet) lassen viel Raum für die individuelle »Aneignung«. Aber auch da gilt: Das Bilderbuch ist eigentlich nur in einer »Beziehungswolke« ein vollwertiges Medium – und die wird ja von den Kindern auch eingefordert: Das kleine Kind *will* vorgelesen bekommen, es *will* Geschichten hören, es *will* Erklärungen bekommen ... Da ist es vielleicht ganz gut, wenn ein Kind zuerst ein Bilderbuch aussuchen und anschleppen kann, anstatt einfach auf ein weiteres Icon zu drücken.

18 Generell fällt beim Thema Moral zunächst einmal eine gewisse Doppelmoral auf. So ist die »Werteerziehung« seit Langem fester Bestandteil der Pädagogik, und hier wird oft das Teilen als Wert propagiert. Das ist deshalb bemerkenswert, weil es zwar wirklich schwer ist, kleine Kinder im Sandkasten dazu zu bringen, ihr Schäufelchen zu teilen (sie machen das genauso wenig, wie die Erwachsenen, die drumherum sitzen, ihre Handys

oder Autos teilen). Andererseits aber ist es nur wenige Jahre später genauso schwer, Kinder dazu zu bringen, anders als fair zu teilen. Kindergartenkinder etwa – und das ist nicht das Resultat erzieherischer Anstrengungen, sondern das machen die Kinder aus sich heraus – würden es nie und nimmer akzeptieren, wenn an ihrem Tischchen das eine Kind fünf Gummibärchen bekommt, das andere aber nur eines. Sie pochen auf »gerechte« Verteilung. Das bringt unsere »Werteerziehung« in ein echtes Dilemma. Denn in der realen Welt, in der wir als Erwachsene arbeiten und konsumieren, geht es ja gar nicht um Gerechtigkeit. Oder wann haben wir zuletzt gefordert, dass auch unter den Großen die Schäufelchen ein bisschen gerechter geteilt werden?

Kapitel 7

19 Ein Buchtipp dazu: Miriam Gebhardt: Die Angst vor dem kindlichen Tyrannen: Eine Geschichte der Erziehung im 20. Jahrhundert, Deutsche Verlags-Anstalt 2009

20 Da spielte auch die Ärzteschaft eine wichtige – leider nicht gerade rühmliche – Rolle. Die angeblich wissenschaftliche, tatsächlich aber komplett aus der Luft gegriffene Begründung für die distanzierte, seelenlose und brutale Behandlung der Kinder in der Zeit des Kaiserreichs und des Deutschen Reichs sah so aus: Die »Thränenbildung« des Säuglings etwa könne »nicht als wahres Weinen bezeichnet werden, welches erst mit den deutlicher hervortretenden Affecten gegen das Ende des ersten Jahres beginnt«. Überhaupt seien Babys als »Rückenmarksindividuen ohne psychische Functionen« zu betrachten, denen sogar die Schmerzempfindung abgesprochen wurde (was u. a. dazu führte, dass Babys ohne Narkose operiert wurden). Und auch für die angeblichen Laster der Onanie und der Widerrede fanden sich stets Ärzte, die mit grausamen Behandlungen oder psychiatrischen »Therapien« für Ordnung sorgten. (Zitate nach Miriam Gebhardt 2009)

21 Es verwundert nicht, dass die Kompetenzerwartungen wie überhaupt das Menschen- und Kinderbild und deshalb auch die Erziehungsmethoden von sozialer Schicht zu sozialer Schicht und von Subkultur zu Subkultur unterschiedlich sind. Jede Schicht bildet sozusagen einen eigenen Erwartungshorizont für ihre Kinder aus, der sich am sozial und wirtschaftlich Wünschenswerten und Erreichbaren orientiert.

22 Und das in einer befremdlich seelenlosen Sprache: »Bildungsarmut und Humankapitalschwäche« heißen da die entsprechenden Gutachten, in denen unter anderem steht: »Damit Deutschland im internationalen Wettbewerb nicht ins Hintertreffen gerät, ist es erforderlich, die noch nicht erschlossenen Bildungspotenziale künftig besser auszuschöpfen.«

23 Man darf diese Gegenüberstellung von Interessen der »Bürger-Gesellschaf-

ten« gegenüber denen der »Teilhaber-Gesellschaften« nicht auf die leichte Schulter nehmen oder als linke Theorie abtun: Nach einer Studie der ETH Zürich ist der weltweite Unternehmenswert – also der Marktwert aller Wirtschaftsunternehmen der Welt – inzwischen zu 40 % in der Hand von nur 147 transnationalen Gesellschaften. Mit ihrer Mobilität, ihrer Finanzkraft (die die Finanzkraft der meisten Volkswirtschaften bei Weitem übersteigt), ihrer Präsenz in den Lobbys der Parlamente sowie ihrer engen Verflechtung mit den nationalen Eliten haben diese Gesellschaften inzwischen eine immense Verhandlungsposition und können ihre Interessen, was etwa das Ausmaß gesellschaftlicher Kontrolle, die Zahlung von Abgaben oder den Umgang mit Bürger- und Umweltrechten angeht, oft problemlos durchsetzen. So wurde etwa in den 1990er-Jahren erfolgreich ein Wettbewerb um die günstigsten Unternehmenssteuern in Europa in Gang gesetzt – was der Kapitalrendite guttat, trug in so manchem Staat seinen Teil zur (vom Bürger finanzierten) Überschuldung bei. Manches spricht dafür, dass die Kapitalgesellschaften dabei durchaus auch parasitäre Funktionen ausüben können – etwa indem Staaten zu kriegerischen Interventionen im *eigenen* Interesse ausgenutzt werden (ein Vorwurf, der etwa im Zusammenhang mit dem Irak-Krieg gemacht wird), indem Außenpolitik zur Markterschließung funktionalisiert wird (ein im Zusammenhang mit der Entwicklungspolitik oft geäußerter Vorwurf) – oder eben indem nationale Bildungssysteme zu Personalzulieferern für die Industrie umgebaut werden (ein Vorwurf, der in diesem Buch gemacht wird).

24 Eine wichtige Rolle spielen dabei Leistungstests in einzelnen wirtschaftlich besonders »verwertbaren« Kompetenzen, die dann – unrichtig – als »Bildungsstudien« bezeichnet werden (etwa die von der OECD ausgerichtete PISA-Studie).

25 Das gilt auch für die »naturwissenschaftliche« Bildung, die mit ihrem kognitiven Ansatz den empirischen Zugang der Kinder zur Natur eher schwächt als stärkt. Zwei interessante Beiträge dazu: Salman Ansari: »Naturerfahrung ist nicht Naturwissenschaft« (http://www.wanderforschung.de/files/naturerfahrung-ansari1335968702.pdf), sowie Rainer Brämer: »Was hat der naturwissenschaftliche Unterricht mit Natur zu tun?« (http://www.wanderforschung.de/files/nunatur1271689280.pdf). Toll auch Ansaris neues Buch: Rettet die Neugier! Gegen die Akademisierung der Kindheit (Krüger 2013)

26 Die Beobachtung und Dokumentation nehmen teilweise groteske Züge an. Wer sich eine Musterdokumentation anschauen will, kann das auf der Webseite des Entwicklers des »Ganzheitlichen Bildungsdokumentationsprogramms« tun, es lohnt sich: http://www.gabip.de/skin/frontend/default/xdot/demos/entwbericht.pdf. Bei »Feinmotorik« steht da im Beobachtungs-

bogen zum Beispiel über das Kind Maxi (4 Jahre alt): »Maxi hält den Stift mit dem Dreifingergriff, und der Druck auf den Stift ist angemessen. Sie zeichnet Menschen, die mindestens aus sechs Teilen bestehen z. B. Rumpf, zwei Beine, zwei Arme, zwei Augen. Die Anzahl der Finger ist korrekt. Sie malt Bilder mit Szenen, auf denen mehrere Objekte zu sehen sind (z. B. Haus, Sonne, Baum etc.). Sie hat in diesem Bereich das Stadium der Werkreife erreicht. Maxi kann über die Körpermitte hinaus malen und ist in der Lage, z. B. die »liegende Acht«, ohne abzusetzen, nachzumalen. Sie hält vorgegebene Linien z. B. in einem Malbuch ein.« Unter »Grobmotorik« gibt es dann zu berichten: »Die Auge-Hand- und die Auge-Fuß-Koordination (Ball schießen, Gegenstände gezielt greifen etc.) sind sehr gut entwickelt. Sie ist in der Lage, eine Strecke über 10 m wohlkoordiniert zu laufen. Maxi übt sich darin, ihre Körperspannung besser zu kontrollieren. Sie federt z. B. Sprünge und Stöße nicht genug ab. Die Mundmotorik und die Kontrolle des Speichelflusses bedürfen noch der Übung.« Und weiter: »Sie kann Raumlagebeziehungen erkennen. Maxi unterscheidet zwischen oben, unten, neben etc. und kann diese zuordnen. Sie kann Berührungspunkte auf der Haut lokalisieren.« Und das immer so weiter – auf vier eng bedruckten Seiten! Nicht ohne den Hinweis am Schluss, dass Maxi dem Arzt vorzustellen sei, damit dieser die mögliche Verordnung einer logopädischen Behandlung prüft. Da kann ja dann die Kontrolle des Speichelflusses geübt werden. Wer solche Bögen liest, wird nicht nur die unter dem Generalverdacht der Entwicklungsverzögerung aufwachsenden Kinder bedauern, sondern auch die Erzieherinnen, die diesen sinnfreien Unfug tagtäglich auszuarbeiten haben (der sich übrigens an einem ausgerechnet von der OECD vorgelegten Beobachtungsraster orientiert – was sucht denn eine »Organisation für wirtschaftliche Entwicklung und Zusammenarbeit« genau in den KiTas?)

27 Bücher: Ulrike Kegler: In Zukunft lernen wir anders: Wenn die Schule schön wird. Beltz 2009; Margret Rasfeld und Peter Spiegel: EduAction – Wir machen Schule. Murmann 2012; Remo H. Largo und Martin Beglinger: Schülerjahre: Wie Kinder besser lernen. Piper 2010

DVDs: Reinhard Kahl: Treibhäuser der Zukunft, Beltz (DVD); Reinhard Kahl: Individualisierung – Das Geheimnis guter Schulen, Beltz (DVD)

Webseite: www.schule-im-aufbruch.de: »Es ist an der Zeit, unsere Schulen grundlegend umzudenken. Eine globalisierte Welt, ihre hohe Veränderungsdynamik, die steigende Informationsflut und vieles mehr machen ein neues, zeitgemäßes Verständnis von Lernen und Bildung erforderlich …«

28 Hier sei auf die sehr interessante Webseite www.natursoziologie.de verwiesen, auf der viele Fragen rund um die Umwelt- bzw. Naturpädagogik behandelt werden – auch die Gefahr der Überpädagogisierung (siehe dazu z. B.: http://www.wanderforschung.de/files/nattextvornach1230576817.pdf)

Kapitel 8

29 Und das in jeder Beziehung: körperlich, immunologisch, seelisch und geistig. So zeigen die schrecklichen Erfahrungen der Kinder in Waisenhäusern, dass Kinder, selbst wenn es ihnen sonst an nichts fehlte – weder an Platz, Sicherheit, Sauberkeit noch an Essen, Trinken und Licht – ohne verlässliche Beziehungen nicht wachsen, infektanfällig sind und psychisch verkümmern.

30 Dieser Sonderweg hat etwas mit der evolutionären Nische des Menschen zu tun. Er nutzt die Ressourcen der Umwelt ja nicht durch besonders große Stärke, Schnelligkeit oder eine besonders rutschige Schleimspur, wie andere Lebewesen das machen. Seine »Anpassung« an die Umwelt beruht vielmehr auf seiner Fähigkeit, zu *lernen* und damit auch Kultur zu schaffen (die Natur des Menschen besteht also tatsächlich darin, dass er Kultur schafft!). Und diese Strategie bringt zwei Nachteile mit sich: Erstens die »physiologische Frühgeburt«, also die ungeheure Unreife am Lebensbeginn (die ihrerseits eine Folge des immer größer gewordenen Hirnvolumens ist), und zweitens die ungeheuer lange Kindheit, in der all das, was bei anderen Lebewesen durch Instinkte und feste Programme geregelt wird, mühsam durch soziales – dafür aber kulturell flexibles – Lernen erworben wird.

31 Angesichts der Erziehungspraktiken insbesondere im deutschen Kaiserreich und bis weit über die erste Hälfte des 20. Jahrhunderts hinaus (gut zusammengefasst von der Historikerin Miriam Gebhardt in »Die Angst vor dem kindlichen Tyrannen«) stellt sich die Frage, wie unter diesen Sozialisationsbedingungen dann doch noch eine ganze Menge an funktionierenden, schwingungsfähigen und sozial kompetenten Erwachsenen heranwachsen konnte. Meine Vermutung (ohne dass ich hierzu psychologische Studien zitieren könnte, die gibt es nämlich nicht) ist, dass in diesen vielen, von Resilienz gezeichneten Biografien auch die Selbstorganisation in den damals üblichen »wilden« Kindergruppen eine wichtige Rolle gespielt hat.

BILD- UND QUELLENNACHWEIS

S. 6: ©Shutterstock/bluecrayola
S. 8: ©Shutterstock/Juriah Mosin
S. 10, 34, 52, 57, 98, 137, 194: ©Getty Images/iStockphoto
S. 15, 21, 76, 81, 94, 127, 139, 170, 178, 228: ©Masterfile Royalty Free
S. 25: ©mauritius images/Photononstop
S. 40, 105: ©Gerhard Heidorn
S. 46: ©Herbert Renz-Polster
S. 102: ©Getty Images/Imgorthand
S. 112: ©minecraft3 (Mojang)
S. 143: ©Getty Images/Charriau Pierre
S. 181: ©Getty Images/Big Cheese Photo RF
S. 212: ©istockphoto/vladacanon

S. 53: Andreas Weber, Mehr Matsch! ©Ullstein Verlag, Berlin 2012
S. 59f.: Janusz Korczak, Wie man ein Kind lieben soll ©Vandenhoeck & Ruprecht GmbH & Co. KG, Göttingen 2012
S. 141: Hermann Hesse, Königskind. In: ders., Sämtliche Werke, Bd. 10 ©Suhrkamp Verlag, Frankfurt am Main 2002

DIE AUTOREN

Dr. med. Herbert Renz-Polster, geb. 1960, ist Kinderarzt und Wissenschaftler am Mannheimer Institut für Public Health der Universität Heidelberg. Bekannt durch mehrere Sachbücher, u. a. »Kinder verstehen – born to be wild: wie die Evolution unsere Kinder prägt«. Regelmäßige Vorträge und Beiträge in Presse, Funk und Fernsehen. Er hat 4 Kinder und lebt heute nach längerem Auslandsaufenthalt in den USA mit seiner Frau in der Nähe von Ravensburg. Kontakt: www.kinder-verstehen.de

Prof. Dr. Gerald Hüther, Sachbuchautor und Professor für Neurobiologe an der Universität Göttingen, zählt zu den bekanntesten Hirnforschern Deutschlands. Er befasst sich im Rahmen verschiedener Initiativen und Projekte mit neurobiologischer Präventionsforschung. Er schreibt Sachbücher, hält Vorträge, organisiert Kongresse, arbeitet als Berater für Politiker und Unternehmer. Mehr erfahren Sie unter: www.gerald-huether.de